老科学家学术成长资料采集工程丛书

格致桃李伴公卿

沈克琦传

李军凯 沈正华 周子桓◎著

921 年
生于
苏省武进县（常州）

1939 年
进入国立西南联合大学

1946 年
进入北京大学任教

1977 年
参加邓小平组织召开的
“科学与教育工作座谈会”

1978 年
担任北京大学副校长

1984 年
创建了烟台大学并主持工作、参与创办
首届全国中学生物理竞赛

1985 年
参与建立博士后制度

老科学家学术成长资料采集工程 丛书

格致桃李伴公卿

沈克琦传

李军凯 沈正华 周子桓◎著

中国科学技术出版社
上海交通大学出版社

图书在版编目（CIP）数据

格致桃李伴公卿 ：沈克琦传 / 李军凯，沈正华，周子桓著 . — 北京 ：中国科学技术出版社，2017.3
（老科学家学术成长资料采集工程丛书）
ISBN 978-7-5046-7365-7

Ⅰ. ①格… Ⅱ. ①李… ②沈… ③周… Ⅲ. ①沈克琦（1921–2015）– 传记 Ⅳ. ① K825.46

中国版本图书馆 CIP 数据核字 (2016) 第 324078 号

责任编辑	李　红　冯　翔
责任校对	杨京华
责任印制	张建农
版式设计	中文天地

出　　版	中国科学技术出版社　上海交通大学出版社
发　　行	科学普及出版社发行部
地　　址	北京市海淀区中关村南大街 16 号
邮　　编	100081
发行电话	010-62173865
传　　真	010-62173081
网　　址	http://www.cspbooks.com.cn

开　　本	787mm × 1092mm　1/16
字　　数	265 千字
印　　张	17.5
彩　　插	2
版　　次	2017 年 3 月第 1 版
印　　次	2017 年 3 月第 1 次印刷
印　　刷	北京华联印刷有限公司
书　　号	ISBN 978-7-5046-7365-7 / K · 201
定　　价	58.00 元

老科学家学术成长资料采集工程 领导小组专家委员会

老科学家学术成长资料采集工程 丛书组织机构

老科学家学术成长资料采集工程简介

老科学家学术成长资料采集工程（以下简称“采集工程”）是根据国务院领导同志的指示精神，由国家科教领导小组于2010年正式启动，中国科协牵头，联合中组部、教育部、科技部、工信部、财政部、文化部、国资委、解放军总政治部、中国科学院、中国工程院、国家自然科学基金委员会等11部委共同实施的一项抢救性工程，旨在通过实物采集、口述访谈、录音录像等方法，把反映老科学家学术成长历程的关键事件、重要节点、师承关系等各方面的资料保存下来，为深入研究科技人才成长规律，宣传优秀科技人物提供第一手资料和原始素材。按照国务院批准的《老科学家学术成长资料采集工程实施方案》，采集工程一期拟完成300位老科学家学术成长资料的采集工作。

采集工程是一项开创性工作。为确保采集工作规范科学，启动之初即成立了由中国科协主要领导任组长、12个部委分管领导任成员的领导小组，负责采集工程的宏观指导和重要政策措施制定，同时成立领导小组专家委员会负责采集原则确定、采集名单审定和学术咨询，委托中国科学技术史学会承担具体组织和业务指导工作，建立专门的馆藏基地确保采集资料的永久性收藏和提供使用，并研究制定了《采集工作流程》、《采集工作规范》等一系列基础文件，作为采集人员的工作指南。截至2014年年底，已启动 304 位老科学家的学术成长资料采集工作，获得手稿、书信等实物原件资料 52093 件，数字化资料 137471 件，视频资料 183878 分钟，音频资料 224825 分钟，具有重要的史料价值。

采集工程的成果目前主要有三种体现形式，一是建设一套系统的“老科学家学术成长资料数据库”（本丛书简称“采集工程数据库”），提供学术研究和弘扬科学精神、宣传科学家之用；二是编辑制作科学家专题资料片系列，以视频形式播出；三是研究撰写客观反映老科学家学术成长经历的研究报告，以学术传记的形式，与中国科学院、中国工程院联合出版。随着采集工程的不断拓展和深入，将有更多形式的采集成果问世，为社会公众了解老科学家的感人事迹，探索科技人才成长规律，研究中国科技事业的发展历程提供客观翔实的史料支撑。

总序一

中国科学技术协会主席　韩启德

老科学家是共和国建设的重要参与者，也是新中国科技发展历史的亲历者和见证者，他们的学术成长历程生动反映了近现代中国科技事业与科技教育的进展，本身就是新中国科技发展历史的重要组成部分。针对近年来老科学家相继辞世、学术成长资料大量散失的突出问题，中国科协于2009年向国务院提出抢救老科学家学术成长资料的建议，受到国务院领导同志的高度重视和充分肯定，并明确责成中国科协牵头，联合相关部门共同组织实施。根据国务院批复的《老科学家学术成长资料采集工程实施方案》，中国科协联合中组部、教育部、科技部、工业和信息化部、财政部、文化部、国资委、解放军总政治部、中国科学院、中国工程院、国家自然科学基金委员会等11部委共同组成领导小组，从2010年开始组织实施老科学家学术成长资料采集工程。

老科学家学术成长资料采集是一项系统工程，通过文献与口述资料的搜集和整理、录音录像、实物采集等形式，把反映老科学家求学历程、师承关系、科研活动、学术成就等学术成长中关键节点和重要事件的口述资料、实物资料和音像资料完整系统地保存下来，对于充实新中国科技发展的历史文献，理清我国科技界学术传承脉络，探索我国科技发展规律和科技人才成长规律，弘扬我国科技工作者求真务实、无私奉献的精神，在全社会营造爱科学、学科学、用科学的良好氛围，是一件很有意义的事情。采集工程把重点放在年龄在 80 岁以上、学术成长经历丰富的两院院士，以及虽然不是两院院士、但在我国科技事业发展中作出突出贡献的老科技工作者，充分体现了党和国家对老科学家的关心和爱护。

自 2010 年启动实施以来，采集工程以对历史负责、对国家负责、对科技事业负责的精神，开展了一系列工作，获得大量反映老科学家学术成长历程的文字资料、实物资料和音视频资料，其中有一些资料具有很高的史料价值和学术价值，弥足珍贵。

以传记丛书的形式把采集工程的成果展现给社会公众，是采集工程的目标之一，也是社会各界的共同期待。在我看来，这些传记丛书大都是在充分挖掘档案和书信等各种文献资料、与口述访谈相互印证校核、严密考证的基础之上形成的，内中还有许多很有价值的照片、手稿影印件等珍贵图片，基本做到了图文并茂，语言生动，既体现了历史的鲜活，又立体化地刻画了人物，较好地实现了真实性、专业性、可读性的有机统一。通过这套传记丛书，学者能够获得更加丰富扎实的文献依据，公众能够更加系统深入地了解老一辈科学家的成就、贡献、经历和品格，青少年可以更真实地了解科学家、了解科技活动，进而充分激发对科学家职业的浓厚兴趣。

借此机会，向所有接受采集的老科学家及其亲属朋友，向参与采集工程的工作人员和单位，表示衷心感谢。真诚希望这套丛书能够得到学术界的认可和读者的喜爱，希望采集工程能够得到更广泛的关注和支持。我期待并相信，随着时间的流逝，采集工程的成果将以更加丰富多样的形式呈现给社会公众，采集工程的意义也将越来越彰显于天下。

是为序。

总序二

中国科学院院长　白春礼

由国家科教领导小组直接启动，中国科学技术协会和中国科学院等 12 个部门和单位共同组织实施的老科学家学术成长资料采集工程，是国务院交办的一项重要任务，也是中国科技界的一件大事。值此采集工程传记丛书出版之际，我向采集工程的顺利实施表示热烈祝贺，向参与采集工程的老科学家和工作人员表示衷心感谢！

按照国务院批准实施的《老科学家学术成长资料采集工程实施方案》，开展这一工作的主要目的就是要通过录音录像、实物采集等多种方式，把反映老科学家学术成长历史的重要资料保存下来，丰富新中国科技发展的历史资料，推动形成新中国的学术传统，激发科技工作者的创新热情和创造活力，在全社会营造爱科学、学科学、用科学的良好氛围。通过实施采集工程，系统搜集、整理反映这些老科学家学术成长历程的关键事件、重要节点、学术传承关系等的各类文献、实物和音视频资料，并结合不同时期的社会发展和国际相关学科领域的发展背景加以梳理和研究，不仅有利于深入了解新中国科学发展的进程特别是老科学家所在学科的发展脉络，而且有利于发现老科学家成长成才中的关键人物、关键事件、关键因素，探索和把握高层次人才培养规律和创新人才成长规律，更有利于理清我国科技界学术传承脉络，深入了解我国科学传统的形成过程，在全社会范围内宣传弘扬老科学家的科学思想、卓越贡献和高尚品质，推动社会主义科学文化和创新文化建设。从这个意义上说，采集工程不仅是一项文化工程，更是一项严肃认真的学术建设工作。

中国科学院是科技事业的国家队，也是凝聚和团结广大院士的大家庭。早在 1955 年，中国科学院选举产生了第一批学部委员，1993 年国务院决定中国科学院学部委员改称中国科学院院士。半个多世纪以来，从学部委员到院士，经历了一个艰难的制度化进程，在我国科学事业发展史上书写了浓墨重彩的一笔。在目前已接受采集的老科学家中，有很大一部分即是上个世纪 80、90 年代当选的中国科学院学部委员、院士，其中既有学科领域的奠基人和开拓者，也有作出过重大科学成就的著名科学家，更有毕生在专门学科领域默默耕耘的一流学者。作为声誉卓著的学术带头人，他们以发展科技、服务国家、造福人民为己任，求真务实、开拓创新，为我国经济建设、社会发展、科技进步和国家安全作出了重要贡献；作为杰出的科学教育家，他们着力培养、大力提携青年人才，在弘扬科学精神、倡树科学理念方面书写了可歌可泣的光辉篇章。他们的学术成就和成长经历既是新中国科技发展的一个缩影，也是国家和社会的宝贵财富。通过采集工程为老科学家树碑立传，不仅对老科学家们的成就和贡献是一份肯定和安慰，也使我们多年的夙愿得偿！

鲁迅说过，“跨过那站着的前人”。过去的辉煌历史是老一辈科学家铸就的，新的历史篇章需要我们来谱写。衷心希望广大科技工作者能够通过“采集工程”的这套老科学家传记丛书和院士丛书等类似著作，深入具体地了解和学习老一辈科学家学术成长历程中的感人事迹和优秀品质；继承和弘扬老一辈科学家求真务实、勇于创新的科学精神，不畏艰险、勇攀高峰的探索精神，团结协作、淡泊名利的团队精神，报效祖国、服务社会的奉献精神，在推动科技发展和创新型国家建设的广阔道路上取得更辉煌的成绩。

总序三

中国工程院院长　周　济

由中国科协联合相关部门共同组织实施的老科学家学术成长资料采集工程，是一项经国务院批准开展的弘扬老一辈科技专家崇高精神、加强科学道德建设的重要工作，也是我国科技界的共同责任。中国工程院作为采集工程领导小组的成员单位，能够直接参与此项工作，深感责任重大、意义非凡。

在新的历史时期，科学技术作为第一生产力，已经日益成为经济社会发展的主要驱动力。科技工作者作为先进生产力的开拓者和先进文化的传播者，在推动科学技术进步和科技事业发展方面发挥着关键的决定的作用。

新中国成立以来，特别是改革开放30多年来，我们国家的工程科技取得了伟大的历史性成就，为祖国的现代化事业作出了巨大的历史性贡献。两弹一星、三峡工程、高速铁路、载人航天、杂交水稻、载人深潜、超级计算机……一项项重大工程为社会主义事业的蓬勃发展和祖国富强书写了浓墨重彩的篇章。

这些伟大的重大工程成就，凝聚和倾注了以钱学森、朱光亚、周光召、侯祥麟、袁隆平等为代表的一代又一代科技专家们的心血和智慧。他们克服重重困难，攻克无数技术难关，潜心开展科技研究，致力推动创新发展，为实现我国工程科技水平大幅提升和国家综合实力显著增强作出了杰出贡献。他们热爱祖国，忠于人民，自觉把个人事业融入到国家建设大局之中，为实现国家富强而不断奋斗；他们求真务实，勇于创新，用科技为中华民族的伟大复兴铸就了辉煌；他们治学严谨，鞠躬尽瘁，具有崇高的科学精神和科学道德，是我们后代学习的楷模。科学家们的一生是一本珍贵的教科书，他们坚定的理想信念和淡泊名利的崇高品格是中华民族自强不息精神的宝贵财富，永远值得后人铭记和敬仰。

通过实施采集工程，把反映老科学家学术成长经历的重要文字资料、实物资料和音像资料保存下来，把他们卓越的技术成就和可贵的精神品质记录下来，并编辑出版他们的学术传记，对于进一步宣传他们为我国科技发展和民族进步作出的不朽功勋，引导青年科技工作者学习继承他们的可贵精神和优秀品质，不断攀登世界科技高峰，推动在全社会弘扬科学精神，营造爱科学、讲科学、学科学、用科学的良好氛围，无疑有着十分重要的意义。

中国工程院是我国工程科技界的最高荣誉性、咨询性学术机构，集中了一大批成就卓著、德高望重的老科技专家。以各种形式把他们的学术成长经历留存下来，为后人提供启迪，为社会提供借鉴，为共和国的科技发展留下一份珍贵资料。这是我们的愿望和责任，也是科技界和全社会的共同期待。

周济

沈克琦

沈克琦接受采集小组的访谈

采集小组召开工作汇报会

序

2014 年 7 月，从哈萨克斯坦阿斯塔纳传来好消息，在当地举行的第 45 届国际物理奥林匹克竞赛中，代表中国参赛的五名选手全部获得金牌，中国队也在代表团总分上雄踞榜首。赛场上飘扬的五星红旗象征着中国丰硕的基础教育成果再一次在世人面前展现。这丰硕的成果，固然来源于刻苦钻研、顽强拼搏的学子，但更来源于为我国教育事业界辛勤地添砖加瓦的教育工作者们。其中，参与创办全国中学生物理竞赛的沈克琦先生正是他们的代表。从我个人的角度，沈老是此次采集工程所涉及的老科学家中较为特殊的一位，这不仅因为沈老和我本人的专业都在物理领域，也都曾经在北京大学工作并担任领导职务，更因为相比于此次采集工程涉及的众多院士，沈老似乎显得比较“另类”：他并非学术科研的大师，而是将毕生精力都奉献给了我国物理教育事业的一代宗师。

可以说，沈老自身的经历就是一部浓缩版的中国物理教育发展史，他在我国物理教育发展史的重大关键节点均发挥了举足轻重的作用：对于中等教育，沈老担任过中学教师，长期参与审定全国中小学教材，并亲自编写教材，参与创办了全国中学生物理竞赛；对于高等教育，沈老在北大期间担任过助教、讲师、副教授、教授、系主任、副校长，参与创建烟台大学并担任首任校长，与李政道博士一起创立并组织了 CUSPEA（中美联合招考物理研究生项目）和博士后制度；对于继续教育，他参与了我国高等教育自学考试制度的建设工作。不仅如此，沈老作为科教界30位专家之一，与周培源、苏步青、王大珩、马大猷、吴文俊、邹承鲁等一起，参加了1977年邓小平同志亲自提议召开并主持的全国科教工作座谈会并发言。这次座谈会无疑是中国科教发展史上最为重要的一次座谈会，它不仅开启了中国科技界拨乱反正的序幕，唱响了科技强国的新声，也让包括我本人在内的中国千千万万个科研工作者获得了精神上的重生。紧接着，沈老又作为中国首次派出的高等教育代表团秘书长随团访问美国，走访了美国各大教育机构，全面而深入地考察了美国的教育状况并撰写了详尽的总结报告，从而促使了我国在不同领域进行了高等教育的改革创新。

新中国成立以来有许多杰出的教育家，但很少有一位能像沈老这样，其毕生的贡献涵盖面如此之广，影响如此之深远。沈老毕业于颇具传奇色彩的西南联大，他的同窗多数都选择投身科研岗位，其中不乏杰出人物，包括两位诺贝尔物理学奖获得者，八位“两弹一星”功勋奖获得者，四位国家最高科学技术奖获得者及众多两院院士。相较而言，沈老的选择具有了更特殊的意义：新中国成立后，一方面亟需通过科技的进步改变长期的积贫积弱面貌，提升国人的信心和国家的核心竞争能力。对此广大科研工作者的研究工作无疑具有重大意义。但另一方面，从基础和本质上提升国民的科学素养，造就充足的人才后备军，才是国家保持长期兴旺发达的不竭动力。而这必须且只能通过教育的途径实现。我们很容易注意到以美国为代表的西方先进国家每年都给全世界带来大量优秀的科研成果，也产出了一大批诺贝尔奖获得者，却很容易忽视他们科学完备的教育体系。以美国为例，其初等教育、中等教育、高等教育和职业教育都非常发达，且维持着十分科学的比例。人才的培养也是丰富且多元化的。这才造就了美国不论是高精尖技术还是基础工业都在全球处于领先地位。我们国家要真正实现科技强国梦，必须要依靠教育。而沈老正是中国广大教育工作者的代表。他们深知教育对于我们国家的重要性，才义无反顾地放弃其他选择，将毕生精力投身于我们国家的教育事业。正是他们的辛勤付出，才有了新中国教育事业的不断进步。

在晚年，沈老又将自己多年来对教育的理解汇集成文字。丰富的经历和深入的思考让沈老在晚年对我国教育未来发展又提出了许多极为重要的建议，他对教育规律的总结更是当代教育工作者需要深入学习的宝贵财富。在 2010 年的《物理》杂志上，我看到了当时已 89 岁的沈老仍在撰文探讨物理教育。这样的执着和奉献很难不让人为之动容。沈老的一生在教育领域贡献卓著，但我与他的接触中却感受到他极为平易近人。正所谓“才高而不自许，德高而不自矜，功高而不自誉，位高而不自傲”，堪称我们科教工作者的楷模。

在我写作这份序言之时，我的心情是比较复杂的。一方面，得知年过九旬的沈老目前已经重病入院，不能饮食，依靠输液维持生命，让我心中万分焦虑和挂念。另一方面，当我看到北京大学工学院党委副书记李军凯同志领导的采集工程小组如此出色地完成了采集任务，并将沈老一生经历汇集成了这本丰富翔实且可读性极强的传记，又感到十分欣慰。我相信的，广大读者能够通过本书真实完整地了解沈老光辉灿烂的一生，感受一位至真至诚的教育工作者伟大的精神力量；我也相信，新一代的教育工作者们，一定能将这份精神力量很好地延续和传承，也一定能够使我国的科技教育事业更加繁荣、兴旺、发达！

陈佳洱

中国科学院院士

第三世界科学院院士

2015 年 1 月

目 录

图片目录

导 言

沈克琦出身于书香门第之家，终身从事教育工作。他曾经历 20 世纪三四十年代的战火纷飞和颠沛流离，也曾是光芒璀璨的西南联大 1943 届物理系优秀毕业生；他曾在恶劣的环境执起中学教鞭，也曾担任北京大学的副校长；他曾饱受政治运动的摧残，也曾是动乱中坚持真理的中流砥柱；1977 年他有幸随“文化大革命”后首次派出的中国高等教育代表团访问美国，亲眼目睹了这个教育大国多层次的教育体系，并试图深入了解该体系的运转机制和管理办法。这些经验对于一辈子从事物理教育和管理工作的他而言十分可贵，这次机遇对这位新中国物理教育发展的见证人而言也是千载难逢。同年，他作为北京大学的教师代表参加了由邓小平召开的科教座谈会，亲历了十年动乱后高考招生制度恢复的整个过程。

沈克琦长期从事物理教学，为推进理科高等教育改革作出了重要贡献；他参与了我国高等教育自学考试制度的建设工作；他与李政道博士一起创立并组织了历时 10 年的 CUSPEA 中美联合招考物理研究生项目，选拔了众多优秀学子出国留学深造，培育了一批高端人才；而后他又在李政道博士的建议下参与创建了博士后制度，吸引留学生回国工作；他参与创建了烟台大学，为当地高等教育的发展做出了杰出贡献；他长期担任国家教委全国中小学教材审定委员会副主任，参与创办并主持全国中学生物理竞赛。晚年的他对中国物理学的发展和教育依然十分关注，并有许多独到的见解。

沈克琦是中国杰出的物理教育家。此次老科学家学术资料采集工程使得我们有幸近距离接触到这位充满传奇色彩的教育家，获得了大量珍贵的史料。在中国物理教育发展史上，沈克琦功勋卓著。他传奇的个人经历与毕生的奉献值得后人敬仰与学习。本传记将真实客观地呈现沈克琦光辉璀璨的一生。

本项目于 2013 年 7 月正式启动。由于沈先生年事已高，且身体状况一直不好。2012 年 5 月查出他患有结肠癌，后一直采取保守治疗，服用中药。2014 年 3 月因癌肿造成肠梗阻，经过多次专家会诊，最终采取微创手术切除了梗阻的肠段，4 月中旬出院后一直在家调养，度过了一段相对平稳的时光，其间曾两次发生脑梗，行走情况较前更差，但头脑却一直清楚。2014 年 11 月他再次因不完全性肠梗阻伴消化道出血入院治疗，入院后曾两次出现肺部感染，便血情况也始终无法控制，癌胚抗原指标超过 6000。作为癌症晚期的病人，住院期间他只能靠静脉点滴营养液和输血维持生命。在住院 100 天之后，沈先生于 2015 年 2 月 17 日不幸辞世。

沈克琦的寓所距北京大学仅数百米之遥，家中的实物资料保存较好，其中不乏珍贵的资料。在课题进行的一年多时间里，沈先生饱受病痛折磨，无力对采集工作提供直接的帮助。因此课题组一直是通过沈先生的女儿沈正华获取资料。沈正华是三个子女中较长时间在父母身边生活的，大学毕业后一直在北大图书馆从事图书编目等工作，十多年前就开始协助父亲工作，对沈先生的情况，特别是晚年所从事的多项工作都十分熟悉，手边也留存有大量的电子文档。她为课题组提供了大量实物（手稿、笔记、讲义、证书、照片、信件等）以及相关的目录和说明文字，除此而外，还有许多已发表文章的实物或电子文档以及一些视频资料。特别要说明的是沈正华本人也是癌症患者，她于 2013 年 11 月被确诊为乳腺癌，在一年多的时间里先后经历了化疗、手术、化疗靶向治疗和内分泌治疗，至今尚未结束。除了提供所有原始资料，沈正华还对本传记进行了多次审阅和修订，补充了许多重要的内容。她还利用去医院探望父亲的短暂时间，将传记中记叙不够清楚的地方与沈克琦先生核实。

采集小组于2013年11月28日和2014年1月22日对沈克琦本人进行了抢救性的两次访谈，总计访谈时长达350分钟。主要涵盖七个方面的内容：①沈克琦儿时的家庭环境和成长经历；②沈克琦在西南联大求学的经历；③从西南联大毕业及在北大工作初期的经历；④沈克琦与高等教育代表团一同访美的经历；⑤沈克琦担任北大副校长期间的工作；⑥沈克琦在中国物理竞赛方面所做的工作；⑦沈克琦在参与筹建烟台大学期间所做的工作。

此外，采集小组对其子女和同事也进行了外围采访。分别于2014年9月6日和2014年10月23日采访了沈克琦儿子沈正康和女儿沈正华，他们分别从儿子和女儿的视角阐述了沈克琦对物理教育事业所做的贡献及对家庭和子女的影响。作为沈克琦人生中较为浓墨重彩的一笔，参与创建烟台大学的部分也是此次采集的重点。为此，采集小组采访了烟台大学发展规划处原处长姚新喜老师。主要内容包括：烟大成立的背景，烟台的发展情况，何东昌、张承先、沈克琦、杜建寰等人在烟大的作用，山东省政府的作用，沈克琦在烟大的具体工作，沈克琦工作遇到的困难，教育部对烟大的支援，沈克琦离任后对烟大的关注，烟大在高等教育史上的意义等。

在资料采集方面，采集小组从北京大学图书馆、北京大学档案馆、清华大学档案馆、烟台大学党办校办、烟台大学档案馆、北京大学物理学院、沈克琦家中、沈正华家中采集了大量珍贵的资料。其中数字化资料356件，共计1449页；实物原件330件，共计8992页。其中，烟台大学姚新喜老师参与整理并提供了许多珍贵资料。

此次采集所获得的重要采集成果分为5类，包括证书证件类、信件类、照片类、档案类和手稿类：

信件类。此次采集共获得信件类资料51件，其中具有重要史料价值的包括：

“周培源致沈克琦信件”及“李政道致沈克琦贺卡”，反映了沈克琦崇高的人格魅力及与众多学术大师间良好的友谊，且上有周培源与李政道先生的亲笔笔迹。

“西南联大北京校友会校史组致沈克琦的信”，内容为邀请沈克琦出席讨论院系史修改有关问题，则反映出沈克琦本人在联大校友中的重要地位及对发扬联大精神所做的贡献，对研究西南联大历史具有重要意义。

照片类。此次采集共获得照片类资料 273 件，其中具有重要史料价值的包括：

“1977 年中华人民共和国高等教育代表团访美人员合照”，该照片包含了中国首次访美的教育代表团全体人员，是当时特定历史时期和特定历史事件的重要记录。

“沈克琦在一九八六年国际物理教育学术讨论会上致开幕词”，该照片反映了沈克琦在国际物理教育界的崇高地位，也是沈克琦本人在国际级会议致辞的极为少有且珍贵的照片。

“西南联大 43 级同学毕业 20 周年合影”，是西南联大 1943 级部分学生在 20 世纪 60 年代的珍贵合影，对于研究西南联大校史具有重要意义。

“沈克琦参加烟台大学奠基剪彩仪式”，是沈克琦毕生重要贡献——筹建烟台大学——的重要展现，且图片中人物众多，参与筹建烟台大学的主要人员悉数在内。

“国务院代总理万里到烟台大学视察”，照片中有时任国务院代总理的万里同志的清晰正面影像，反映出当时党中央和国务院对烟台大学建设的极大关心和支持。

“科教座谈会与会人员合照”，是 1977 年 8 月 8 日在人民大会堂台湾厅举行的科教座谈会的闭幕，邓小平发表总结讲话后与与会人员合影。其中包括邓小平同志以及参会的所有代表，极为珍贵。

档案类。此次采集共获得档案类资料 4 件，均具有重要史料价值：

“沈克琦在西南联大的学籍卡”，不仅有沈克琦本人当时的照片，更是研究西南联大校史的重要史料。

“沈克琦的毕业证书”，是民国三十二年沈克琦从西南联大毕业时获得的毕业证书。不仅是研究西南联大的重要史料，也是研究民国时期高等教育的重要史料。

“沈克琦成绩单”，是沈克琦在国立西南联大就学时的成绩单，是研究西南联大物理系课程设置的重要史料。

“国立北京大学研究生花名册”，是国立北京大学三十六学年度第一学期所有研究生的名册，对于研究北京大学校史具有重要历史意义。

手稿类。此次采集共获得手稿类资料 206 件，其中具有重要史料价值的包括：

《新中国的学位制度概况和新中国研究生教育概况》，是 1982 年国务院学位委员会、国家教育部请示件，并涉及学位制度探讨及研究生教育改革，具有重要史料价值。

《对素质教育、应试教育和高考改革的一些看法》，是 1999 年沈克琦发表在《人民教育》杂志上的一篇文章，包含了沈克琦本人多年来对教育本质和规律的思考和总结，对研究沈克琦的教育观及中国教育发展史均有重要价值。

《沈克琦参加科教座谈会的笔记》，是 1977 年沈克琦参加由邓小平主持的科教座谈会时所做的笔记，内容包括恢复高考，人才培养，以及教育体制改革方面等内容，史料价值极高。

证书证件类。此次采集共获得证书证件类资料 38 件，其中具有重要史料价值的包括：

由北京市高教局、市教育工会颁发的《表彰为教育事业辛勤工作的荣誉证书》和由国家教委颁发的《表彰为高校科技工作做出贡献的荣誉证书》是对沈克琦长期以来投身教育事业所做贡献的充分肯定。

由山东省人民政府颁发的《表彰为支援烟台大学做出贡献的荣誉证书》，是对沈克琦在建设烟台大学中发挥的突出作用的充分肯定。

由北京大学著名校长丁石孙颁发的《北京大学教授聘书》，是对沈克琦在北京大学教学工作中突出贡献的认可，也是沈克琦个人发展的重要节点。

由人民教育出版社颁发的《物理教材编写顾问聘书》，由国家教委颁发的《高考物理命题委员会聘书》以及由国家教委颁发的《全国中小学教材审定委员会聘书》，是沈克琦投身中学物理教育的具体写照和有力证明。

根据采集小组目前的查阅，尚无关于沈克琦的传记类资料。

沈克琦虽非院士，也未在学术领域取得显赫成就，但其一生投身于我国物理教学事业，曾担任北京大学副校长，参与创建烟台大学，参与创办全国中学生物理竞赛，参与编写和审定中学物理教材等，为我国的中学教育和高等教育都做出了极其重要的贡献。因此，本研究传记着重挖掘沈克琦为我国物理教育事业做出的突出贡献及个人成长经历等关键节点。

沈克琦的成长经历较为清晰，主要人生节点为：西南联大求学，北京大学任教，担任北京大学副校长，创建烟台大学，创办中学生物理竞赛，与李政道博士合作创建 CUSPEA 项目和全国博士后制度，编写中学物理教材，编写《国立西南联合大学校史》等。沈克琦在人生中有很多投身科研工作的机会，但终因政治原因和组织安排而未能实现，最终走上了教学和行政岗位。

沈克琦本人曾因未能在学术上有所成就而颇感遗憾，但其在教学和行政工作中都做出了杰出贡献。他经历了 20 世纪 40 年代在西南联大的求学、50 年代的院系调整、六七十年代的政治斗争、70 年代末的美国之行、80 年代的教育改革，以及 90 年代离休后笔耕不辍地工作，丰富的人生经历和长期的教学实践使得沈克琦对教育有着独到且深刻的见解，归纳起来主要有以下几点：教育必须要具有创新性；要按照教育规律办事；高校应当保持思想的独立和自由；培养的人才应该是多层次多类别的；考核学生和教师的方式应该是综合化、多样化的。

本传记将以现有的 5 次访谈整理稿和已采集的资料为主要依据，以时间轴为主要串联，顺序呈现沈克琦儿时成长、家庭环境、联大求学、北大任教、政治风波中的坚守、振兴物理系、参加科教工作座谈会、访美、担任副校长、参与创建烟台大学、参与创办中学生物理竞赛等重大事件，围绕这些重大事件详尽挖掘事件的历史背景和历史意义，在揭示沈克琦本人成长历程的同时凸显其对中国物理教育事业的卓著贡献。

沈克琦离休之后潜心修史立传，并有一系列成果问世。他认真研究西南联大的发展历史，通过各类媒体大力弘扬联大精神，反思中国教育事业的发展及问题；在国家层面上，他主编《中国科学家传略·物理学卷》，在北大层面上，他历时 10 多年先后主编《北大物理九十年》和《北大物理百年》，对自己所经历的北大物理学科建设发展史进行全面的总结。这些也构成本传记的重要部分。

第一章
懵懂少年　初立大志

书香门第

20 世纪 20 年代，中国仍处在辛亥革命尚未完全成功的那段黑暗年代，腐朽陈旧的封建统治被打破，但是新的统一政权却未如期而至，革命成果被袁世凯窃取之后，全国各地处于军阀混战的状态中，而帝国主义侵略中国的进程仍在继续，尤其是日本对中国的侵略更是在二三十年代逐渐扩大和深入。就在这动荡的时期，常州的一个书香门第的家庭中诞生了一个孩子，他成材之后数十年如一日，为我国的教育事业做出了不可磨灭的杰出贡献。这个孩子就是沈克琦。

1921 年 10 月 17 日，沈克琦出生于江苏省武进县，即现在的常州市。沈克琦的老家在江苏省江阴市，明末崇祯年间举家逃难至常州，之后就一直定居于此。按照晋陵沈氏家谱，沈克琦是九思堂的第十三代孙。他的太祖文明公是个读书人，共有五个儿子，次子保彝公是沈克琦的祖父，但他早在沈克琦出生前就去世了。祖母较为长寿，曾与沈克琦生活在一起，并

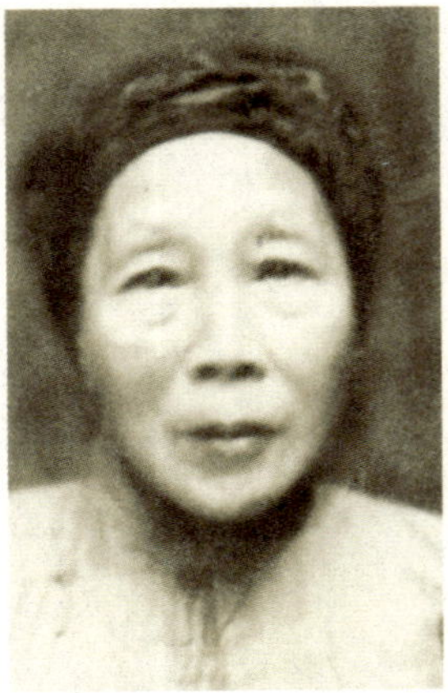

图 1–1 沈克琦祖母（1941 年 12 月 1 日摄于桂林，图片来源：沈克琦家人提供）

对他产生了很大的影响。祖母一共生养了两个儿子和一个女儿，沈克琦的父亲是老大。在当时的封建社会，沈克琦的祖母算是一位与众不同的女性，她不仅读书识字，还具有相当的文化水平，有时会在家中给女弟子授课，也算是半个女先生了。祖母对佛经有一定研究，常与居士、和尚讨论佛经，耳濡目染之下，沈克琦也对佛经有一些了解。此外，祖母还会算命，沈克琦出生之后，祖母就给他算过一次，说沈克琦苦命。由于祖母比较推崇读书人，因而她以为苦命便意味着沈克琦将与读书无缘，要一辈子种田务农。从这个意义上来说，祖母这命没有算对；可是按沈克琦自己的理解，他虽然接受了良好的教育，并与教育事业结缘，但是为教育工作操劳了近 70 年，其“一生辛劳”其实就是对“苦命”最恰当的诠释，可他自己却始终“甘之如饴”。1937 年，也即沈克琦考上高中的第二年，由于卢沟桥事件爆发，日本对中国的入侵范围扩大，开始觊觎华东华南的土地，祖母和家人便一起到广西桂林避难。之后祖母就再也没有回到常州，最后在桂林逝世，享年 70 余岁。

沈克琦的父亲沈煦，字育荪，生于 1891 年，于宣统三年（1911 年）毕业于江苏省优级师范学堂。优级师范学堂是当时培养师资的专科学堂，有点类似于现在的师范学院（大专水平）。父亲在优级师范学堂广泛地接受过各类课程的教育，不仅包括数学、化学、生物、矿物学等自然科学课程，还有历史以及一些我国的传统课程。值得一提的是，由于当时中国在理科方面的师资较少，教授自然科学课程的多是一些日本教师。撇去当时中日两国的关系不谈，这些日本教师在学识上大都十分渊博，可以说，他们为西方数理知识在中国的传播做出了一定的贡献。沈克琦父亲从优级师范学堂毕业之后获得了在中学任教的资格，于是他先回常州担任礼嘉桥小学校长，之后到上海中华书局从事了一段时间的编辑工作，最后又回到常州，担任武进县县立新坊桥小学的教务主任，在原校长壮儒珍出任武进县立中学首任校长后，父亲接任校长职务，从 1931—1937 年担任新坊桥小学校长共六年。

图 1-2　20 世纪 50 年代沈克琦父亲和母亲（摄于常州，图片来源：沈克琦家人提供）

新坊桥小学创建于 1902 年 2 月（清光绪二十八年），最初名为育志小学，“育志”二字诠释了它的办学宗旨——教书育人，培养志向。沈克琦和他的兄弟都曾在这所学校学习。父亲在外工作，家里事务一应大小都由沈克琦的母亲和祖母一起操持。母亲出身于士绅家庭，书读的不多，但有极好的教养。她为人心地善良、通情达理，也善女红，品性与她的名字汪纫（娟贞）名实相符。她一生相夫教子，最终以 102 岁高龄辞世，沈克琦的品性深受母亲的影响，和母亲感情至深。

沈克琦共有六个兄弟姐妹，在抗日战争最艰苦的时候，由于家庭经济拮据，几个弟妹曾被送到儿童教养院，直到他大学毕业参加工作有了工资收入后才接回家中抚养。但书香门第之家笃信“再苦不能苦教育”，尽管家境贫寒，这七个孩子后来都获得了大学学历。尤其值得一提的是，他们其中有五人后来又都从事教育工作，三人曾担任高校领导。大哥沈克琳毕业于复旦大学土木工程系，历任南京电力学校、三门峡水电学校教务长、洛阳建筑材料工业专科学校（后更名为洛阳工业高等专科学校）教务长、副校长；小弟沈克琉，毕业于上海华东师大物理系，曾任辽阳广播电视大学副校长；沈克琦本人毕业于国立西南联合大学，曾任北京大学副校长和烟台大学校长。

在沈克琦年幼的时代，受战争动乱影响，全国的经济状况都极为贫困，沈克琦家中的日子也过得十分清贫，一大家人的生计仅靠父亲微薄的工资

图 1-3　1964 年 1 月，沈克琦父母结婚 50 周年暨小儿子结婚合影（后排左起：大妹夫、大弟、二弟、沈克琦；倒数第二排：大妹、小弟媳、小弟、大女儿、夫人；前排：大妹长子、儿子、母亲、二女儿、大妹次子、父亲、大哥次子。图片来源：沈克琦家人提供）

以及之前祖父分家时留下的一些财产支撑，好在祖母和母亲善于经营，省吃俭用倒也还过得去。在吃的方面，以粗茶淡饭为主，多素食而少荤腥。虽然家门的斜对面就是一家肉铺，但是在沈克琦的记忆中，肉食是一周只能享用一两次的奢侈品，每次也只是花两毛钱买半斤肉一家人分着吃。一次，沈克琦的大弟弟吵着要吃肉，辛苦持家的母亲没有办法，只好半开玩笑地对他说：要不把你送给对门卖肉的老板当儿子吧，那样你就能天天吃肉。弟弟闻听此言，再也不提吃肉的事了。沈克琦上学之后，早饭一般在家吃，无非就是喝碗稀粥或者米糊，再佐以腌白菜、萝卜干，若是偶尔来不及在家吃，父亲就会给沈克琦三个铜板让他在街上买块麻糕。麻糕是常州特有的小吃，类似于北方的烧饼，但是贴在炉膛内烤熟的。一早上只吃一块麻糕对正在长身体的孩子显然不够，但由于经济所限，也只能这样凑合。因为缺乏营养，小时候的沈克琦十分瘦小，身体也不好。幸而之后随着父亲工作职务的变动，家里的情况有所好转，在祖母的操持之下，家里盖了新房子，又将自家居住部分以外剩余的空房出租，于是家中又多了房租这一项收益；再之后沈克琦的父亲当上了小学校长，每月的工资涨到了50元，在当时，5元就可以包饭吃一个月，所以50元也算是个不小的数目了，全家的生活，尤其是伙食方面总算是有了改善。不过回忆起童年这段清苦的生活时，沈克琦并没有表露出什么伤感的情绪，反倒是略带玩笑地说幸好小时候比较瘦，年老时也就免受心血管疾病的困扰了。

小荷尖尖

尽管家中的经济情况不好，但是读书人出身的父亲并没有让孩子放弃读书尽早就业。相反，父亲从自己的生活经历中体会到了学习的重要性，因而对孩子的学业要求格外严格，在家庭经济条件允许的范围内提供给孩子最好的学习条件。正因为有了父亲的坚持，家中的七个孩子才能在当时生活尚且困难的情况下依然全部完成大学学业，并且有五个孩子继承了父亲的志愿，继续从事教育事业。

沈克琦于1927年未满六岁时进入新坊桥小学念书。学校创建于1902年，历史悠久，坐落在常州青果巷东端，后迁至东城临近新坊桥的阳邑庙。庙里的大殿被改作了学校的大礼堂，用于一些重大活动，其他一些道士宿舍则被作为教室和老师的宿舍。庙里还有一座假山，以及一个叫做斗姆阁的小亭子，供奉道教的斗姆神，学校建成之后这两个地方就成为了学生课后嬉戏玩耍的场所，为学习生活平添了不少乐趣。值得一提的是，我国著名的汉语拼音之父，也是著名的经济学家周有光先生也毕业于新坊桥小学。学校始名“育志”诠释了它的办学宗旨——教书育人，培养志向。

新坊桥小学距离沈克琦家不远，以小孩子的步速20分钟就能走到，这也是沈克琦尤为喜欢这所学校的原因之一。由于学校不向学生提供膳宿，所以为了解决中午吃饭的问题，家里特地雇了一个女工每天为他及其同在该校读书的兄弟送午饭，虽然菜色不丰富，但是起码能够吃饱，对此沈克琦已经很知足了。

当时的小学教育还是比较自由的，老师授课不拘泥于固定的课本，而是秉承博采众长的理念掺杂地使用各种教材的精华内容，这其中就包括让沈克琦印象十分深刻的《英语选》。此书由著名学者林语堂编著，选文多取自西方名著，文笔优美且寓意深刻，再辅以翔实的讲解，非常适合小学生阅读。当时小学教学内容已经很接近现代教育，国文课以白话文为主，讲授的语法也是白话文语法，课文中已经出现了不少辛亥革命后的文学作品，虽然四书五经依旧是必学内容，但是老师不会系统地讲解全书，也不要求学生成篇背诵，只是从中摘取一些具有现代教化意义的篇章，向学生传授其中重要的思想。文言文叙事的简洁有其优点，古典诗词的儒雅和新诗相比各有千秋，这些底子应该从小奠定。沈克琦始终认为无论是文科生还是理科生，都需要有一定古汉语的基础，它是中华文明的一个重要组成部分，炎黄子孙有责任传承。民国时期培养的一批知识分子国学根底深厚，且术有专攻，现在这样文理兼通的学术大家是越来越少了。英语在上世纪也逐渐被重视，沈克琦自五年级起就开始学习英语，至小学毕业时英语已经有一定的水平。有趣的是，当时的英语教育倒不像当代人料想的那样尽是学一些“哑巴英语”，由于老师要求背课文，所以学生们就一直背，还要背出声来，这样边说边看边记，语言综合能力掌握得比较全面，既能阅读写作，也能用口语交流。除此之外，当时的英语课不单强调语法和词汇，也十分注重让学生了解西方文化，课文内容涵盖宗教、节日、衣食住行等各个方面，学生在学习语言的同时还能从中汲取一些文化知识，可谓一举两得。

沈克琦最擅长的科目是数学，老师讲授的内容一听就会，做起习题来也是得心应手，每次考试都是班里前几名。小学的数学课老师只教算术，不教代数和几何，沈克琦不满足于课内所学的内容，于是又找了一些进阶的书用于自学，有不懂的地方就向老师或父亲请教。到小学毕业时，沈克琦的数学水平已经远远高于大多数同龄人了。除了数学，沈克琦的历史、地理、语文等科目也都学得不错，其中要数历史课对他影响最大，在学习近代历史时，沈克琦对康有为、梁启超的“戊戌变法”感触颇深，认为读书人将引导一个国家的未来走向，而科学文化的发展水平是一个国家国力强弱的评判标准，因而自那时起沈克琦就萌发出了科教救国的念头，将教育事业作为自己未来的追求。

在众多科目中，沈克琦唯独与绘画无缘，只能勉强及格，体育也不太好，用沈克琦自己的话来说，“这两个科目自己到老都不是很在行，只能说是天赋不足”。尽管不擅长，但是沈克琦对于这两个科目并不排斥，他非常认可艺术与体育的重要性，认为它们对学生的身心健康的发展有着不可忽视的意义，它们应当在当代教育中受到足够的重视，与数理化并重。

男孩难免调皮，少年时的沈克琦也不例外。四年级时有一回他不满意老师用戒尺打学生，就和另一位同学一起偷了老师的戒尺并扔到粪桶里，幸好没有被老师发现，否则免不了受惩罚。虽然这种行为以成年人的眼光来看无疑是冲动而幼稚的，但是从出发点本身来看，学生只是想靠自己微薄的力量来争取一种更为平等的师生关系，这一点在沈克琦日后的教育工作中也得到了践行，只是那时他已不再是学生，用的也是更为可行的方法。或许每次沈克琦与学生平等交流的时候他都会想起自己童年时的往事，或许他会感谢当年惩戒学生的那位老师，因为正是他的行为树了一个反例，才能使自己选择一种更为合理的教育方法。尽管小学的多位老师偶尔采用体罚，不过总体而言沈克琦对这些老师还是很崇敬的。首先，老师们的人品很好，他们不谋私利，全心全意地投入到教育事业中去，真心实意地为学生着想；另外，老师们学识广博，上课时引经据典使学生受益匪浅，而且好些老师都能兼职教授多门课程，例如沈克琦的父亲就同时教授语文和数学。

经过 6 年的小学生活，沈克琦于 1933 年顺利从新坊桥小学毕业。1933 年是个多事之年，中国处在一片风雨飘摇之中。1 月 7 日，日军攻陷山海关，之后日军进一步沿长城的一些重要关隘进犯长城东部和北部大片地区。日寇在东北建立了傀儡政权“满洲国”，图谋“以华制华”。与此同时，国民党不顾日军大举入侵的危急形势，继续坚持“攘外必先安内”政策。1933 年 7 月 17 日，蒋介石调 8 个师 10 万余人，第 5 次进攻中共鄂豫皖根据地；9 月 10 日，又以 7 个师向皖西北根据地中心合围。在纷繁的战火之中，人民的生活愈发艰难，物价上涨，本就不丰富的物资变得日益匮乏起来，人们除了担心维持生计的问题，还要为自己的安全多加考虑，谁都说不清明天战争会蔓延到哪里。

在这种形势下，沈克琦一家的生活也不可避免地蒙上了一层阴影。当小学毕业的沈克琦如愿考入江苏省常州中学（后文也经常简称为“省常中”）初中部后，这一好消息使得一家人暂时忘记了拮据的经济以及动荡的生活。常州中学是江苏省著名的学府，创办于 1907 年，最初名为常州府中学堂，前身是始建于唐肃宗至德年（公元 756 年）的常州府学。在民国政府执政期间，江苏省的学校统一重新命名，依顺序称为江苏省第一中学、第二中学、第三中学……常州中学位列第五，于是称做江苏省第五中学，再之后被改命为江苏省常州中学，简称省常中。该校的毕业生中既有我党早期革命家张太雷和瞿秋白，也有学界名流刘半农、钱穆、吕叔湘等，还有些校友成为教育界、科技界等行业的精英翘楚，也包括两院院士。省常中在江苏省享有很高的声望，一方面是因为其历史悠久，教育质量优良，另一方面，作为一所具有优质师资的公立学校，收取的学费较低，吸引了许多家境贫寒的优秀学子在此就读。当时省常中不仅在常州本地招生，周边地区的学生慕名报考者也很多。1933 年共有五百余位考生报考省常中，但最后只录取了 50 人。沈克琦通过自己的努力能成为这五十分之一实属不易，寒门学子能考上自己心仪的学校，他本人及家人自然十分高兴。因为上公立学校开销比私立学校少很多，对于这个人口众多的家庭，节约每个铜板都十分重要。沈克琦进校时学校共设 9 个班，初中 3 个班（每年级一个班），一律走读；高中 6 个班（每年级两个班），本地生走读，外地生住校。高中招生范围覆盖全省，他高中同学中就有来自无锡、东台、泰兴、南通等地的。

省常中的校舍也是改建自一座庙宇，一直到沈克琦上学时，学校仍保留着一座袈裟塔。由于校舍面积有限，在保证充足的教学空间之后，就无法满足初中部以及高中部所有学生的住宿需求，因而包括沈克琦在内的大多数本地学生在省常中上学都必须走读。尽管校舍老旧且拥挤，但是学校为鼓励学生加强体育锻炼，特地投资修建了一个拥有 400 米标准跑道的体育场，并配置了大量的运动器械供学生在体育课及课后锻炼时使用。在物质条件匮乏的年代，这样宽敞的运动场地无疑是奢侈的，或许当时在很多人眼里这笔投入是种浪费，但是从先进的教育理念来看，注重体育教育，使学生拥有健康的体魄，在这方面省常中无疑是素质教育的先行者。相比省常中切切实实地把身体健康作为中学教育的一部分，鼓励并督促学生参与锻炼，当下不少学校将昂贵的体育场馆当作装点学校门面的摆设，用大量的课堂教学挤占学生的体育锻炼时间，把他们禁锢在教室里，忽视学生的身体健康及心理健康，这不能不说是教育的退步①。

省常中作为一所百年名校，其教学质量在江苏省是数一数二的，对学生的要求也非常严格。以数学课为例，据沈克琦回忆，初中三年里，老师不仅将初中的全部内容讲完，同时顺带将高中的几何知识也都讲完了，但并不将额外讲授的部分作为考试内容，不要求学生全部掌握。这样高密度的授课对擅长数学且学有余力的沈克琦而言是求之不得的，这种超前教育使得他之后的高中学习更为轻松，并有余力去学习更深层次的知识。

初中的孩子难免贪玩，加上迷恋看武侠小说，时间不够用怎么办，总要有自己的取舍，个人兴趣自然而然地成为取舍的标准。相对其他课，沈克琦对地理课的兴趣没有那么高，平时只是一般性应付，没想到应付的结果是期中考试亮起了红灯。这个打击如当头一棒，使沈克琦的自尊心严重受挫。回家后本以为父亲会狠狠批评一顿，但出乎意料的是父亲反而安慰他：一次没考好没关系，以后努力就是了。自此之后，沈克琦下定决心要好好学习地理，经过一番努力，加上超强的记忆力，他的地理成绩有了长足进步，在班里很快便名列前茅。回顾这一时期的学习，沈克琦真切体会到，兴趣对学习固然重要，而更为重要的则是努力，唯有努力了才会有理想的成绩。

总体来说，沈克琦比较偏好理科，因而理科成绩较为突出，文科成绩平平，写作老师对他作文的评语多是“文字通顺，叙述清楚”等，“文采”就谈不上了。由于沈克琦尤为钦佩一位历史老师，他对历史课的学习十分

---

① 沈克琦第一次访谈，2013年11月28日，北京。资料现存于采集工程数据库。

上心。每天放学，沈克琦就与另一位志趣相投的同学约好在学校的袈裟塔附近背历史，从三国鼎立到贞观之治，从清军入关到鸦片战争，中华民族五千年的历史在沈克琦脑中不断地重复、深化，至今沈克琦都对那时学过的历史内容记得一清二楚，对历史也始终保持浓厚的兴趣，不仅喜欢翻阅历史书籍，而且爱看历史题材的电视剧和“百家讲坛”一类的节目，经常还会发现其中的一些不符历史事实的错误。由此可见，青少年时期打下的知识基础对日后的成长和生活都会产生重要的影响。

省常中初中部的教学设施比起小学来要完善不少，因而有条件让学生在课堂上操作一些简单的实验。在化学课上，沈克琦亲手做过肥皂，调过墨水，也用氢氟酸蚀刻过铜板，了解铜板印刷工艺流程。这些实验和操作虽然不难，但是既包含了科学原理，又比单纯讲课更富趣味，同学们对实验课尤为热衷，课上学到的知识也格外扎实。当沈克琦成为老师后，他在安排教学内容时也十分注重实验教学，尽量通过更多有趣的实验提升课堂的参与度，提高学生的动手能力，使他们掌握的知识更全面。

与现在的初中不同，省常中初中部除了教学生学科知识之外，还会开设一些讲授实用技能的课程。沈克琦曾上过一门簿记课，就是教学生如何记账。通过这门课程的学习，学生对借方贷方、收入支出这类简单的会计学概念有了基本了解，也能记一些简单的账目，这种技能为日后个人的资金管理或是从事会计工作都奠定了一定基础，非常实用。

几十年之后，沈克琦以一位教育工作者的眼光回顾自己当时所受的初中教育，依旧认为这种实用技能课程对于满足社会对各种人才的需要有着不可忽视的作用。目前人们习惯于将培养不同人才的学校进行分级，重视大学而贬低职业技术学校，从社会需求来看，这是极不合理的。一个健全的社会需要掌握不同技能的人才，这些人才发挥各自的作用，社会才能持续稳定地发展，换言之，社会不需要所有人都成为大学生，它还需要许多技术人才；而从个人层面来看，每个人的专长各不相同，志向也不尽相同，以单一的标准衡量所有人，无疑是对人才的曲解，导致每个人的天性与专长无法得到应有的发展，使得原本健全的人才成为了龚自珍笔下的“病梅”。另外，考虑到社会公平，大学毕业生和技术工作者的工资整体应是基本持平的，不应该有太大差异，这样才能从根本上改变挤破脑袋也要上大学，上职校、技校就是低人一等的偏见，让学生能根据自己的兴趣特长学习一门技能，以此服务社会。

在这方面，美国教育要比中国教育做得好，中国的大学是严进宽出，而美国的大学则是宽进严出，学生进校后若达不到学校的教学要求，就必须不断地重修，无法毕业。对于那些在学习方面能力不够的学生而言，即便勉强上了大学，也很难拿到学位。与其如此，不如放弃读大学，用更短的时间习得一门手艺，日后同样可找到一份与大学毕业生收入相当的稳定工作。

1936 年 6 月，经过三年的学习，沈克琦从省常中初中部顺利毕业，升入常州中学高中部继续学习。

爱 国 情 怀

在新坊桥小学的六年，给沈克琦留下了一段愉快的回忆。这所学校虽然教学设备简陋，师资也不充裕，但是教育理念却很先进，讲求德智体美劳全面发展，并且还传承了中国古代书院教书育人的传统，这一点从那时班级的名称就可窥见一斑。沈克琦的班级名为和平班，除此之外还有忠孝班、仁爱班、信义班，这些名字取自孙中山《三民主义之民族主义》中的“八德”——忠孝仁爱，信义和平。只可惜在当时的中国，和平尚是一个未实现的理想，外有日寇的侵略，内有军阀混战，整个中国都处于动荡之中。那时学校特别重视历史教育，考虑到小学生的认知能力，历史课上老师客观地把历史事件陈述给学生，使学生对中华民族的历史发展有一个宏观的认识。尤其注重中国自清代之后的历史，鸦片战争、甲午战争这些中华民族饱受外强侵略的史实都为学生们所熟悉，清政府的腐败无能也在他们幼小的心灵中留下了深刻的印象，因而赞同孙中山领导的反对帝制、推翻满清王朝的革命。1931 年发生了“九一八”事变，全国群情激奋，级任导师率领五年级学生上街宣传抗日。在市井的喧嚣之中，小学生们站在板凳上用他们稚嫩的童音以及简单的词句抒发出他们对家国天下的独特见解，周围有不少民众在倾听，还不时鼓掌给予鼓励。爱国主义和民族精神就是通过这样一些活动潜移默化地在沈克琦心中扎根，幼年的沈克琦就已经深切地认识到中国正处于内忧外患之中，要让祖国站起来的唯一途径就是使它在各方面变得更强大，使祖国富强也成了沈克琦毕生的追求。正是因为这一段难忘的经历，使得沈克琦尤为注重历史教育，尽管他日后从事的是物理学科的教学工作，他依然认为应当给予历史教育足够的重视，历史所教授的不仅是知识，它还在明确个人追求、塑造个人品性方面发挥着巨大的作用。

与氛围较为轻松自由的小学相比，省常中在很多方面有着严格的规定，在历史教育及爱国教育方面也更有系统性。一入学，学校即为每位学生定做了一套童子军服装，衣服的式样模仿美军军装，上半身是束腰夹克，下半身是普通长裤，要求戴船形帽并系领结，束腰皮带上印有“智、仁、勇”三字，这三字即为童子军的标志。童子军服装不同于校服，在学校的必修课——童子军课程上需统一着此装。该课程贯穿整个初中时期，以实践为主，辅以理论教学，与目前中学生的军训相比，既有相同之处，也有其不同的特色。学生从最基本的军姿学起，初步体会军人的行为规范，之后逐渐增加教学难度，教授学生一些战术上的技能操作，全方位地体验军人的生活。在一系列学习内容中，令沈克琦印象颇为深刻的是学系绳结，看似简单的技能其中却有诸多门道，首先绳结要牢固，不能一扯即散；其次，绳结要平整，保证多个绳结均在同一平面。这项技能不仅在行军作战中有重要的意义，对于个人而言也十分实用，例如在高楼遭遇火灾时，若是能够用牢固的绳结将绳索联结为长绳，就可借助此工具自救逃生。除了普通的平结，课程还教授了一些特殊的绳结，例如专门用于提酒瓶的绳结，直到现在沈克琦都没有忘记这些技能，依旧能迅速地打出各种实用美观的绳结。

童子军课程每年还有两次拉练活动，一次是野炊，一次是露营。初中三年级的时候，学校组织全校学生去苏州旅游兼野炊。俗话说“上有天堂，下有苏杭”，苏州的秀丽风景确实名不虚传，不论是虎丘的山光塔影，还是拙政园的庭院深深，抑或是寒山寺的空灵肃穆，都让沈克琦流连忘返。在游遍了苏州各景点之后，学生们在郊区进行野炊，每四人编成一组，从原料的采购到烹制都由学生自己打理。刚开始时，大家都手忙脚乱，买了蔬菜肉类却忘记买油盐佐料，支起锅才想起还未劈好柴，好在之后大家都渐入佳境，经过分工合作，同学们最终享用到了自己亲手制作的美味。沈克琦回忆起这段时光时，一边感叹初中生的稚嫩，同时也说幸亏有这样的集体活动，学生的自理能力才能得到提升，集体主义精神也不再是书上的一句空话，而是真正得到了发扬。

在中国仍处于混乱割据的情况下，童子军课程的出发点是为中国的统一及抗战事业训练精神、技能和体力等素质上都合格的后备人才，对学生个人而言，无论日后他们是否真的成为一名军人投身前线，在他们穿上童子军军装的那一刻就已经从心底认同自己作为战士的身份。通过军事化课程的教育与实践，学生们不仅收获了许多实用技能，使个人能力获得了质的飞越，更为难得的是，学生在实践中拓宽了自己的眼界，发现了书本知识之外的新天地，并且在失败与挫折中磨炼出了军人坚韧不拔的精神品质，为自己未来的发展打下了坚实的基础。或许日后这些学生们将在截然不同的领域发展，但是战士顽强的精神永远都会激励着他们不断追求卓越，为国家做出更大的贡献。

在省常中，除了专门的童子军课程，学校也在其他方面培养学生关注国家大事的意识。沈克琦清楚地记得，那时教学楼的走廊上有一个报栏，每天都会更新当日的国家大事。一下课，学生就会簇拥在报栏前读报，一边读一边还与同学讨论，若是意见相投则相视一笑，若是观点相左则会相互驳斥，热闹的场面不亚于辩论比赛。1935 年 12 月 25 日，殷汝耕等人成立“冀东防共自治委员会”，这个伪政权以通州为政府所在地，到处宣扬“华北自治”、“防共缓冲自治”，在华北地区造成许多混乱，引起了中国人民的强烈不满。得知了这一事件后，沈克琦与他的同学们对此都非常气愤，于是学生们就自己写了标语上街游行，反对“冀东防共自治政府”在中国的领土上肆意妄为。还有一次，扬州中学的一些学生由于发表了反对蒋介石的言论而被逮捕，愤愤不平的省常中学生为此发起了一次游行，省常中全体初中生浩浩荡荡地来到常州火车站，表示要去位于镇江的江苏省省政府，并要求释放扬州中学的学生，当局若是阻拦学生去镇江，学生就站在铁轨上不让火车通行。得知这一消息后，江苏省的教育厅厅长特地从镇江赶到常州火车站安抚学生，之后武进县公安局局长也赶来维持秩序，学生们一直坚持到深夜才最后散去。沈克琦清楚地记得，那次火车站游行自己并没有事先告知家人，使得家长十分担心，当天深夜返家后还被父亲训诫了很久，对这次不了了之的游行沈克琦并不后悔或遗憾，因为游行是当时爱国青年抒发爱国情怀、宣泄不满情绪的唯一途径。由于学生的势力单薄，以失败告终是不可避免的。在这种情况下，游行的成败不再是唯一的评判标准，活动所体现出的学生主动参与国家大事的意愿，以及真挚而热烈的爱国情怀才显得更为重要。就像雨果在《悲惨世界》中描写的那一群青年革命者，尽管他们的革命迅速地走向了终结，但是他们在街垒上的身影却铭刻在全世界读者的心中，生生不息。

经历了省常中的三年，沈克琦对中国当时国情的认识更为清晰，其爱国情怀也变得日益强烈，而经历了多次未果的游行之后，沈克琦也逐渐意识到学生的游行无法从根本上改变积贫积弱的祖国，使她变得日益强大。另一方面，随着课业学习的不断深入，沈克琦对理科学习的兴趣与天赋也愈加显露，在学习与爱国之间，沈克琦找到了一个契合点，那就是投身教育事业，用知识来灌溉未来祖国的建设者，提升国家整体的科学技术水平，用科技来保证祖国未来的长远发展。

第二章
高中岁月　颠沛流离

初入高中

1936 年，15 岁的沈克琦升入江苏省立常州中学高中部。这是一所创立于清光绪年间的学校，1907 年 11 月 15 日正式开学，时名“常州府中学堂”。后校名数次变更，1923 年 9 月改称“江苏省立常州中学”。该校的校训是“好戒能贱”，“好戒”意在为人真诚，“能贱”意在做事踏实。这也暗合了沈克琦一生的为人处世之道。升入高中后，沈克琦面临的第一个难关就是教材的内容，常州中学高中的教学内容是超前的。本来高中教学的要求，物理和化学都只念一年，常州中学的要求不一样，学生们高一念化学，高二念物理，高三还念一门物理、一门化学，用的是大学一年级的教材，难度很大。另外，常州中学用的教材都是英文的，上面有很多看不懂的专业名词，这给沈克琦和他的同学们出了一个大难题。头一年，遇到不懂的单词，沈克琦就一个一个地查，然后用铅笔记在书上，开头的几页密密麻麻写满了字。到十几页之后，要查的生词就越来越少了。通过两个月刻苦的学习，第一个难关沈克琦闯过去了。有了经验之后，第二年的英文物理书念起来便轻松多了。

在常州中学用英文教材学习的经历，为日后沈克琦进入大学的学习打下了很好的基础。大学里有一些老师是用英文授课的，很多阅读参考书也是英文的，这对沈克琦来说毫无困难。有趣的是，大学里教光学的饶毓泰先生是江西人，讲的江西话非常难懂，于是饶先生就干脆用英文讲，学生们反而觉得好懂多了。

沈克琦在常州中学的英文教材是苏州中学编的《高中英文选》，里面有很多著名的篇章，如杰斐逊的《独立宣言》，林肯的就职演说等，这些名篇都要求背诵。书中还收录了莎士比亚的《威尼斯商人》，莫泊桑的《项链》等西方文学名著，沈克琦的英文水平因此有了很大提升，也初步受到了西方文化的熏陶。

常州中学的教师质量非常高，因此才能保证优质的教学成果。教三角函数的李锐夫[①]老师，后来成了中央大学数学系的教授；教几何的冯老师，原来是苏州中学的老师，教学能力优秀，为沈克琦打下了很好的几何基础，这样的基础让沈克琦一生受益，几十年后当自己的孩子上中学、考大学碰到几何难题向他求教时，沈克琦还能一一辅导讲解；还有教物理的老师是唐山工学院的讲师，教化学的端木和老师后来成了中央大学的教授。

除了优秀的教师，常州中学也有严格的管理。常州中学当年就实行了学分制，规定相应的学分不及格就必须留级或者退学。不过这个学分制和大学的学分制还有一些区别，大学里挂科普遍还有补考的机会，但是在常州中学，不及格就是不及格，不会再有补考的机会，足见当时学校要求之严格。每个学期期中就给家长发成绩单，方便家长随时跟踪孩子的学习情况。期末考试也非常严格，学生们不敢掉以轻心，除了前面提到的几次游行，大家把主要精力都放在学习上了。

生活方面，学生们得到了很好的保障。学校里有食堂，由商人承包，

① 李锐夫（1903–1987），精通英语，毕生从事数学教学和研究。曾任上海市高等教育局副局长、第五届全国人大代表，编有《三角学》，被称为“李蕃三角”，并翻译英国中学数学教材 *SMP*，把世界现代数学教学方法介绍到中国。

价钱不贵，一毛七八分就可以吃一顿饭，学生们可以在食堂里包伙。寄宿生白天都在学校里吃饭，早餐是免费的，因此只需要付午餐和晚餐的钱，不过沈克琦是走读的，只吃中午一餐，每晚都回家吃饭。学校会定期征求学生意见，如果学生说伙食不好，商人就要被罚加一个菜，于是原来的四个菜就变成了五个菜。

常州中学不仅重视学生们理论知识的学习，对于体育课和实验课，学校也是很重视的。譬如化学课在一个阶梯教室上，化学老师端木和一面上课，一面当场演示实验，直观生动。生物课也配合各种实验，甚至还有动物解剖，几个学生一起解剖兔子、青蛙或鱼，这类教学让学习充满了乐趣。在常州中学，提醒老师学生上下课是采取摇铃的方式，由于校园很小，只要摇铃大家就都听见了。

暑假军训

1931 年，"九一八"事变后东北三省沦陷。1932 年淞沪抗日战役和1933 年长城抗日战役接踵而来，国民政府最高当局觉察到一场全面抵抗日本军国主义侵略的战争势难避免，逐步采取备战措施，其中一项就是对学生实施军事训练。当时国民政府教育部规定在大学及高中增设军训课，派遣军训教官驻校进行常规训练，除病残经军医验证者外，所有学生必须接受一次集中军事训练，否则不准毕业。于是在高一结束的那个暑假，沈克琦和其他江苏的高一学生在镇江进行了集训。所有的学生成立了一个集训总队，总队长是 88 师的师长孙元良。除总队长以外，集训总队里的领导如大队长、中队长等很多都是 88 师的军官。当时中央有个军官训练班，训练班的学员就会到集训总队当班长、中队长或是区队长。一个中队相当于一个连，有 100 多人，分成三个区队，一个区队就相当于一个排，一个排里面又分为三个班，班长就是军官训练班的学员。沈克琦所在的第二大队共有 18 个中队，其中第 12、第 13 中队都是年龄特别小，个子特别矮的学生，因此被称为“小孩中队”，沈克琦被编入 13 中队。

当时的军训是非常严格的，训练的内容也很全面。有基本的队列训练，包括向右向左转，齐步走、正步走等；有军事知识学习，比如学《步兵操典》《城中要务令》，学习挖工事，还学一些枪械知识等基本的军事知识；有射击训练，训练用枪一般是三八大盖或是七九步枪，但沈克琦所在的“小孩中队”用的是马枪，因为马枪比步枪短，如果发步枪，步枪比持枪的学生还高。训练的方式是大家散开，往前推进，看见目标就打，并且规定卧射、跪射、立射各要打 3 枪，且必须防止打到自己人，甚至还有实弹射击的训练。也有拉练，从位于三里甸的营房出发，走几十里路，到句容镇再回来，即使在半夜也是如此。这些训练大都是真正的士兵在入伍时要学的东西。可以说，这种军训是为将来的战争做准备的，因此训练气氛非常紧张，最后还要考试。

军训时，学生们都住在新造的营房里，一个中队有两个大屋子，沈克琦所在的中队有 150 人，两个大屋子各住 75 人，两个大屋子的中间是中队长、区队长居住的屋子和军械室等各种各样的办公用房。吃饭在一个大席棚下，学生们在外面排队，教官下令“解散”后进入席棚，要求大家须先安静坐好，教官宣布“开始吃！”后，大家就拼命快吃，因为吃到一定时间教官即下令“停止！”，没有吃完的也不准再吃了，大家就都站起来到外面排队，教官下令“解散！”后大家才准许离开。

训练期间，军官们私下还进行政治活动。国民党内部组织了一个复兴社，军官们便积极发展学生加入。被复兴社看中并努力发展的学生，都是学习比较好的。有一天区队长找到了沈克琦，问他：“你爱国不爱国啊？”沈克琦毫不犹豫地说：“当然爱国了。”在那国难当头、内忧外患的时期，学生们的爱国情绪都很高涨。区队长继续鼓动说：“蒋委员长有一个爱国组织，你参加不参加？”刚说完自己爱国，怎么好拒绝参加爱国组织呢？于是沈克琦随口回答“参加！”就这么简单的几句对话，一批爱国的青年学生就被教官们列入发展对象了。不久后的一天，中午午睡时区队长点了一批人的名字，并宣布“你们中午有事，不用午睡了，马上到门口集合。”被点到名的学生也包括沈克琦，他们遂被带到第一大队的饭厅里。到那之后，沈克琦才知道这些学生都是被鼓动加入复兴社的[①]。区队长给每人发了一张表让大家填，填完后就宣誓，区队长说一句，学生们就跟着说一句，大概内容是忠于蒋委员长，热爱祖国。之后由于打仗，学生们都回学校了，从此沈克琦再没有和复兴社有过任何联系。新中国成立初期入党时，沈克琦主动向党组织说了此事。“文化大革命”期间，为加入复兴社一事沈克琦可没少吃苦头，不仅被诬陷为特务，而且还没完没了地写“交代材料”，一次次地被外调人员询问。

军训本应在 7 月下旬结束，1937 年 7 月 7 日，日本悍然发动七七事变，开始全面侵华，抗日战争爆发。88 师紧急集合被调赴上海抗战，在七月中旬的时候，军训提前结束了，沈克琦和同学们都回到常州，其他江苏各地的学生也都各自返回原地。

逃难生活

回到常州后，9 月 1 日常州中学照常开学，沈克琦升入高二。由于战争打响，常州变得不平静。日军武器先进，装备精良，拥有包括当时在世界范围内处于领先地位的零式战斗机、重型轰炸机，并配备大量训练有素的飞行员。虽然当时国民政府在杭州有一个空军学校，装备有几架飞机，但是这几架飞机型号落后，并不能与日军飞机相抗衡，在战争初期就被打掉了。之后，华东的领空就基本处于日军飞机肆无忌惮随时骚扰的状态。常州也时常会受到日本飞机的空袭，一些小型飞机采用俯冲后投弹的方式对建筑物进行轰炸，有时候飞机低得甚至可以看到驾驶员的脸。而重型轰炸机采用的是高空投弹的方式。现在习以为常的投弹方式在当时却是非常先进的技术。当防空哨发现日本飞机在附近的时候，就会拉警报。先是预行警报，表明发现了飞机；然后是空袭警报，表明飞机快要飞到头顶了。空袭警报拉响后，大家

① 沈克琦访谈，2013 年 11 月 28 日，北京。资料现存于采集工程数据库。

须赶快躲避。没有防空洞，就躲在树旁边，不让飞行员看到。当飞机到了，准备投弹时，就拉响紧急警报；飞机离开后，就拉响解除警报。飞机空袭的主要目标是火车站，老百姓的住宅炸得不多，偶尔会投一两个炸弹。在频繁的轰炸下，常州中学也不可避免地被扔过一两个炸弹。

七七事变后，88 师、87 师、36 师，这 3 支分别负责江苏、上海、浙江军训总队的国民党精锐部队都赶赴上海抗战，3 个师打仗非常出色，把日本人堵在了上海。战斗从 8 月 13 号打响，一直打到 11 月中旬。由于武器的落后，在日本飞机大炮的狂轰滥炸下，上海军队最终被迫后撤。常州到上海有 167 千米路程，日本军队在打下上海后，继续往前推进，先到苏州，后来到了无锡，然后打到常州。

11 月初，眼看着日本人要打到常州了，常州中学的领导们准备将学校迁到太湖边宜兴县的张渚镇，并要求所有学生自行前往张渚镇。沈克琦和几个同学联合起来到轮船码头买了船票，一起坐船到宜兴。两天后，沈克琦和同学们抵达宜兴，当时天已经黑了，于是大家找了个旅馆住了一夜。第二天，大家一起步行到张渚镇。然而到达时，沈克琦和同学们被告知常州中学已经解散。听到这个消息，大家很沮丧也很无奈，沈克琦一行只得返回到常州。

回到常州的家中，一进家门，沈克琦发现祖母、母亲、哥哥、大嫂还有五个弟弟妹妹都已离开，只有父亲一人在家。原来父亲已得知常州中学解散的消息，料到儿子一定会回家。形势危急之下，父亲决定自己一人留下等候，家中其他人随亲戚先行转移。他们雇了一艘小船前往镇江，这艘小船原本是运粪的，形势紧迫，也顾不了太多，匆匆把小船打扫干净坐上就走。第二天，沈克琦和父亲以及一些邻居另外雇了一条船，准备到芜湖和家人会合。而家人到了镇江后会继续前往南京，然后到达安徽芜湖。由于芜湖离战场较远，沈克琦和家人希望能到那里避一段时间，然后继续前往内地。

一路上，有时会遇到散兵打劫，大家都相当紧张。出发之前，父亲不敢把现金带在身上，而是将家里仅有的 700 元存款通过银行汇到芜湖。抵达镇江上岸后，沈克琦和父亲坐火车途经南京到芜湖与家人会合。到了芜湖后发现汇款没到，只得继续往南走，计划走到内地再取钱。

此时皖南铁路刚铺好，尚未通车，为了让难民能够疏散到后方去，政府决定临时开一趟列车，不需要车票，专门运送难民。于是沈克琦和家人们上了这列“难民车”，一路南行。由于铁路刚修好，为了防止出轨，火车开得很慢。即使这样，火车依然会不时出轨；一旦发生这种情况，火车就得往后退，将路轨复位后再继续前行。火车上坐满了难民，还有很多行李，由于不是正式的车厢，难民们只能坐在行李上，或是蹲在车厢中，时间一长，很是难受。有时火车开的速度比人步行还慢，看到火车走得慢了，有人干脆下来跟着火车走，眼看火车加速了，再赶快回到车上去。这是沈克琦一辈子坐过的最慢的火车。就这样火车开了好几天，和家人终于到达安徽徽州。

到了徽州之后，沈克琦和家人们打算到江西婺源，投靠在那里当卫生院院长的表姐夫。从徽州到婺源县，要先到屯溪镇，即现在的黄山市。步行五十多里路，一家人来到了屯溪镇。之后的行程更艰苦，因为从屯溪到婺源县一路要翻过怀玉山脉的五个岭。其中最高的叫谭公岭，从上岭到下岭，有3000级台阶，一天都走不下来，途中还需住一夜，第二天再走。沈克琦的母亲和祖母都曾缠足，走平路都困难，更何况是爬山，翻岭只能坐轿子，家里便雇了两顶轿子分别抬着两位老太太。沈克琦最小的弟弟三岁，就坐在母亲的轿子里。在当时，轿夫都是抽鸦片的，因此每走到山岭顶端的时候，轿夫们都会放下轿子歇一会，然后到旁边去抽鸦片。让家人担心的是，在荒郊野外的路上，轿夫中只要有一个心存不轨，一家人就会面临生命危险，幸而最终是有惊无险。全家人的行李是雇挑夫挑着走，沈克琦的两个妹妹体重较轻，一人坐在一个箩筐里，也由挑夫挑着走。这段路程共85千米，走了三天多，最后一家人总算平安到达婺源县①。

抵达婺源县后，沈克琦和家人租房居住。一段时间后，700块钱仍未取到，一大家人的生活成了问题。为了赚钱糊口，家人在家门口摆了一个小摊，批发一些橘子、花生，还煮些茶叶蛋来卖，初到婺源的一段日子全家人就靠这份小买卖维持生计。晚年的时候沈克琦对自己这段卖茶叶蛋的经历仍记忆犹新。

---

① 沈克琦访谈，2013年11月28日，北京。资料现存于采集工程数据库。

婺源县当时有一个56兵站医院，与婺源城一江之隔，托表姐夫卫生院院长的关系，沈克琦的父亲、叔父还有沈克琦自己被介绍到兵站医院工作。父亲在那里做文书，沈克琦因能看懂药品的英文及拉丁文名字，被派去当了司药兵，管发药。兵站医院的工作并不赚钱，但好处是医院供伙食，这样三个人就不用在家里吃饭，省了一笔伙食费。

婺源是一个山城，断崖峭壁外是婺江，县城就建在很陡的峭壁上，城墙从河滩一直修到山上，人们把房子建在城墙顶上。婺源城经常会遭遇山洪暴发，沈克琦在婺源避难期间就亲眼目睹了一次山洪暴发。当时江水迅猛上涨，很快离建在城墙顶上的房子就只有几米之遥了。城门全被洪水淹没，上城墙的一级级台阶也被淹没。婺源城里的人要想渡过婺江，必须借助婺江上的桥。婺江桥正是适应婺源易爆发山洪而设计的，桥的构造很奇特。桥板由竹子编成，竹子一根挨一根编连成一节一节的桥板，桥板架在一个大竹子编的架子上。架子脚原本支在河底，洪水上涨，整个桥连同桥架上浮。由于桥板都是用绳索穿好的，涨水的时候把一边的绳子解开，整个桥就漂到岸边，水便顺流而下，起到泄洪的作用。当水退去之后，只要把绳子再系上，把桥架到架子上，就又可以走人。虽说这是沈克琦第一次看到山洪暴发的场景，但他和家人并不觉得害怕，婺源城毕竟是有着千百年历史的老城，有城墙抵御洪水，保护城内的居民不受灾。洪水退去后，居民们的生活很快又恢复了平静。

沈克琦的大哥大嫂看到待在县城里没有出路，就一起到大后方武汉去谋生了。到武汉之后，他的大哥大嫂在战干团（即“战时工作干部训练团”）接受了初步的培训，然后大哥被分配到四川凉山县，在那里的一个空军基地当准尉司书。大嫂毕业于女子师范学校，原本是常州新坊桥小学的老师，于是被分配到桂林的一所小学当老师，仍从事自己的本职工作。这样，大哥大嫂两个人先后有了工作，就此离家远行。

沈克琦一家在婺源一待就是半年。半年后，家里带的钱慢慢花完了，父亲觉得这样下去不是办法。不仅生活无着落，更大的压力是孩子们都失学了。自从大哥大嫂离开后，沈克琦成为父母身边年龄最大的孩子，渴望读书的念头在他心中日益强烈。刚好此时沈克琦接到省常中同班同学章育中的来信，得知他已经逃难到了长沙，在那里投靠了他的表叔，张的表叔在长沙做买卖，开了几家店铺。沈克琦于是给章育中写信，告诉他自己一家人要到长沙投奔他。章回信承诺可帮助沈一家在长沙找住处。于是一家人又上路了，此行的目的地就是长沙。

从婺源去长沙一家人首先坐船沿婺江而下，到了江西乐平，继而坐汽车到江西鹰潭。鹰潭正处于浙赣路上，是后来鹰厦铁路的一个站。鹰潭有一趟免费的“难民货车”，只要是难民就可以上。车帮很矮，沈克琦和家人们上了车，就坐在行李上。“难民车”从鹰潭出发，一直往湖南开，一路开开停停，没有人知道什么时候开，什么时候停，但并没有人敢下车。两天后“难民车”终于驶入湖南境内，最后在株洲停下。于是沈克琦一家下了“难民车”，继续搭乘火车。1938 年 7 月，全家最终抵达长沙。

抵达长沙后沈克琦才得知自己的一些同学已经被国立三中录取，国立三中是当时成立的几个国立中学之一，这些国立中学专门接收从沦陷区来的学生。没等到沈克琦抵达长沙，章育中同学就已经离开长沙去贵州同仁县报到了。但他临走前和自己的父亲交代好了一切，于是在章育中父亲的帮助下，沈克琦一家（大哥大嫂除外）在他表叔朱先生仓库里的一间空房子安顿了下来，为期一年的颠沛流离，全家人虽然历经磨难，但所幸毫发无损，在动荡的战争年代这是十分难得的。这时沈克琦的父亲提出拍一张合影，于是一家人在长沙太平街朱宅（即章育中的表叔朱先生家里）的堂屋中留下了一张珍贵的全家福照片。

在长沙安顿好后不久，沈克琦的妹妹曾患霍乱，一度以为没救了。幸而医院治疗及时，妹妹的病竟然好了，总算是有惊无险。

在长沙住了一段时间后，大嫂从桂林来信，说全家人可以到大后方桂林去，那里相对更安全，全家人在一起也好相互照应。为了再次迁徙，沈克琦的父亲联系了银行，希望能追到之前汇的 700 元钱。虽然战争时期世道很乱，但当时的银行还很讲信用，银行承认有这笔钱，只是交通不便，等钱汇过来需要一些时间。沈克琦的父亲便办理了把钱转汇到衡阳的手续，计划在衡阳提取汇款后，一家人再次踏上征程。

然而抵达衡阳后，汇款仍未到。沈家在衡阳没有亲戚可以投靠，一家

图2-1　1938年8月，全家人逃难到长沙后在太平街朱家堂屋合影（前排左起：小妹、小弟、祖母、大妹、二弟；后排左起：大弟、母亲、父亲、沈克琦。图片来源：沈克琦家人提供）

人只能到旅馆投宿，但依当时的财力实在是开销不起。于是沈克琦的父亲做出了一个很大胆的决定，把沈克琦的大弟大妹两个人留在衡阳等汇款，其他人动身前往桂林投奔沈克琦的大嫂。幸运的是，13 岁的大弟、11 岁的大妹顺利地等到汇款后，走湘桂铁路坐火车安全到达桂林。弟弟妹妹两个孩子在衡阳怎么生存下去的，沈克琦并不知道其具体细节，但可以想到的是，从衡阳到桂林的路上，两个十来岁的孩子一路上肯定得到了很多好心人的帮助。

其实，这次沈克琦并没有跟着家人去衡阳。因为在长沙的时候，沈克琦看到街上一个通告，江苏省教育厅决定在湖南办一个江苏省立临时中学，凡是江苏省的学生都可以去报名。这让沈克琦看到了希望的曙光，他高兴地拿着常州中学的肄业证明书前去报名，准备直接升入高三。虽然高二只上了一个月的课，沈克琦还是顺利通过了考试，被录取了。在长沙与家人告别之后，沈克琦独自从长沙坐船到了常德，再转汽车到了桃源县报到。抵达桃源时，日军已进逼武汉，学校决定从桃源县搬离，搬到湘西所里镇，即现在的吉首市。

重新入学

在桃源县住了几天后，沈克琦跟着学校西行逃难。首先坐小船沿着沅江到了湘西沅陵县，又从沅陵换船到了芦溪。芦溪到所里仍有 120 千米路。湘西是个土匪出没的地方，学校非常担心一路上遭遇土匪抢劫，于是校方提前联系了湘西绥靖公署主任陈渠珍，请他帮忙。其实陈渠珍本来是土匪头子出身，被国民政府招安之后当了湘西绥靖公署的主任。了解到学校需要帮助，他便派了一个班的士兵护送教师学生到所里镇。一路上，虽然听到枪声，但是有官兵的护送，沈克琦和同学们并不感到害怕，走了 120 千米，所有老师学生安全到达了所里镇。

所里是湘西大镇，当地人非常支持教育，尽力满足学校的要求。所里镇政府为了迎接江苏省临时中学的老师学生们，腾了一些镇上的库房、铺子，里面放一些双层床，用作学生的宿舍，沈克琦和同学就住在那些宿舍里。另外，所里镇政府还给学校临时建造了一些房子，用做教室。这个临时中学的全名是江苏省立桃源中学，实际上没有在桃源上过课，而是在湘西所里镇办学，不知为何校名却未改。全校一共六个班，初一、初二、初三、高一、高二、高三各一个班。学校管吃管住，学生不需要缴学费或是其他生活费用，有良好的环境安心学习。1938 年 10 月，沈克琦正式成为了桃源中学的一名高三学生，逃难中耽误了将近一年的学业终于在这里得以继续。说起来沈克琦还算幸运，他上大学后发现同级同学中有比他年长两三岁的，不少皆因战乱失学耽误了正常的学业。

图 2-2 1938 年秋，在湖南江苏省立临时中学上高三的沈克琦（图片来源：沈克琦家人提供）

沈克琦班上共有 9 人，一位女同学，8 位男同学。其中有一位名叫陈立，与沈克琦是常州中学的老同学，原来就认识，重聚之后关系更密切了。一切安顿好后，学校很快开始上课。桃源中学的老师大多是原来江苏省的老师，教学水平都很高。教解析几何的老师是国立交通大学毕业的，教学进度很快，教得也很好。当年 10 月开学，第二年 5 月解析几何就教完了，又给学生们讲了两个礼拜的微积分，为沈克琦将来的大学学习打下了良好的基础。值得一提的是，虽然是临时组建的学校，桃源中学依然有一个小型图书馆，里面有不少书。沈克琦和陈立原本在常州中学高二的课程只学了一个月，想通过自学补习一下物理，到图书馆查找，竟然发现两本大学的物理教材，是英文版的 *General Physics*（《普通物理学》）。沈克琦和陈立一人抱来一本，一面学习物理，一面学习英文。在湘西，晚上百姓家都点桐油灯，桃源中学为了保证学生们晚间的学习，搞到几盏汽灯挂在房间里。汽灯原本是晚上演戏时挂在戏台子上照明的，很亮堂，挂在宿舍里照明绰绰有余，所有人都能清清楚楚地看书。环境虽然艰苦，但沈克琦和他的同学们依旧如饥似渴地学习着。1939 年 6 月，高三的九位同学顺利毕业了。摆在他们面前的最重要的问题，就是如何进入一所好的大学。

抗日战争爆发后，为适应战时需要，提高大学程度，教育部在中央大学、浙江大学和武汉大学三校试办联合招生。在此基础上，1938 年起实行国立院校统一招生。该年参加统一招生的院校共有 22 所。1939 年改由教育部统一命题、统一考试，参加统一招生的院校增至 28 所。1940 年扩大到省立大学和独立学院，共有 41 所高校参加统一招考。全国统一招生意味着一次统一考试可以报考多所大学，成绩出来后汇总到重庆教育部，根据个人志愿按成绩高低录取。

江苏省立桃源中学高一有一位女同学，和沈克琦的同学陈立是同乡，都是无锡人，她的父亲在贵阳，听说陈立和沈克琦要准备考大学，于是帮他们在她家附近租了一间房。房间里空空如也，沈克琦和陈立在里面放了两张木板床、两张桌子、两把椅子，这就是他们这个临时住所的全部的家当。两人在这里的全部生活就是准备考试。为了解决吃饭的问题，他们和附近的太白酒家商量，付一笔钱在那里包饭，一日三餐都在那儿吃。酒家看到有固定的客人也同意，沈克琦和陈立从来不点菜，店家做什么，他们就吃什么。常常是店家为其他客人炒菜的时候多下些配菜就把两人的那份捎带做出来了，这样他们吃的不错，价钱也比点菜要便宜很多。

备考时间共一个月，两人各自制订了自己的复习计划。由于逃难，高中三年的课程沈克琦只读了两年多，高等代数基本未学过，备考时决定放弃，重点保证几何、三角、解析几何的题都做对，这样数学的分数应该不会拉太多的后腿。由于刚开始实行统一考试，所以没有以往的考题可供练习，沈克琦和陈立只能将所学的知识又系统地梳理了一遍，两人一起复习，共同讨论，到考试时所有课程刚好复习完毕。理工科学生一共要考 7 门，分别是国文、英文、数学、物理、化学、中国历史地和公民。

考试共安排三天，离湘西最近的全国统招考点设在贵阳。7 门课考的都是中学学过的内容，对于沈克琦来说，上考场并不紧张，备考一月，考试就是对自己学习效果的总验收。以自己在高中阶段的学习成绩，对考上大学他也是充满信心的。

发榜后得知，桃源中学高三的 9 位同班同学都考上大学了，这是非常难得的。沈克琦如愿考上了西南联大航空工程系；陈立和朱博鸿考到了浙江大学机械系；还有三位考上了陕西城固的西北工学院机械系，分别是殷开泰、杨光旭和姚雅月，姚雅月是班上唯一的女同学。

1937 年，教育部决定成立两个临时大学，一个长沙临时大学，就是后来的西南联大；一个西安临时大学，是北方几个大学联合建立的，后来西安临时大学又分开了，西北工学院就是其中一支，在陕西城固，主要以北洋大学为主，所以西北工学院也是很好的大学。另外 3 位同学，一位考上了重庆的中央大学；一位考上了中央政治学院，也在重庆；还有一位考取了成都的美术学校。在战时颠沛流离的特殊年代，全班同学都如愿考上大学，足以证明桃源中学的教育水平是很高的，老师和同学也都是很优秀的。

在颠沛流离的一年中，全家十余口人没有走散，也没有伤亡，实属难得；期间无论是投亲还是靠友，在危难之中大家都能伸出援手，也是不幸中的万幸；在逃难中，沈克琦能帮父亲挑起养家糊口的担子，为此他颇感欣慰；自己艰难曲折的求学之路，最终能有相对完满的结局，沈克琦也深存感恩之心。

第三章
联大求学　格物致知

一心学工

高考填报志愿时，沈克琦一心想学工，这与当时的环境有很大关系。近百年间，中国积贫积弱，饱受列强欺凌。1939 年，正是日寇全面侵华战争爆发两年后。由于国家的落后，战争进行得异常艰难，空军的实力更是薄弱。纵使将士勇敢，打下不少日军飞机，但是相比日军，中国的空军部队，无论是飞机还是机组人员都严重不足，加上战争中的损毁及伤亡，实力又大大消减。在抗日战争全面爆发不久，中国空军就基本上已不复存在了。国家危难，匹夫有责，社会上出现了各种各样的救国言论，教育救国、科学救国、工业救国……对此各人有各人的理解，各人有各人的看法。沈克琦刚刚高中毕业，正是少年意气风发的时候，他也有自己的想法，他要学航空报效国家。对此，沈克琦自己说："航空系新鲜啊。当时学工很时髦，大家都想学工，学工更务实，毕业后可直接为国家服务。至于学理科究竟有哪些利弊，当时根本没有认真思考过。"

对于大学，对于航空工程系，年少的沈克琦并没有什么概念。在那时，上大学的人毕竟不多；航空更是一个新概念，人们只知道飞机却不明航空要研究什么。沈克琦这个刚刚高中毕业一心想学工的少年郎，抱着一种为国家服务的想法报考了三个志愿：第一志愿为西南联大航空工程系、第二志愿为中央大学航空系、第三志愿为浙江大学机械系。航空工程系是西南联大 1938 年才新设的一个系，31939 年，全国也仅有上述两个大学（西南联大和中央大学）设立了此系。

那时的中国办得好的大学并不多，清华大学、北京大学、浙江大学等是国立大学中的翘楚。中央大学则是 1927 年北伐成功后由东南大学改名而成的。这所大学在物理方面还是有一定实力的，作为中国近代物理学的五位奠基人之一，胡刚复曾担任中央大学的物理系主任。

在众多国立大学中，西南联合大学公认是最好的之一。1937 年 7 月 7 日，卢沟桥事变爆发，29 日、30 日北平、天津相继沦陷。国立北京大学、国立清华大学、私立南开大学决定南迁，联合组成国立长沙临时大学。1938 年 4 月，长沙临时大学西迁云南昆明，更名为“国立西南联合大学”，在短短九年的办学过程中，它在中国高等教育史上书写了浓墨重彩的一笔，也留下了一段佳话。西南联大汇集三校名师，师资力量强大，学术水平很高。每年更有青年学生中的优秀人才慕三校之名，考入西南联大。沈克琦先生在采访中谈到西南联大时讲到它的特点：“教师水平高，学生水平高”。早期西南联大的学生，是北大、清华、南开从内地逃难流亡的学生，学生素质优秀。1938 年后，由于报考联大的人数较多、且多属高分段学生，因而学生质量在全国范围内仍位列前茅。联大的学术水平高，又具有民主和宽松的环境。所以尽管战时交通十分困难，家庭经济情况困窘，都阻挡不住青年学生对联大的向往。

除了国立大学，也有些私立大学，特别是教会大学同样办得很好，比如燕京大学、金陵大学、辅仁大学等等。这些大学有自己的优势，主要在研究生培养方面。我国的研究生培养起步较晚，学位制度的确立相应也晚。燕京大学的研究生培养开始得最早，美国大学承认其授予的学位。而当时国立大学的学位授予受政府的管理，因此，当时燕京大学每年毕业的硕士研究生人数远多于北京大学、清华大学。然而，相较于免费的国立大学，私立大学昂贵的学费让家境贫困的沈克琦望而却步，自然不会列入报考范围之内。

除了统一招生外，还有些学校是单独招生的，例如由兵工署创办的兵工专门学校，它的招生广告是沈克琦偶然发现的。该校与其他大学有所不同，完全属于另一个系统。“如果统一招生未能通过，这也是一条后路”，抱着这样的想法，沈克琦同时也报考了这所学校。但他未曾料到，这一“双保险”决策，日后不仅未给他带来任何益处，却反而给他惹了不少麻烦。

高考报名后，沈克琦写信向父亲汇报了以上情况。不料父亲坚决反对他报考兵工专门学校，说：“你不要上那个学校，你考不上大学就回家来，我养你”。父亲的一席话让沈克琦进退两难，想想报名费已交，好歹也要去看看考试题目，取得一些考场经验，否则这笔钱不就白白打水漂了吗？怀着这样的心理，沈克琦还是走进了考场。每门课两个小时的考试时间，沈克琦只捡自己感兴趣的题目做做，每场都提前交卷，有时距开考还不到一个小时他就交卷走人了。意外的是，如此不当回事的投考，沈克琦竟然还被录取了。

在等待发榜的日子里，沈克琦与陈立一起从备考时包饭的太白酒家转到万家公寓，说是公寓，其实是私人将自家房子出租给房客居住。这位房东从外面雇了一个年纪大的妇女给房客做饭，与太白酒家相比较，万家公寓的食宿开销便宜了许多。在那里，沈克琦认识了不少人，有在贵阳工作的，也有和自己一样的考生。

考试结束距发榜还有一个多月，那段时间里沈克琦晚上常去街上逛书店，挑上几本喜爱的书席地而坐或倚着书架翻看，很陶醉于这种漫无目的的自由阅读。他看的主要是文学作品，如剧作家、小说家陈白尘、宋之等的剧本、小说。白天，他们则到贵阳图书馆看书。那时的图书馆任何人都可以进，进门时每人领一个牌子，凭牌借书，出门时须归还牌子和书，整个流程不需要任何的证件。在那里沈克琦也是广泛涉猎各学科的书，记得曾看过马寅初所写的财政学方面的书。

英文零分

等待发榜的日子并非风平浪静，期间发生了一件事，让沈克琦着实虚惊一场。在沈克琦他们住的地方，还住着一位老乡，他曾在常州市教育局工作，认识沈克琦的父亲。这位老乡知道沈克琦在等待发榜，因自己在贵阳医学院注册组负责招生，主动提出帮沈克琦查询一下录取情况。查询后发现录取名单中没有沈克琦，之后又进一步查询得知，沈克琦的英文竟然是零分。根据当时的规定，凡是有一门课程是零分，就不得录取。

闻此消息，沈克琦顿时着了慌，英文零分也让大家很是不解。怎么可能是零分？一张试卷，随便答几道，就能有几分。友人忙问他当时怎么答的英文试卷。那时的考试与今日有所不同，试卷并非铅印而是手抄，考生答题需抄完问题再行回答。以英文的翻译为例，把英文翻译成中文，就需把英文与答案写在一起，先答第一题还是先写第二题，各人的答题先后顺序可以不同。此时距离考试过后不久，沈克琦对于自己英文试卷的答题情况记得清清楚楚。此外，英文考试结束时，他是和老同学章育中一起交卷后离开考场的。

听了沈克琦对于试卷答题情况的描述，父亲的这位老朋友就在 800 多份英文试卷中逐一查找，但竟然没有发现沈克琦的试卷。考卷不会不翼而飞，其中必定还有疏漏。这时友人回忆起另有一批白卷存放在防空洞中，于是向领导申请调阅，最后发现白卷中居然混有 6 份试卷，沈克琦的卷子恰在其中。经领导同意后，立刻请老师补阅这几份考卷。此时所有贵阳考区考生的成绩已经报送重庆，幸赖招生人员负责，专门发送电报把沈克琦等人的英语成绩补报给重庆。后来得知沈克琦的英文成绩为 60 分，总成绩为 417 分。事后听说贵阳地区 800 多名考生，考到 400 分以上的不足十人。

考分重新确认后，沈克琦毫无悬念地被西南联大航空工程系及兵工专门学校同时录取。所幸这件事最终是有惊无险，事后回想起来不免后怕，正是因为许多的偶然因素同时出现：有朋友参与招生、主动查询考分、知道有白卷藏在防空洞、找回试卷后补阅补报，才使沈克琦没有在高考中落榜。若是缺少其中的任何一环，沈克琦都会与西南联大失之交臂。此事自然也让沈克琦终生难忘。后来，在北大负责招生事务时，沈克琦先生也常用此事提醒每位参与招生的工作人员，要认真对待每份文档。对于那位热心友人，沈克琦更是终身铭记他认真负责的精神。

大学招生中遭遇的这场惊险，让沈克琦一辈子谨记两件事：第一，一个招生人员必须认真负责，绝不能因为自己的马虎，把孩子的一辈子都影响了。他在物理系分管招生工作时，跟阅卷办公室的同事讲了自己曾经的遭遇。第二，他很感谢父亲的那位朋友，佩服他这种“为人谋”的精神。为什么他那样下功夫呢？沈克琦回忆此事时说：因为即使不算英文成绩，我的总分已经够录取标准了。但因政策规定考试科目中有一门为零分一律不得录取，若不为我的“英文零分”找出答案，他知道这将会耽误了一名优秀考生的前程。在人生中的关键时刻，能碰到这样一位好人，沈克琦无疑是幸运的。

因福得祸

既已被西南联大航空系录取，沈克琦与同学章育中（被西南联大化学系录取）就决定坐木炭汽车由贵阳赶赴昆明报到。贵阳到昆明300多千米，汽车走了三天，一路经过安顺、黄果树瀑布，到盘县（隶属今六盘水市）。在云贵交界处，途经二十四弯，路况惊险万分。途中在距昆明几十里的杨林住宿一晚。沈克琦回忆说，“在那里入住一个小店，睡在地上，到处有跳蚤。那里住得差，吃得也很差，幸而次日只需半天就可到昆明了。”

本以为到了昆明之后，就会一切顺利，无奈好事多磨。沈克琦报到时得知：按教育部、军政部联合通知，凡是考取兵工专门学校的学生，一律取消统一招生的学籍。这则通知不难理解，因为在那时，国防第一、军事第一，兵工专门学校作为军事学校，在那个特殊时期，优先于其他学校录取是理所应当的。但是对于沈克琦来说，原本同时被两所学校录取的喜事却变成了一件祸事。在两所学校中，沈克琦自然是选择西南联大的，而且父亲早就告诉他不要报考兵工专门学校。联大的注册组告诉沈克琦，必须持有兵专退学证明才能注册。但当沈克琦写信给兵工专门学校时，对方告诉他因为还没有报到入学，因此开不出退学证明。昆明到重庆，有近千千米路程，所需路费对于经济拮据的沈克琦来说，是一笔不小的开支。此事让初抵昆明的沈克琦陷入了两难的境地。

事情还不仅于此，按照西南联大的规定，每位报到注册的学生都会分配一个床位，但是无法报到的沈克琦显然不在此列，因此住宿也成了大问题。心乱如麻的沈克琦从注册组出来后，漫无目的地在街头游荡，偶然间在福临街的福照巷里发现了一家名为“基督教青年会学生寄宿”的地方。在这里，只要是学生，就可登记入住。沈克琦有西南联大的录取通知书，学生身份不难认定，也就可以在此暂且安身。或许是“福临”街这个吉利的名称得以在他身上应验，第一个燃眉之急总算迎刃而解了。虽然不能办理入学手续，但学习是不能耽误的。每天早上，沈克琦匆匆用井水洗个脸，走半个小时，赶到西南联大旁听普通物理、微积分等课程。没课的时候就到图书馆看书，晚上再步行回城。这个困难靠自己总算还能妥善解决。

考虑到战时交通不便，西南联大的注册时间长达一个月之久。初时，沈克琦尚能安然听课，但随着报到截止时间一天天临近，他的学籍仍无着落，自己也越发焦虑起来。真是天无绝人之路，一天沈克琦偶然在学校附近的文林街上发现了一块写着“各地来昆学生就学指导处”的牌子，抱着姑且一试的心理，沈克琦走了进去将自己的困境和盘端出。里面一位值班的女士同情沈克琦的遭遇，给他出了个主意，“你去找我们主任，就说你的兵工专门学校退学证明正在申请，还没寄到”。这位主任就是西南联大训导长查良钊先生，因为他爱护学生，处处为学生着想，因此在西南联大得了个“查婆婆”的绰号。查良钊先生听说此事后，提笔致信教务长樊际昌先生：“考取兵工专门学校退学证明还未寄到，请准予注册，上学以后再补交”。在查先生的帮助下，经教务长的批准，沈克琦终于得以进入自己梦寐以求的高等学府。而这兵工专门学校的退学证件，沈克琦一直未曾提交。采访时，沈老自嘲说自己直到西南联大毕业都是一个不合法的学生。说来也真是幸运，沈克琦上西南联大过程中所碰到的最后也是最大的一个困难最终就这样幸运地解决了。

结缘物理

几经周折，沈克琦终于得以正式入读西南联大，但此时距离开学已近一个月，工学院学生应学习的机械、画法几何、锻铸、制模等实践性课程已难以补回，注册组的老师建议沈克琦选择与工学院课程相近的物理系的课程。依靠每月九元的沦陷区学生救济金，沈克琦完成了一年级的学业。

二年级新学期伊始，沈克琦又面临选系的问题。联大对基础课的要求是非常严格的，设有一年级学生课业指导委员会。一年级结束时，各系需对每位学生一年级所修的课程及考试成绩进行审查，主要课程的成绩须达到 65 分以上，审查通过后还需要经过系主任批准，开学前公布符合要求可进入二年级的学生名单。因注册时在航空系，选课又在物理系，所以两系公布的名单上都有沈克琦，沈克琦再次面临选系的问题。最终，家庭的经济状况使他不得不放弃最初选择的航空工程系。因为要上航空系，需自备价值 30 元的计算尺和绘图仪器。这笔钱他不能向家里要，因为那时家里经济拮据，弟弟妹妹已被送入儿童福利院，在那里受了不少苦。而沈克琦从学校领取的救济金也仅够每天的两顿饭钱，那时每个月的伙食费是 5 块钱，30 块钱相当于半年的伙食费，无论如何也筹措不到。在物理系一年的学习中，沈克琦对物理也萌发了浓厚的兴趣。由于以上种种原因，沈克琦最后选择了物理系，谁知自此便缔结了他一生与物理难解难分的情缘。

西南联大由北京大学、清华大学、南开大学三所华北名校联合组成，三校教授聚在一起，可谓大师云集，沈克琦所在的物理系尤为突出。这些物理系教授个个大名鼎鼎：20 年代学成归来的欧美名校博士有我国近代物理学的奠基人饶毓泰[①]（1922，普林斯顿大学）、叶企孙（1923，哈佛大

① （1922，普林斯顿大学）即 1922 年毕业于普林斯顿大学，以下同。

学）、吴有训（1926，芝加哥大学）、周培源（1928，加州理工大学），以及无线电工程学元老朱物华（1926，哈佛大学）；抗战前几年内学成归来的有任之恭（1931，哈佛大学）、吴大猷（1933，密西根大学）、郑华炽（1934，奥地利格拉茨大学）、霍秉权（1934，剑桥大学）、孟昭英（1936，加州理工学院）；还有一批抗战开始后不畏艰险回国服务的范绪筠（1937，麻省理工学院）、余瑞璜（1938，曼彻斯特大学）、张文裕（1938，剑桥大学）、王竹溪（1938，剑桥大学）和马仕俊（1941，剑桥大学）[①]。这些名师不仅学术造诣深厚，而且品格高尚、爱岗敬业，更有一颗拳拳爱国之心，这都对那时的沈克琦产生了深远的影响。

谈起自己的授业恩师，沈克琦更是印象深刻、满含深情。“周培源先生家住昆明西山龙王庙，离校20余里，每天骑马来学校，在操场上溜一圈，拴好马，进教室，一分钟都不差”。养马很麻烦，而且后来马料很贵，周培源就改骑自行车了，而饶毓泰和吴大猷先生则是坐马车来上课。所谓马车实际是一匹马拖个平板三轮，上面架个棚子、放两个板凳。这种马车在路上颠簸得厉害，据说有一次吴先生从马车上摔下来造成脑震荡。但是吴先生只休养了几天就照常上课。沈克琦所在的二年级的电学是吴先生教的。他教书非常认真，根据自己的看法选择教材，如静电部分用Jeans的《电和磁的数学理论》、直流和电磁部分则用Page和Adams所著《电磁学》。王竹溪先生的热学课是按照自己的体系授课，但为了方便学生阅读参考书，他在每节标题后都会注上有关参考书的页码，涉及的书有Roberts、Saha、Planck等许多作者的书。沈克琦觉得这样的做法教会了他如何去看书，开阔了学术眼界。一个礼拜三节课，老师就需来三趟，但是没有老师说，“这样吧，我两节课一起上”。因为老师觉得，从教学的角度讲，时间上分开上课与两节课一起上是很不一样的。当时讲课不像如今那样详细，这些大师们更多的是教给学生基本知识点，启发学生思考，因而每节课之间都要留有学生思考的时间。沈先生对于这样的做法很是赞赏。

有一次饶毓泰先生说，“一个教师，一堂课上下来，学生什么问题都没有，

① 王进萍：一位平凡物理老人的不平凡的一生（上）——沈克琦教授记忆中的西南联大。《物理》，2007年第9期人物版。

不是好老师”。上课的时候教给学生基本点，帮他们理清思路，给他一些启发，具体的东西需要他课下通过思考自己去弄懂，这才是真正学到手了。所以表面上看是那种教得清清楚楚的老师最好，学生也欢迎。其实这是不对的。

我觉得饶先生的话是很有道理的，应该讲得有启发性，启发学生思考是最重要的。后来我们教学的指导精神是“不让一个阶级兄弟掉队”，讲课一定要讲清楚，检查你的教学效果就要看你有没有讲清楚。不仅不提倡留点问题让学生自己思考，反而要批评这种做法。当然该讲懂的还是要讲懂，但是后面的推导不需要你讲，讲应该如何正确理解，不正确的理解可以有好多，没必要都点出来。当年我给中学教师做报告的时候讲过这些问题。

在战争年代，西南联大的办学条件难免受到影响。1937 年战火燃起后，三校被迫仓促地从平津撤出，学校的图书、仪器或丧失或损毁，买新书也相对困难。好在西南联大的校领导们对图书、仪器高度重视，也采取了不少有效的措施，使得状况很快得以好转。一方面，清华大学战前即预见到华北局势不妙，提前抢运出 500 箱重要的图书期刊至汉口（武汉）。1938 年向昆明运送了 136 箱，共计图书 5884 册，期刊 1169 册，其余部分则遗憾地在重庆被日军飞机炸毁了。另一方面，1937 年 9 月 10 日教育部正式下令建校，9 月 13 日第一次常委会会议就决定成立图书设计委员会，由陈岱孙、冯友兰、饶毓泰等 9 人组成，任务就是规划如何购买图书。校方积极筹款，订购新书刊。据 1940 年 3 月图书馆工作报告载，“已发出订书单 233 件，计书 1500 余种，期刊 300 余种，已到新书 1400 余册，期刊约 4000 册”，这些都是外文书刊，还有斯坦福大学 Hall 教授所赠文学书 245 册，康乃尔大学 Walker 教授赠刊 75 册。

此外，“中央研究院”天文研究所和北平图书馆迁至昆明后，西南联大又与他们建立了合作关系，沈克琦就曾去天文所查阅过文献[①]。因此，虽然图书并不是很多，但沈克琦觉得“上学的时候，每门课程主要的教学参

① 沈克琦：谈谈西南联大（上）。《学习时报》，2005 年 8 月 8 日，第 5 版。

考书都有”，“没有感觉到书缺乏，学习上不受影响”。当时也能买到一些上海龙门书局出版的影印书。教材的主要来源是同学间的相互转让。每年暑假，贴出小广告，将用过的书出售给低年级同学，再用卖书钱去购买高年级同学出售的教材。沈克琦最后手中就只留下了费米（Fermi）的《热力学》和 Richtmyer 的《近代物理导论》两本影印书。

不仅仅是图书得到了补充，还包括各种实验仪器设备。1937 年 9 月 16 日，西南联大成立了一个仪器设备设计委员会，由杨石先、吴有训、曾昭抡等 9 位在建校方面很有经验的教授负责，专门解决仪器设备的购买问题，又委托一些教授在到昆明去的路上，途经广州、香港时订购一些设备。在当时，上海只生产一般的实验仪器，一些特殊的仪器设备则需在香港或国外购置。香港作为英租地，当时并未受到日本侵略的影响，一些仪器厂家还可以正常生产。清华大学所获的庚款是美金，可在香港直接支付购买仪器设备，或从国外订货。由于以上原因，使得西南联大的仪器设备在短时间内逐渐得以补充完善。沈克琦在西南联大上学的时期，已经可以基本满足学生们的实验要求了。沈克琦一年级实验课上用的就是上海买来的仪器；二年级时做电学实验用的灵敏电流计（每台 75 美元）就是刚从美国 Leeds & Northrup 厂购置的产品。指导教师虞福春先生叮嘱学生一定要小心使用这些进口仪器，他说：电流计最重要的是吊线圈和悬丝，这些东西备份不多，如果实验时不小心电流过大，极易烧断悬丝，一旦损坏，后面的同学就没法做实验了。那时同学们都知道不仅不能损坏仪器，在战火纷飞中还要注意保护好仪器，万一实验设备被震坏都是承担不起的损失。为了避免轰炸损坏仪器，每次做完实验，就把灵敏电流计、标准电池等贵重仪器放入半埋在地下的 50 加仑大汽油桶内，盖上桶盖。那时的炸弹都是小炸弹，即使房子炸塌了，但是仪器有桶盖保护着，一点问题都没有。正是老师和学生们的精心保护与珍惜才使得西南联大的教学实验得以平稳顺利地进行。沈克琦说：“我在物理学系四年，一年级每周一次普通物理实验，二年级每周一次电学实验，三年级每周一次光学实验，四年级每周一次无线电实验，还做了六个近代物理实验，这在战时大学中实属难得。”①

---

① 沈克琦：谈谈西南联大（上）。《学习时报》，2005 年 8 月 8 日，第 5 版。

西南联大的管理严格而又灵活。考试不及格必须重修，不能补考。学生可以按自己的兴趣和学习状况申请转系。除必修课之外，学生可以跨系任意选课，但是也有一定的硬性规定。所有文法科的学生必须选一门理科的基础课，比如普通物理、普通化学、普通生物学、普通地质学。同理，理科的学生也必须选一门文科课程，物理系必修中国通史和经济学概论。沈克琦在联大期间选修的课程，除高等代数、普通天文学、德文（二）以外，还选了浦江清先生的元曲。另外值得一提的是西南联大的体育课。体育老师会根据学生体质水平及运动能力，制定一套完整的体育教学大纲和教学内容。本科四年中体育是必修课，学生在四年中必须修满 8 个学期体育课方能毕业。但是学校的规定又并不死板，如果体质差、体育技能不达标，但是没有缺勤，就可拿到 60 分；反之，一学期缺课 8 节，不论测试是否达标，一律给不及格。在沈克琦的回忆中，有人因成绩好被留校任教，但是却因缺一学期体育课成绩只能暂任助理，补足成绩后才准予任助教。

艰苦环境

说起在西南联大的生活，沈克琦自己颇为感慨。当时在日军侵华的大背景下，西南联大本身就是这一特殊时期下诞生的特殊产物，有着自己的独特之处。

1940 年，日军侵占安南（今越南），原为大后方的昆明遭日机频繁来袭，轰炸接连不断，联大校舍多处被毁，“跑警报”对于联大师生来说是家常便饭。警报一响，就要立刻收拾东西，往学校北面的荒地树林中跑。这样的跑动在那段时期对于课程的影响还是蛮大的，吴大猷先生在沈克琦二年级时所教的电学课就因此缺了很多，交流电部分根本没有教。但西南联大物理系还是很负责的，后来又专门为沈克琦他们开了一门“应用电学”课，只讲交流电，包括电机、发电机、电动机，把之前漏学的东西都补上了。当时，因躲避空袭，学校规定每天上午七点上课，每节课课时改为 40

分钟，课间只有 5 分钟，上午 10 点 4 节课就结束了。

当时学生的生活条件都很苦，好在昆明四季如春。冬天在窗棂上糊纸挡风，夏天最热时也不用铺席子，十一二点就能入睡。一间宿舍有 10 个窗户，每个窗户下面放两张双层床，中间放一张很窄的长条桌。一个房子要住 40 位学生，学生的自觉使得他们在如此拥挤的宿舍里仍能上自习。晚上七点以后宿舍中就鸦雀无声，如有人不注意，大声讲话，只要别人轻嘘一声，就能立刻安静。九点半以后大家拿脸盆出去盥洗，宿舍里就热闹起来了，但十点半后又回归平静。不仅仅是学生宿舍条件差，学习、讲课用的教室条件也都很艰苦。学校匆忙在战火中搬迁，根本没有合适的教学楼和宿舍楼。西南联大最初办学靠的是借用当地学校的教学楼，包括昆明师范学校、昆华中学、昆华师范学校、昆华工校、昆华农校等[①]。1938 年 7 月，西南联大购买昆明市西北角城外荒地 124 亩，修建新校舍。新楼是由林徽因、梁思成设计的，但是按照他们设计的楼盖起来太过昂贵，学校已无力支付，因此实际上新楼的质量并不好。墙是干打垒的，地是不铺砖的，窗是木头做的而且没有玻璃，屋顶是木头顶再铺上稻草。房子质量很差，刮大风时就容易把草吹掉，如逢下雨，偶尔还会漏。据采访时沈克琦回忆，他在联大四年基本没碰到屋顶漏雨的情况。新教学楼相对宿舍楼来说质量要求还是要高一些，顶棚采用进口的马口铁。下大雨的时候，学生们在教室里能听见雨滴打在铁制屋顶上的噼啪声，犹如大珠小珠落玉盘，多少也对学生们的正常上课产生影响。就是这样的铁皮屋顶，最后因学校缺钱，校方不得不将进口的马口铁变卖换回一些钱，屋顶于是又改成稻草的。由此可见当时的办学条件真的十分艰苦。直到 1939 年 4 月新校舍落成，才有学生宿舍 36 栋（土墙茅草顶），教室、办公室、实验室 56 栋（土墙铁皮顶），食堂两栋，图书馆一栋（均砖木结构）[②]。

西南联大另一特点在于饭堂是学生自己办的，叫“膳团”，日常管理分工明确。沈克琦最初所在的膳团是八个人一桌，共八桌，约 60 人，抽签决定哪一桌当天买菜。厨师是从外面请的，只负责做饭。由于各人早上

① 沈克琦：谈谈西南联大。《学习时报》，2005 年 8 月 8 日，第 5 版。

② 同上。

起床时间不一，因此膳团并不负责早饭，只管中午、晚上两顿饭。当时，伙食费主要用于买米，钱少只能买糙米，有奸商还往米中掺白色的沙子。学生饭量大，米吃得多菜金就少了，菜少质量差，吃的米就更多，形成恶性循环，最后常常不得不靠带少量菜叶的盐水下饭。菜虽少，但却并没有抢菜的人。后来，沈克琦加入了另一个几十人的小膳团，这个膳团由固定的学生管理，有肉吃，菜也好，吃的米少了，省下的米钱来买菜，与之前相反，形成了良性循环[①]。

纵然生活环境艰苦，但学生学习热情不减。宿舍条件所限，图书馆就成了学生每晚自修的好去处，“抢”座位、“抢”借书屡见不鲜。沈克琦还曾经设法混进云南大学的图书馆看书。后来由于云大学生的抗议，要求出示学生证，联大的学生就再也去不成了。当地的茶馆是学生自修的另一个好去处。一个茶馆里通常五六张桌子，能坐十几个人。泡一杯茶就可以坐一晚上，不仅方便读书，更便于同学间的交流讨论。

沈克琦家境贫寒，老家江苏常州已沦陷，所以刚到西南联大时还可领到学校专为沦陷区学生发放的“沦陷区学生救济金”，但救济金并不能解决全部生活问题。沈克琦的大一生活，每天只吃午饭和晚饭两顿，早上大都是饿肚子，有时候实在饿得不行，才在外面的小摊上买豆浆油条充饥。到大二的时候，学校停发了这笔救济金，取而代之的是“贷金”。这实际是政府提供的贷款，每个人都可以向政府申请。名义上申请的是“贷金”，待日后学生有了一定的经济能力是要偿还的。但实际的情况是，在当时那个动乱的年代，三五年之间物价就涨了几十倍，通货膨胀十分严重，钱也迅速贬值。几年之后即使真要还贷，按物价折算下来也没有多少钱了，因此政府索性也不再讨要这些学子的贷款，贷金实际上也就变成了救济金。

由于沈克琦在大学期间的表现十分优秀，他也曾获得过各种奖学金，这在很大的程度上减轻了他读书期间的经济负担。沈克琦曾获得过由檀香山华侨、西语系教授陈福田捐赠的檀香山华侨奖学金、中正奖学金等。每笔奖金约有四十块钱，当时足以支付沈克琦八个月的伙食费，这无疑是相

---

① 王进萍：一位平凡物理老人的不平凡的一生（上）——沈克琦教授记忆中的西南联大。《物理》，2007 年第 9 期人物版。

当可观的一笔款项。沈克琦还时常承接各种各样的闲散活儿，赚些外快，以减轻生活上的经济负担。沈克琦的老师虞福春当时负责物理学会的事，就曾找过沈克琦帮助刻一些教学上用的蜡版，可得到一些微薄的收入，虽然不是很多，一个月也能有两三块。此外，沈克琦还通过给当地的孩子做家教挣过一些钱。就这样拼拼凑凑，四年的大学生活虽然贫苦，但日子也算能对付过去。除了吃饭，适时也能买双新鞋替换下破的不能再穿的布鞋。

在战时艰苦的条件下，沈克琦的业余生活并不是想象中的一片空白。有空时他爱去城里看电影，那时候的电影还是无声的。国内的片子中文字幕还容易看，引入的西方电影看起来就麻烦了，听不到声音也没有字幕可看，只是有人在放映的同时做讲解，讲解员说云南话，也不太懂电影的内容，往往是根据画面自己随便讲，有些解说听起来根本不合逻辑。后来成立了一个南屏电影院，电影院老板很有心思，专门请来了一些西南联大的外语系老师，将西方的电影翻译好后再请人讲，这样改善了许多。之后有了有声电影，不仅沈克琦爱看，当时西南联大的学生们都十分爱看。沈克琦曾经在那里看过《翠堤春晓》《蓝色多瑙河》《维也纳森林的故事》《大独裁者》《倾国倾城》等许多国外早期电影，有些电影还看过不止一遍。

在当时的西南联大，不仅学生们学习生活条件十分艰苦，就连老师教授们的生活也十分不易。但他们为了教学科研、为了中国的未来坚持不懈地奋斗。西南联大刚搬至昆明时，一些云南籍的教授利用他们在当地的关系，为西南联大在昆明落脚起了不小的作用。起初，当地的一些官员腾出自己的部分房屋，租给清华北大的教授们，后来由于日本飞机的轰炸，一些教授的住所被炸毁了，其中就包括吴大猷老师的住所。吴大猷先生曾跟学生们说过自己的住所遭到轰炸的事情，他家里原来有一缸面粉，敌机轰炸时一颗炸弹正好落在屋里。所幸炸弹威力不大，一声巨响之后只是面粉落上一层灰，面缸竟然还是完好的。吴大猷还笑说弄了好多灰的面粉不好吃，淘了好久最后做面筋吃了。虽然轰炸的威力并不如想象的那么大，所造成的损坏也并不严重，但还是造成了很大的恐慌，给学习生活带来很多不便。所以昆明遭到轰炸之后，教授们就没有办法继续住在城里了，只好搬到郊区的岗头村去住。为此清华北大特意去乡下找一些房子，还专门建造了一些房子作为教授们的住所，包括闻一多、蒋梦麟等许多教授都搬到乡下去住。虽然安全得到保障了，但从乡下到城里去上课却成为教授们面临的一大问题。许多教授也都有了自己独特的上课交通工具。

最初大部分人的交通工具是自己的两条腿，教授们每天要走几千米路去上课，十分辛苦，浪费了很多时间和体力。后来发展出来一种叫做马车的交通工具。这里的马车并非传统意义上豪华的马车，有着坚实的车厢，豪华的木雕装饰。只是一匹马拖着一个板车，再在板车上面装上一个简陋的遮雨的棚子，车棚内摆放两张凳子而已。乡村的路也并不好走，所以坐在马车上十分颠簸，从乡下走到城里，人仿佛都散了骨架一样。虽然颠簸，大部分教授都选择了这种方式进城。沈克琦在校的时候，吴大猷、饶毓泰先生都是马车的常客。还有坐船进城的教授，但由于船行进缓慢，需要的时间更长，所以选择这种交通方式的教授并不多。一些教授十分有个性，例如周培源先生就喜欢每天骑马去上课，当时在西南联大很出名。每天骑马到校内，周先生先牵马在校园里溜汗，然后把马拴在马棚，喂上些草料再去上课，从未迟到过一节课。由于持续的战争，教授们的经济状况日益艰难，喂马的草料也越来越贵，后来周培源先生就不再骑马上课了。当时在教授中周培源先生还是比较年轻的，也很新潮，不骑马后他买了辆自行车代步。从下面的一组数据可以看出西南联大时期物价的飞涨，教授们的生活水平日趋下降①。

年份	生活费指数	薪金约数（元）	薪金实值（元）
1937 年上半年	100	350	350.0
1938 年下半年	168	300	178.5
1941 年上半年	1,463	400	27.3
1942 年下半年	12,619	1,343	10.6
1944 年上半年	82,986	9,417	11.3
1945 年上半年	430,773	56,650	13.2
1945 年下半年	603,900	112,750	18.7

① 沈克琦：谈谈西南联大。《学习时报》，2005 年 8 月。

到了后期，许多西南联大的教授甚至要靠赚取外快来养家糊口。尽管如此，在西南联大“刚毅坚卓”精神的鼓舞下，坚守“复兴中华”理想的教授们在艰难困苦中呕心沥血，坚持教书育人。一些教授自己出资为学生提供书本，为学生的教材印制副本，以克服早期教材图书不足的现象。

苦难辉煌

整个西南联大就在这样艰难困苦的条件下蓬勃地发展，为中国培养了一批又一批英才。西南联大校歌的一段歌词体现了联大人的爱国精神：“千秋耻，终当雪。中兴业，须人杰。便一成三户，壮怀难折，多难殷忧新国运，动心忍性希前哲。待驱除仇寇复神京，还燕碣。”在日军侵华时期，西南联大也有许多学生响应号召，转而为抗战事业奋斗，毅然参军救国，有记载的学生多达 834 人，他们的姓名都镌刻在“国立西南联合大学纪念碑”背面的“国立西南联合大学抗战以来从军学生题名”中，其中写明为烈士者有五人。实际上参加抗战工作的学生还不止这些，在临大在长沙的时期，校方记录就有 295 人，共计 1129 人。西南联大人从来就不乏爱国热血！①

沈克琦在西南联大求学期间，还曾发生这样一件事。当时的教育部三次下令，统一规定各个大学的应设课程、考核方式、成绩结构、应用教材需要呈部核示等。西南联大的教授们对此十分的不满，以教务会议的名义上一呈文，呈文是用文言文写的，大意如下：这样详细规定，大学将直等于高等教育司中的一科。我们对此规定有几点不理解：

> 大学为最高学府，包罗万象，要当同归而殊途，一致而百虑，岂可以刻板文章，勒令从同。世界著名大学之课程表未有千篇一律者，

① 沈克琦：谈谈西南联大。《学习时报》，2005 年 8 月。

即同一课程各大学所授之内容亦未有一成不变者。唯其如是，所以能推陈出新，而学术乃可日臻进步也。如牛津、剑桥大学，在同一大学之中其各学院之内容亦不相同，彼岂不能令其整齐划一，知其不可亦不必也。今教部对于各大学束缚驰骤，有见于齐，而无见于畸，此同人所未喻者一也。教部为最高教育行政机关，大学为最高教育学术机关，教部可视大学教学研究之成绩，以为赏罚殿最。但如何研究教学，则宜予大学以回旋之自由，律以孙中山先生权能分立之说，则教育部为有权者，大学为有能者，权能分职，事乃以治。当局时有进退，大学百年树人，政策设施宜常不宜变。今教授所授之课程，亦经教部指定，其课程之内容亦需经教部之核准，使教授在学生心目中曾教育部一科员之不若，这违反教部倡导导师制之意。教部今日之员司多为昨日之教授[①]，在学校则一筹不准其自展，在部中则忽然智周于万物，人非至圣，何能如此？也许全国大学程度不齐，要树一标准，别有苦心，亦可共谅，则本校是否可作为前述训令之例外？

这一呈文稍作修改后上报，教育部曾回文，其内容等于默许西南联大变通执行。这充分体现了西南联大学术自由的氛围和教授们对教育认真负责的态度[②]。

正是在这种艰苦环境中依然不懈的努力，师生全力克服衣食住行等多方面的困难，校方努力解决图书、仪器短缺的问题，才使得西南联大成为一个传奇。同时期在西南联大求学的杨振宁先生曾有过这样的评价："西南联大是中国最好的大学之一。我在那里受到了良好的大学本科教育，也在那里受到了同样良好的研究生教育，直到1944年取得硕士学位。总的说来，课程都非常系统，而且都有充分的准备，内容都极深入。直到今天我还保存着当年听王（竹溪）先生教授量子力学时的笔记，它对我仍是有用的参考资料"。"在联大给我影响最深的两位教授是吴大猷先生和王竹溪先生。我的联大学士论文是跟他（吴大猷）写的。我对对称原理发生兴趣

① 指教育部两位次长原为西南联大教授。

② 沈克琦：让西南联大的传统发扬光大。《群言》，2009年第3期，第10-12页。

实起源于那年吴先生的引导。为了写硕士论文，我去找王竹溪先生”。“这篇论文把我引导到统计力学的领域。以后 40 年间吴先生和王先生引导我走的两个方向——对称原理和统计力学一直是我的主要研究方向。”杨振宁获诺贝尔奖的工作就属于对称原理领域。不仅仅是理工科，西南联大也集结了一批文学大家。包括陈寅恪、钱钟书、王力、朱自清、沈从文、张奚若、陈岱孙、潘光旦、钱端升、金岳霖、冯友兰、闻一多等等，有学贯中西的学者，有诗人，有作家，有政治家。在如此强大的师资阵容下，加上学生们的努力刻苦，西南联大培养了一大批的优秀人才，在各个领域都发挥着领袖式的作用。从有记载的数据来看，自 1937 年 11 月 1 日至 1946 年 5 月 4 日在西南联大就学的本科生和研究生有 8000 余人，毕业 3807 人，其中本科毕业生 3732 人，研究生毕业 75 人。毕业生中有的具有三校学籍，毕业时拿三校的文凭，有的是在西南联大入学的，拿西南联大文凭。

在联大学习过的学生中后来有：80 人成为中国科学院院士，12 人成为中国工程院院士，有 2 人（朱光亚、郑哲敏）成为双院士，总计院士总数为 90 人 ① 。

联大学生后来取得特别突出成就的有：

诺贝尔物理奖获得者 2 人：杨振宁、李政道（物理系）

国家最高科学技术奖获得者 1 人：黄昆（物理系）

两弹一星功勋奖章获得者 6 人：屠守锷（航空系）、郭永怀（物理系研究生）、陈芳允（物理系）、王希季（机械系）、朱光亚（物理系）、邓稼先（物理系）。

以上只是自然科学和技术科学方面部分突出人才，在文、史、哲和社会科学方面也出现一大批突出人才，还有一大批政治家、革命家，人才济济，震古烁今。国立西南联合大学以兼容并包之精神，学术自由之氛围，民主堡垒之称号，勇担传承文脉之使命，培养出一批世界一流的人才，创造了中国现代教育史上的奇迹。

---

① 沈克琦：谈谈西南联大。《学习时报》，2005 年 8 月。

图 3-1　1942 年 12 月 13 日，西南联大物理系四年级学生在昆明凤凰山天文台合影（二排左三为沈克琦。图片来源：沈克琦家人提供）

感念恩师

沈克琦在西南联大期间有幸接受数位著名教授的教导，包括饶毓泰、吴大猷、周培源、虞福春等，并与他们建立了深厚的师生情谊。

图 3-2　2003 年物理系 90 周年庆典活动时，在物理大楼为四位物理学前辈的铜像揭幕（左起：赵凯华、沈克琦、许智宏、甘子钊。图片来源：沈克琦家人提供）

其中虞福春先生是沈克琦十分敬爱的一位老师，沈克琦第一次见到虞福春先生是在西南联大物理系的电学实验室，由虞福春和沈寿春一同教沈克琦电学实验课，虞福春先生第一堂实验课就指着墙上的灵敏电流计交代学生们要小心实验，战争时期的实验器材都十分紧缺，要小心爱护。在物理学系主任饶毓泰先生身体不好的时候，虞先生还代饶先生指导学生选课，在选课单上签字。也正是虞福春先生为沈克琦提供了刻蜡版赚生活费的机会，对于当时贫困的沈克琦来说，那真是雪中送炭。值得沈克琦一生学习的是虞福春先生认真做事、科学严谨的精神。虞福春的夫人田曰灵晚年患严重肾病，虞先生决定让她在家疗养，亲自护理，还为她制定了严格科学的食谱，亲自动手按时为她进行腹膜透析。在虞先生精心的照顾下，田曰灵在家愉快地度过了长达数年的晚年时光，沈克琦曾亲眼看到经过透析后田曰灵的笑容，可见虞福春先生的认真不懈[①]。

饶毓泰先生是物理学系中的泰斗级人物，西南联大时期任西南联大物理学系主任，饶先生身体并不好，住在离校十多里的地方，必须坐马车或步行到学校上课或办公。还亲自讲授"光学"和"光的电磁理论"等课程，教学效果很好，短短的几年时间里培育出不少的人才，饶敏泰先生在南开做物理系教授的时候也有不小的教育成就，他的学生中有后来与他一同在西南联大任教的吴大猷。即使在抗战期间，饶敏泰先生依然不放弃科研，指导并与他人合作进行分子光谱的研究工作，在沈克琦毕业的时候还邀请优秀毕业生沈克琦留校做助教，为教育事业添砖加瓦[②]。

吴大猷先生更是沈克琦的人生导师。在学期间，吴大猷先生教授过沈克琦"电学"和"近代物理"两门课。他热爱祖国、胸怀坦荡、敢于直言、正直无私的道德风范也是后辈学习的榜样。吴大猷在他的《回忆》

图 3-3　1991 年，在纪念饶毓泰先生诞辰百年纪念会上，沈克琦（右）与赵忠尧先生（左）合影（图片来源：沈克琦家人提供）

① 沈克琦：深切怀念虞福春先生。《物理实验》，2004 年第 2 期第 3-4 页。

② 李赞良、宋增福、沈克琦：深切怀念我国物理学界的老前辈饶毓泰教授。《物理》，1982 年 8 期。

图 3–4　1992 年，沈克琦等参与吴大猷先生在北大现代物理中心（左起：北京大学校长吴树青、吴大猷、沈克琦。图片来源：沈克琦家人提供）

一书中写到“抗战的一段时期，应是我的研究工作有所成长的阶段，但这段可贵的光阴，很快的一晃而过，个人成就寥寥，限于能力，更限于环境，这些对于我都没有什么可以后悔的，幸运的是适逢遇上了一批卓越的学生。”吴大猷先生还说：“遇见了这样的‘群英会’，是使教师最快乐的事，但教这样的一班人，是很不容易的事”[①]。吴先生得天下英才而育之的高兴心情跃然于纸上。吴大猷的敬业精神也值得我们感动，由于日军的轰炸，吴大猷先生也搬至岗头村，住在泥墙泥地的房屋之中，生活十分困难。吴先生每周授电学课 3 次，从未迟到和缺课。当时因为躲避空袭，每天上午 7 点开始上课，吴先生很早就必须从岗头村动身，步行或坐马拉板车进城，教学工作极为辛苦。特别值得一提的是吴大猷的夫人阮冠世女士身患肺病，就住在吴大猷简陋的实验室旁，吴大猷先生一面做科研一面还要照顾病人，生活越发拮据，甚至要变卖衣服度日。沈克琦在四年级的时候还与几位同学去岗头村看望老师，见到此情此景深受感动[②]。

1934 年吴大猷把量子力学的要义整理为讲义，有系统地教学，他是将现代量子力学介绍到中国的最重要的物理学家。1938 年为庆贺北大 40 周年校庆，时任联大物理系教授的吴大猷先生撰写了一本讨论多原子分子之振动光谱及分子结构的专著，两年后，该书的英文书稿在上海印刷后，一部分被运往美国。此书成为该领域的第一部完整的权威著作。1992 年，吴大猷先生在阔别了祖国 46 年之后重新回到北大，沈克琦得以再见恩师，

① 吴大猷：《回忆》。北京：中国友谊出版公司，1984 年。

② 沈克琦：乐育英才、风范永存的吴大猷教授。《物理》，2001 年第 4 期，第 233 页。

并全程陪同参观。在北大现代物理中心，当吴先生看到自己亲自从美国购回的大型凹面光栅时特别兴奋，他对北京大学物理系如今的发展与成就表示由衷的赞赏。曾经先后在北大工作 12 年的他一直以自己“身上长有北大细胞”而自豪。

西南联大的学习是沈克琦一生成就的根基，正是这些伟大的物理学前辈们的无私奉献，才成就了像沈克琦这样一批又一批的杰出人才。从西南联大走出的与沈克琦同时代的物理学大家包括杨振宁、黄昆、张守廉、李荫远、李政道等，他们秉承先辈的科学探索精神，日后在中国的物理学教育和科研中起到了至关重要的引领作用。

图 3-5　2007 年，沈克琦参加西南联大北京校友会在清华举行的联大 70 周年庆祝活动后，与联大校友合影（左起：孙瑞藩、李荫远、沈克琦、周光地。图片来源：沈克琦家人提供）

第四章
从联大到北大

辗 转 回 乡

西南联大的刻苦学习，沈克琦受益匪浅，在吴大猷先生的指导下，沈克琦顺利完成了自己的毕业论文《行星大气的光谱》一文。并获得了吴大猷先生所给的 95 分的高分。沈克琦于 1943 年顺利毕业，并被评为优秀毕业生。刚毕业的时候，沈克琦十分想探访家人，因为他从 1938 年离家求学，到 1943 年已经五年未和家人生活在一起了，思念之情与日俱增。那时为躲避战乱，一家人已从家乡江苏常州辗转来到广西桂林。毕业时，沈克琦的老师——时任物理系主任的饶毓泰先生十分欣赏沈克琦的能力，希望他可以留校担任助教一职，当时与沈克琦一同被挽留的还有沈克琦的同学张崇域。在何兆武先生的回忆录中也曾提到过张崇域，他也是位极为出色的人才，可惜在大学期间就得了肺病，毕业不久就病逝了，何兆武先生深感惋惜。沈克琦得到恩师的邀请十分感激，不忍辜负先生的一番好意，但还是克制不住对家人的思念，心里十分矛盾。最终他与饶毓泰先生约定，先回家工作一年，挣够路费再回母校受聘担任助教。

在桂林避难期间，全家人的生计仅靠父亲一人在汉民中学任教的收入，家中有 5 个弟妹要吃饭读书，经济十分困难，后来甚至不得不把几个弟妹送进了福利院。沈克琦在西南联大求学期间无力负担从昆明往返桂林的车票，因而 5 年时间（包括高三一年）一直与家人没有见面的机会。从昆明到贵阳，再从贵阳到桂林，如果只是在地图上看直线距离，路程也不过 1000 多千米，但当年对沈克琦而言，却有如一条天堑横亘在他与家人之间无法逾越，只能靠书信和他人传话零星地了解一些家人的情况。现在终于毕业了，留校担任北大助教的职位虽然来之不易，但他还是迫不及待地踏上了回乡之路。

物理系的另一位教授吴有训先生也十分关心西南联大学子们的出路，尽管沈克琦并没有上过吴先生的课，甚至并没有直接和吴有训先生打过交道，但吴先生还是亲自跑到沈克琦所在的宿舍去询问学生们的毕业去向。沈克琦回忆说："吴先生很亲和，有一天他到宿舍来问我们有没有需要帮忙的。"沈克琦那时已决定先回桂林探亲，自然也不免为毕业后的工作担忧，家庭窘迫的经济状况需要他到桂林马上落实一份工作来养家。此时恰巧吴有训先生问起，沈克琦马上把自己要去桂林计划告诉了先生。吴先生闻之当即为沈克琦写了两封介绍信：一封写给时任广西大学校长的李运华，推荐沈克琦去广西大学找一份工作；另外一封信写给桂林科学实验馆的丁绪宝教授。丁绪宝教授是北京大学物理学系首届毕业生，后来从美国留学回来，在实验仪器方面很有成绩。可以说这两个去处都是很好的，李运华和丁绪宝也是很有学术地位的负责人，这两封介绍信给了沈克琦很大的信心，至少不用再为工作担心了。尽管最后两封介绍信都没派上用场，但沈克琦对恩师的厚爱始终心存感激。

毕业后，沈克琦拿着两封介绍信，怀揣着与家人重逢的期待和青年人的豪情壮志，踏上了回家之路。当时西南地区交通不便又正值战争时期，再加上沈克琦想尽可能压缩旅途的开销，因此想方设法搭便车、买便宜车票。途中难免走走停停，还绕了不少路，几经周折才回到家中。据沈克琦回忆，从昆明到贵阳，住在老同学章育中家，之所以停留在贵阳，是因为从贵阳回家的汽车票太昂贵，超出了沈克琦的经济负担能力。章育中的父亲专门为他联系了基本免费的车——搭乘运子弹的军车。途中经过关卡检查的时候，必须蹲下来，藏在箱子的间隙中。按规定这些运子弹的军车是不允许载人的，但司机还是会偷偷搭载一些人，并象征性地收些费。车子是敞篷的，好在正值夏天，路上还不太受罪。经过几天的颠簸终于到了金城江，驶入金城江后就进入广西境内了。广西境内有火车，于是沈克琦又买了火车票经过柳州辗转回到了桂林。

旅程颠沛辗转，但沈克琦完全沉浸在归乡的喜悦与激动中。此时的他，有的只是漂泊在外的游子返乡后的百感交集，深感帮助父亲承担抚养弟弟妹妹吃饭念书责任重大。这时他未曾预料到自己一年后重返西南联大任教的计划会因为战争而被迫延后几年的时间，甚至因此而失去出国深造的机会。

初登讲台

1943年9月，沈克琦几经波折终于返回桂林，分别五年的一家人最终得以团聚。初到桂林的沈克琦原想凭吴有训先生的介绍信谋一个职位，却不料家里早已将他的工作安排妥当，事先准备好的两封介绍信都没有用上。原来，时任国立汉民中学校长秘书的父亲得知刚从西南联大毕业的二儿子要来桂林与家人团聚，便和校长任中敏先生提及此事，探讨是否有可能在此地谋职；任校长听说沈克琦是西南联大物理系的毕业生，当时立刻应允。就这样，经由父亲介绍，沈克琦顺利出任桂林国立汉民中学物理教师，并且一干就是三年。

当时正是1943年秋天，抗日战争还处于相持阶段。虽然七七事变夺走了华北学生的平静课桌，但地处西南的广西、贵州等地局势相对平稳，国民政府也深谙基础教育的重要性，即使在战时对基础教育也未放松。抗日战争爆发后，许多沿海地区名校的老师和学生也纷纷向西南大后方转移，在大西南形成了许多师资力量强、办学条件好的优秀中学。如：四川合川的国立二中，是以扬州中学的骨干教师为主异地兴办的；贵州铜陵的国立三中，是湖南峒口国立十一中迁去的；贵阳的国立十四中，是以原中央大学十中教师为基础办的；四川秀山的国立八中，校长是原常州中学的校长。此外，战时一些私立学校也迁往大后方，如迁往重庆的南开中学，在私立中学中就十分有名。这些异地临时兴办的学校教学质量很高，培养了许多优秀的中学毕业生，他们毕业后有很多都考入了一流高校。

国立中学办学条件好，完全依赖于国民政府给予的财力投入，所有在校生的吃住全由学校包干。在时局混乱的形势下，政府在教育上的财力投入不减反增，及时并有效地解决了大量流亡学生的生计及学习问题。合格的中学毕业生也为高等教育输送了优秀人才。

而沈克琦当时任教的桂林国立汉民中学是为纪念曾担任孙中山助手的早期资产阶级革命家胡汉民先生设立的，时任校长的词曲学家任中敏就是原胡汉民先生的秘书。任中敏也是北大毕业生，他办学思想先进，倡导德智体美劳五育并举，从严治校，尊师重道，身体力行，要求每个来校任教的教师成为“志愿师”——自愿献身于教育事业。学校所在地穿山有一座碑，上面镌刻着全校每位教师的名字，有立碑以明志之意。国立汉民中学师资质量高，教学认真负责，对学生要求也极为严格；且因该校有公费，考生甚众，生源质量高，以广东、湖南、广西学生为主，还包括海外华侨子弟及江浙地区的流亡学生，在西南地区享有盛誉。

在沈克琦之前，上海交大工科毕业的严雪怡曾担任汉民中学的物理课老师，因他在当年夏天转到工厂当工程师，遂由沈克琦承担全校的物理课教学。严雪怡的离职和沈克琦的上任均发生在暑假，期间没有任何衔接性过渡，刚告别学生身份的沈克琦到校不足一个月，便拿起粉笔走上讲台，并独立承担起全校初、高中物理课的所有教学任务。当时汉民中学学生在初中和高中分别学一年物理，且学校春、秋两季都要招收学生，这也就意味着沈克琦每学期要教初三上、下和高三上、下各一个班，每周有 16 学时的教学任务；在学校师资力量不足时还要代授部分三角函数课程，授课负担极重。

从学生变成老师，角色的转变让他感觉自己原来的功底还不够。虽然在大学时他的成绩非常出色，但应付考试和教书的要求毕竟是不同的，为了搞好教学，他把图书馆收藏的几本大学普通物理教材借来认真钻研，通过自学恶补，很快提高了自己的物理水平，吃透了讲课所要涉及的每个物理概念。当时中学教材中有许多结合实际的内容，如音阶等，大学的物理课程并没有涉及这方面的内容，也需要他自己补上相关的知识。沈克琦随着一遍一遍地教学，慢慢地摸出了一些门道，对中学生可能存在的问题了解得更清楚，因而也能更好地抓住讲课的重点。同时他也意识到，有好多问题，理科的东西，重要的是贯通，不在于熟练。贯通以后就能使用，用了以后慢慢就熟练起来了。于是他就开始思考怎么能让学生走上独立思考、自由思想的道路。不是一味地死背公式，盲目照搬他人的想法或作法，而是要让学生经过消化以后变成自己的知识和能力。教育不应是简单的知识灌输，教育的本质是科学方法的传授和自学能力的培养，日后他主持全国中学生物理竞赛工作也一直秉承这个原则。

三年的中学教学实践，也让沈克琦从此和中学物理教育结下了不解之缘。三年的实际授课经历，让沈克琦对中学教学有了自己的体会，后来无论是担任中学教材审订委员会主任，参与中学物理教学大纲的审订与修改，还是担任全国中学生物理竞赛委员会主任，参与命题或审题，他都能胜任。同时，这三年的历练让沈克琦对中学物理教学有了非常深刻的认识，形成了自己的见解。沈克琦投身教学后一直在强调中学物理教学不能死记硬背，要引导学生正确理解物理概念，培养他们综合分析事物的能力，同时还要重视实验教学，这些观点的形成都离不开这三年中学教学的磨砺。

沈克琦在回忆时感叹，当时的工作是夜以继日，但心情十分愉快①。当时家里除了大哥已经工作、自己在西南联大念书可以养活自己外，还有五个弟弟妹妹在念中学或小学，生活上原本颇有些困难。自己回桂林教书后，家里多了一份工资，窘迫的经济状况得以缓解，弟弟妹妹也可以从福利院回家了。尽管工作比较辛苦，但心中还是很高兴的。由于教书任务重，沈克琦几乎没有属于自己的时间，更少有休闲娱乐的机会。偶有空闲

① 沈克琦：在全国中学学生物理实验教学经验交流会上的讲话。《物理教学》，1984年3期，第24-25页。

时，他会到图书馆借些闲书翻看一下。此时，《万有文库》中的世界名著翻译本成为他的首选。

一年之后的 1944 年，到了沈克琦当时和饶毓泰先生约定返校的时候，沈克琦原想重返西南联大实现自己教书和科研的愿望，可不料因战事纷争、局势动荡完全打乱了他原有的计划。

1944 年 6 月，长沙失陷；之后日军沿着湘江向西进犯，并多次空袭桂林、柳州等地，原本安稳的西南地区已经弥漫着战争的硝烟。1944 年秋，日军继续南进，湘桂吃紧，汉民中学同其他公办学校一样，决定继续内迁以避战火。而沈克琦当时家中共有八口人，五个弟弟妹妹还在念书；在动荡时期，沈克琦无法抛下家人，只得延后与饶毓泰先生的约定，帮助家人随汉民中学师生一道西撤至贵州榕江。

由于交通不便、时间急迫，很多时候师生都是徒步转移。一个月间，师生辗转多地，徒步走了 300 多千米，途中大家同甘苦，共患难，建立了深厚的感情，师生间的友谊持续了几十年，至今不衰。在沈克琦去世之后，汉民中学当年的学生还到家中看望师母。尤其令人感动的是，在此期间，学校仍抓住一切可能给同学上课。经永福到桂林附近的百寿县，曾短期停留并上课；接着又由百寿经融县沿江上溯，徒步辗转迁至贵州榕江，老师的敬业与学生的刻苦均令人敬佩不已。在这个艰苦的内迁过程中，沈克琦曾在庙里挂块黑板上课，也在田间地头的树上挂黑板给学生上过课，这段时间也被他视为自己人生最珍贵的经历之一。到榕江后，汉民中学借了贵州师范学校的部分校舍用于教学。开始一段时间，时局尚不稳定，日本人从衡阳、桂林、柳州、金城江一直打到位于黔南的独山，而沈克琦所在的榕江在黔东南，相距仅几百里。后来由于贵州省政府主席杨森的抵抗，日本人改道往南，全校师生才算安稳下来。前后算来，沈克琦随汉民中学在榕江异地教书约有一年时间，条件虽然艰苦，但这段中学教书的经历却让沈克琦收获很大，与该校的师生建立了同生死共患难的友谊。

1945 年 8 月 15 日，日本天皇宣布无条件投降。嚣张甚久的日本侵略者终于战败，退出了华夏大地。这的确是一个值得纪念的日子，饱受战乱迁徙之苦的汉民中学师生更是欢呼雀跃，上街游行。然而福兮祸所伏，高涨的热情尚未来得及消退，翌日，榕江就瀑发了山洪，滔滔洪水滚滚而下，淹没了县城，虽然师生在洪水淹没之前已经安全撤离，但仍造成了一定的损失。沈克琦住的木结构二层教学楼在洪水中整体漂了起来，在洪水过后，师生们在城外稻田内找到了近乎完整的教学楼。沈克琦家中物品也大多在教学楼里找到，只是被洪水浸泡已久，许多书籍、衣物都已毁损；沈克琦从这些物品中取出了两本被水浸泡的英文书留作这次山洪的纪念，其中一本至今还在他的家中，黄色的水渍清晰可见，成为了珍贵的文物。

战争的硝烟已经消散，虽然内战的导火索也有一触即发之势，但人们的生活总体已经平静了下来。1945 年 9 月，沈克琦随汉民中学师生搬回桂林继续任教，在这之后，学校的教学逐步纳入正轨。从西南联大毕业的沈克琦认为物理课不做实验不行，专门到城里买了些设备，设计了 6 个实验，给了学生动手的机会。这虽然增加了自己的工作量，但因为对教学有利，他仍旧乐在其中。这与沈克琦在西南联大的求学经历有着很大的关系：北大和清华都有重视实验的传统，沈克琦在西南联大时期的恩师如吴大猷先生、吴有训先生等，也都非常重视实验教学，哪怕在西南联大时期条件很差、仪器设备缺乏，先生们都千方百计地创造条件保证学生能够有机会亲手做实验。在桂林当老师时，沈克琦亦秉承先师这种“没有条件，创造条件也要上”的精神，千方百计地为自己的学生安排实验课。转眼间又过了一年，掐指一算，这份原本计划干一年的中学物理教学工作，沈克琦最后竟一连干了三年。

在国立汉民中学执教的三年带给沈克琦的影响，除了打下了良好的教学基础、取得丰富的教学经验外，还深深地影响了他的教学理念。校长任中敏先生的教育理念和育人思想给了他很大的触动和启发。任中敏校长办学思想先进，给予教员充分的信任和教学自主权，只要教学效果好，他就不会干预教员的教学。沈克琦刚到校时任校长告诉他高中物理课原来直接采用 Alexander Wilmer Duff 的英语教材，这本书沈克琦很熟悉，是西南联大一年级所用的教材，也是全国通用的大学教材，对大学教育而言内容十分简明，但对中学生来讲，理解起来未免偏难。沈克琦在书店看到 Arthur Lalanne Kimball（1856—1922）的一本 *A College Textbook of Physics*，认为该书阐述更详细，更好理解，于是将之选作教材。使用半年后，由于战乱干扰正常的教学，很多来自沿海地区的学生英文水平越来越差，无法适应采用英文大学原版教材作为教科书的物理课教学，于是沈克琦又在半年之后，将教材换成 Black Davis 的英文中学教材，采用中文讲课，英文板书，以助学生理解教材内容、掌握专业词汇。半年之后，学生又换了一拨，英文水平更差了，直接影响他们的物理课学习，于是再换成世界书局的《高中新物理学》中文教材。沈克琦为了适应学生的水平而频繁地更换教材，与校长最开始的要求并不相符，但是教学效果很好，所以任校长并没有加以干预。

任中敏先进的教学思想不仅仅表现在对教师教学的要求上，还体现在政治思想的包容方面。当时的学校中有一批进步教师，也有地下党员，而校长任中敏本人却是国民党员。他明明知道这些情况，但只要老师教书认真负责、教学质量好，从不刁难他们。在白色恐怖严重时，任中敏曾得知国民党要抓捕学校的地下党员老师，于是立刻安排他们离开学校，安全转移到解放区。1945—1946 年，国民党员重新登记，沈克琦的父亲因不满国民党的腐败无能而拒绝登记，任校长知道后也未施加任何压力。1945 年之后，校长还为学校图书馆订了一份重庆出版的《新华日报》，让学校师生能直接了解共产党中央发出的信息；图书馆中也收藏了一些宣传马列主义的图书，如邓初民的《社会发展史》，书中介绍了人类发展的各个阶段，包括共产主义社会，供所有师生自由阅读。沈克琦的同事中也不乏中共地下党员，他们不仅思想进步，而且人品好，学问也不错，对他很有影响。这样，汉民中学真正形成了一个思想自由的环境，持不同政见、不同信仰、不同观点的人能得以共存，这与任中敏校长本人的治校方针有很大关系。从北大毕业的他深受母校思想自由、兼容并包的影响，学校每周的纪念周上，他常请社会人士（包括一些民主人士）到学校演讲，这些人传递不同的声音，扩大了学生的眼界；使学生不仅受到很好的学科教育，还受到民主思想的熏陶、热爱祖国、追求进步。任校长强调加强自身修养要从小事做起——保持衣冠整齐、举止有礼。行走在校园中，如果碰到学生仪表欠佳，例如衣服扣没扣好，校长就会亲自批评，甚至任校长自己的独生子都因为上课吵闹而被开除出校。入校时学校要求学生每人自带一把锄头，参加劳动用；自带一个马扎，在操场上开会时坐；自带一个画板，既可放在膝盖上记笔记、还可出去写生用。学校开设劳动课，要求人人参加劳动。

同时，学校还注重德智体美劳全面培养，经常组织各种文艺演出，课余时间大家唱歌、演话剧，校园生活十分活跃。学校中立了九块牌子，上书“修身、齐保[①]、治班、平学校”九个字，要求每个人只要从自己做起，每个组、每个班就搞好了，班级都搞好了，全校自然就好了。《汉民中学校歌》歌词写道：“汉民中学，栖霞之乡，江山如画，热血满腔。少说话，多担当，黎明一线在吾党。先生遗教深长。勇往，逸豫亡身，多难兴邦。勿忘，聪明正直，至大至刚。”这所中学不仅要求学生有扎实的知识功底，还要有所担当，要求精神层面的强大高尚，这是非常难得的。

国立汉民中学办学思想的自由开放不仅给了沈克琦在教学中自由发挥的空间，更让他接触到了一种更开放、更自由的教育理念，这对他的影响无疑是巨大的。沈克琦今后几十年在教育方面的很多先进的理念和有效的经验就源于此。

北上任教

中学教书的经历虽然是美好的，但沈克琦从西南联大时就萌生的专注科研的理想却始终不曾消散。在汉民中学的三年固然让他收获颇丰，但沈克琦从心底清楚地知道自己的理想尚未实现，这里并非久留之地。意料之外的纷飞战火让沈克琦把回校任教的时间推后了两年，而现在，则是到了他履行与饶毓泰先生约定的时候了。

1946 年初，第二次世界大战的战火刚刚平息，沈克琦就迫不及待地与

① 教室中排座位每一纵行为一保。

西南联大联系重返学校任教一事。很快，他接到了秋季学期直接到北平报道的通知。该年 5 月 4 日，西南联大这所临时组建的大学解散，三校复原北返。7 月，沈克琦由桂林经梧州、广州、香港、上海回到故乡常州，稍事休息后即到上海乘船北上。10 月下旬乘货船经秦皇岛到北平，并有幸与钱伟长、季羡林等同船。到北平后沈克琦居住在北大红楼单身教工宿舍，任北京大学物理系助教，自此开始了在北大几十年的工作生涯。

1946 年 10 月 10 日，复员后的北京大学正式开学。学校的人数顷刻增加了很多。包括从联大复员来的 790 人，从临时大学补习班分来的 1562 人，北大自己招收的一年级新生和试读生四五百人，工学院北平区新生 92 人，全国七个地区招收的先修班新生 686 人，医学院试读生 7 人，总计是 3514 人。再加上抗战有功将士的子女和其他政府分发来校的等其他生源，总计约四千人，规模超过联大一倍，是老北大的三倍。规模的迅速扩张对刚刚复员的北大是一个巨大的挑战。

然而，抗日战争的胜利毕竟给中华民族带来了新的希望，北京大学也以一种全新的面貌开始书写自己的历史。在北京大学 1946 年开学典礼上的讲话中，校长胡适表示：北大的财产，无论是精神的财产，还是物质的财产都不少。精神上，有蔡、蒋（指蔡元培，蒋梦麟两位前任校长）两位先生的传统，30 年来蔡先生的遗风，自由讲争独立研究的精神，加上抗战八年之中吃苦耐劳的精神，我们更不要忘记教员在沦陷期间的奋斗。许多职员冒着种种困难替学校保留财产，物质上也得到了许多同仁的帮助，再加上物质财产，北大在国立和私立大学之中是最有点基础的：第四院的 11 万册图书，一本都没有损失，北大图书馆 50 万卷国书亦未毁坏。仪器方面，虽毁去一些，但大体上还很有基础。农学院是新设的，医学院在全国不说第一，至少占第二，人才方面都选全国最好的人才担任，设备方面在国内恐怕只有上海医学院和中大医学院差可相比。凭这种人才和设备，胡适校长表示，北大应不悲观，可以鼓励作小小的梦想。

胡适校长对如何将北大建成最高学府还提出了两点建议：一是，提倡学术研究：望先生携学生多做研究，做独立的创见。二是，对于学生，希培养成能够充分地利用工具，能够独立地研究、独立地思考。

胡适校长对学生们解释道，他的话均包括研究学问和做人两方面。

> 当时北大欢迎的标语为“自由思想，自由学术”，为什么不说“独立思想”呢？我用“独立”，因为独立和“自由思想，自由研究”不同。
>
> 北大向来的传统是如此，思想当然自由，学术也当然自由不用再说，而独立精神倒是值得一提的。自由是对外界束缚的，北大30年的传统，并没有限制先生的思想和学士的研究，自由当作当然的信守。什么是独立呢？“独立”是你们自己的事，给你自由而不独立，这是奴隶，独立要不盲从，不受欺骗，不依傍门户，不依赖别人，不用别人耳朵为耳朵，不以别人的脑子为脑子，不用别人的眼睛为眼睛，这就是独立的精神。学校当然给你们自由，然独立是靠你们自己去争取的。希望个个学生和教授把学校当作学校，当作你们的母校，求学问和研究学问，求知做人和训练做事的机关，不要使得学校惭愧。

胡适校长最后送给学生八个字，是与朱子同时的哲学家和文学家、著有《东莱博议》的吕祖谦先生说的“善未易明，理未易察”。

胡适校长的演讲反映了当时北京大学传承的精神和北大的追求，这与沈克琦在国立汉民中学形成的教学理念相近但是又不完全相同，但这些有助于打开沈克琦的眼界，汲取更开放更先进的理念。如果说在国立汉民中学的教学经历为沈克琦今后的教育之路和他的办学思想打下了铺垫，埋下了种子，那么让这颗种子生根发芽的那片沃土无疑是北大，北大的执教生涯最终使他的后半生与中国物理学教育结下了不解之缘。

图4-1　1947年，沈克琦在北京颐和园（图片来源：沈克琦家人提供）

沈克琦在汉民中学已经意识到需要提高学生自己的思考能力，需要培养学生独立的意识，而北大所提倡的“独立的精神、自由的思想”让他更明确了自己教学的方向。不论处在什么样的环境中，沈克琦都没有改变自己的主张，一直在尽自己的力量为中国的教育事业努力着，为师生营造了一个更科学更自由的环境。

那时的北大物理系虽然教师不多，但也初步形成了一个梯队：在1946—1952年曾任北大物理系教授、副教授的有：饶毓泰、郑华炽、赵广增、张宗燧、马大猷、胡宁、黄昆、虞福春、朱光亚、薛琴访、江安才等著名学者。这一时期的物理系教学相对宽松自由，教师授课也多，并无固定的课本；课程的数目和深度也远不及院系调整后的教学安排，但学生自学的余地和空间要宽广许多，培养的毕业生独立工作能力和创造能力都很出色。

1946年北京大学刚复校时，教员不足却成为了当时物理系的一个主要困难。当时第二次世界大战结束不久，物理系许多延聘的国外学者还未能归国，助教更是缺乏。1946年系主任饶毓泰仍在美国，由郑华炽代理系主任职务，由于教员不足，安排沈克琦独自一人负责三年级的光学实验教学任务，包括安排实验、准备实验仪器、写实验讲义和指导学生等内容。沈克琦在承担全时教学任务的同时，依然不放弃在学术方面的追求，在完成教学任务的同时开始选修研究生课程，他的努力与敬业给物理系的教授们留下了深刻的印象。系主任饶毓泰原本就十分关怀后辈的进修深造问题，1947年，当饶先生得知国际扶轮社有资助留美的名额时，便为沈克琦安排申请事宜。他请胡适校长和郑华炽教授为沈克琦写推荐信，并请朱光潜教授为他写英文水平证明信。这些有利的推荐加上沈克琦本身西南联大优秀毕业生的资历让他很快接到了前往贝满女中参加

图4-2　1948年，沈克琦在北大（图片来源：沈克琦家人提供）

面试的通知，成为很有希望获得留美奖学金的人选。由于本身成绩优异，英文也很好，沈克琦参加面试时进展颇为顺利。但在例行问答之后，面试者询问他对美国的看法时，沈克琦虽然明知对自己申请不利，但还是道出了内心的真实想法："美国人民和中国人民是友好的，但美国政府帮助蒋介石打内战，对华政策并不友好。"这番回答最终断送了他的留美之路，也辜负了饶先生的一番美意。

留美申请失利后，饶先生又安排他攻读在职研究生，边教学、边学习研究生课程，并在赵广增教授的指导下进行"慢电子与氢分子碰撞时的能量损失"的实验研究。赵广增教授是著名的实验物理学家，从美国密歇根大学获得博士学位回国后主要从事分子碰撞和光谱的研究。那时实验条件还很困难，赵先生仍然坚持实验研究，甚至自己吹制玻璃的真空系统，他的这种钻研精神和对学术研究的热爱让沈克琦很是敬佩。

在赵先生的指导下，沈克琦的实验研究一直持续到了 1949 年。这次学术研究的尝试，让他萌发了在学术科研的道路上继续前行的理想。但后来因政治活动多，挤占了做实验的时间，导致最后无果而终。由于追求进

图 4-3 1949 年，沈克琦（后排右三）与教职工在物理系图书室门口合影（图片来源：沈克琦家人提供）

步，1950 年初沈克琦被发展成中共党员，后一直从事繁重的行政工作，并兼部分物理教学，再无机会认真做科研，这对他个人的学术发展而言是终生的遗憾。但对于中国的物理教育而言，这或许并不是一件坏事，之后的经历让他有机会涉猎中学、大学本科以及研究生各阶段的物理教育，而且均发挥了一定的影响，这也是他当初始料未及的。

沈克琦本人回忆起这段院系调整前的教学时光颇为感叹。那时北大教学比较自由，管理比较宽松，那时的教授有学问，学术水平高，人品好，敬业精神强，学风正，脚踏实地地干，在教学中发挥了很大的作用。作为西南联大的毕业生，沈克琦一直认为要办好一所大学“独立的精神，自由的思想”最为重要。大学应该出新思想，培养有创新精神的人。不应该提倡盲从，把学生培养成只会按老师指令或想法做事的人。他提倡学生有活跃的思想，探索的精神和践行的毅力，唯有如此，才能培养出人才，国家的创新才有希望。沈克琦在西南联大、国立汉民中学、北京大学三地度过的日子让他认为必须给学生充分的发展自由，给教师以充分的教学自由，不要过分干预他们。可惜那时的北京大学逐渐受到了当时大环境的影响，出现了些许变化。

新中国刚刚成立的时候，学校领导把主要精力放在了政治方面，教学工作照旧，除政治课外课程设置与过去一样，专业课程与美国大学是接轨的。但是在思想改造运动中，批判崇美、亲美的思想，“倒洗澡水把小孩也倒掉了”。当时出现了很多错误的观点，典型的比如重教学而轻科研，甚至有人认为搞科研是为个人名利服务的；在科研方向上强调科研应该为应用服务，而与国外接轨的基础研究则被斥为“从杂志缝里找题目”等等。这些严重地打击了教师们的积极性，对学校科研发展产生了不良的影响，阻碍了教学水平的提高。沈克琦对此感到有些遗憾，他认为，民主并不是十分复杂的东西，简单来讲就是人与人之间互相尊

图 4-4　1951 年，沈克琦在北京大学物理系楼顶（背景是景山。图片来源：沈克琦家人提供）

重，尊重别人，不强迫人家接受什么，人家也不会强迫你什么，大家共同讨论。这在学术领域里头本来很容易做到的，但真正能做到的却是不多，能做到平等讨论、互相交流就很好。

此外，在这段时间中，还有一件对沈克琦本人极为重要的事情发生了：1948 年，沈克琦与张星结婚，开始了几十年相濡以沫、不离不弃的婚姻生活，并共同抚育 3 个子女长大成人。张星是 1947 年考入北大医学院的才女，1938 年，因为战争的原因她随家人逃往昆明，并在那里度过了自己的中学时光。在那一段艰苦的岁月中，她所就读的南菁中学有不少教师是西南联大的学生，他们敬业的精神和爱国的情怀对张星有极大的影响。他们的相识源自联大物理系一位同窗的托付，两人的相知、相爱却是缘于沈克琦作为学长兼同乡对张星的照顾和帮助。新婚后二人把家安在了沙滩红楼的教员宿舍。在这里，他们曾为进步学生提供临时栖身之地，掩护他们躲过特务的搜查，最终平安前往解放区。中文系学生蒋万里（又名蒋劢）在几十年后对那段经历还记得很清楚，有机会到北京总要来看望老师和师母。

图 4-5　1948 年，沈克琦与张星摄于北大地质馆（图片来源：沈克琦家人提供）

张星作为沈克琦的夫人，在几十年的婚姻中一直陪伴着沈克琦，两人相互扶持度过了许多艰辛的日子，为丈夫营造了一个温馨的家庭环境。当沈克琦在“文化大革命”期间遭遇不公正对待的时候，出于对家庭及家人的责任和大爱让他选择了坚持隐忍而不是放弃。

在教学科研两手抓的同时，在北大这片中国最早的马克思主义传播阵地上，沈克琦也自然地向着共产主义靠拢。早在汉民中学任教时期，他就通过学校图书馆订阅及收藏的《新华日报》等一系列宣传马列主义、介绍中国共产党的报刊书籍对马列主义有了初步的认识；加上工作中同中共地下党员的接触，逐渐产生了对中国共产党的向往之情。重返北大任教后，周围党员教师的一言一行都给了沈克琦很大的触动，让他自觉地产生了加入中国共产党的想法。1949 年夏，沈克琦以积极分子的身份参加了北京市委组织的党员训练班，期间学习认真、努力，并于 1950 年 5 月，经当时物理系的同事郭沂曾、梁思睿介绍正式加入中国共产党。成为党员后，沈克琦在工作上更加兢兢业业，认真负责，哪怕自己再辛苦再劳累，也要把组织上分配的工作完成好。在之后的工作中，沈克琦也是本着这种原则毅然决然地放弃了自己心爱的科研事业，将精力全部投入到物理系的

图 4-6　1994 年 9 月，赴美留学的儿子回国探亲时在北大办公楼前的草坪上拍摄的全家福（前排左起：儿子沈正康、夫人张星、岳母夏中治、外孙女姚卓亭、外孙女钟晓彤；后排左起：沈克琦，二女儿沈正华、大女儿沈振平）

图 4-7　2001 年，沈克琦全家合影（前排左起：二女儿、张星、沈克琦、大女儿；后排左起：大女婿、二女婿、儿子沈正康。图片来源：沈克琦家人提供）

教学和系务工作上，为北京大学物理系之后的大发展立下了汗马功劳。

1950 年，北京大学物理系工会也正式成立，朱光亚为小组长，沈克琦任副小组长，负责政治学习。也是在这一年，沈克琦在承担全时教学任务的同时修读完了他的研究生课程，被聘为北京大学物理系讲员（当时北大在助教与讲师之间还有一级称讲员或研究助教，后者用较多时间做研究工作），继续从事教学、研究工作。

1951 年 9 月，沈克琦被聘为北京大学物理系讲师，本该朝科研学术的理想一步步坚实地迈进。然而事情的发展不总能遂人心愿，之后的几年间，一系列的政治运动和物理系新增的大量、繁杂的行政教学任务让沈克琦被迫放下了他心仪的科研事业。随之而来的 1952 年高等院校院系调整彻底改变了他的人生轨道，由于行政工作的担子越来越重，一心想搞好业务的他分身无术，只得被迫放弃自己的学术理想。

图 4–8　2011 年 8 月 28 日，沈克琦全家在蓝旗营小区内合影（前排左起：大女儿、二女儿、沈克琦、张星、外孙女姚卓亭、外孙女钟晓彤；后排左起：儿子、大女婿、外孙女婿王晨。图片来源：沈克琦家人提供）

第五章 风波中的坚守

重任在肩

1951 年 10 月 30 日，政务院批准“高等院校院系调整方案”规定：北京大学工学院、燕京大学工科方面各系并入清华大学，清华大学成为多科性的工业高等学校，校名不变；清华大学的文、理、法三学院及燕京大学的文、理、法方面各系并入北京大学，北京大学成为文理综合性大学，燕京大学校名撤销。自此，著名的 1952 年高等院校院系调整拉开了帷幕。

1952 年注定会是中国高等教育极不寻常的一年，从这一年起我国高等教育开始全面学习苏联。这个决定虽然符合当时的国情，但也给中国高等教育带了极为深远的不利影响，并一直延续至今。首当其冲的就是 1951 年由政务院批准的高等院校人事调整，本节的开头便是调整方案的一个部分。这套方案按照苏联的方法，将大学分为综合性大学、多科性工科大学和单科性学院 3 大类，并将现有院校强行按照这 3 种模式进行院系调整，新建学校也一律套用该模式。最初的考虑主要是国家新成立不久，各个应用学科都需要发展，按以往综合性大学方式分散办学质量难以保证，调整成立各类专科学院集中力量来培养专门人才便成了一个便捷有效的选择。时至今日，我们依然可以从许多大学看到当年学科分类留下的烙印。

1952 年进行的院系调整和教育改革有许多重大举措。首先，全国高校院系建立并实行国家集中计划、中央部门和地方政府分别投资办学和管理、统一考试招收学生、国家包上学、包分配工作的一种体制。经过全盘调整后，全国许多高等学校被分拆，大力发展独立建制的工科院校，相继新设钢铁、地质、航空、矿业、石油、邮电等专门学院和专业，工科、农林、师范、医药院校的数量从此前的 108 所大幅度地增加到 149 所，而高校数量由 1952 年之前的 211 所下降到 1953 年后的 183 所，综合性院校则明显减少。体制和机构的调整使高校丧失了教学自主权，社会学、政治学等人文社科类专业被停止和取消，私立教育退出历史舞台。这样的选择与国家当时的政治体制密不可分，现在看来这种盲目照搬苏联模式的做法留下了很多潜在的问题。从办学的角度看，将工科和理科完全分开，对工科的发展尤为不利；课程设置和教学完全照搬苏联模式，也存在着许多不适合中国国情的地方；彻底取缔私立高校，缺少了办学体制的多元化，也就缺少了应有的竞争。

1952 年 6 月，院系调整开始，在国家统一的调度和安排下，仅用短短的三个月便基本完成了各高校师生、设备的转移；北京大学从此没有了工学学科（直至 2005 年北京大学工学院重建，北大才恢复了工学学科），而文理科则接收了燕京大学和清华大学的师生，规模较调整前扩大了许多。32 岁的沈克琦此时重返北大还不足五年，被聘为物理系讲师不过一年，就要在即将开始的院系调整中担当重任，参与到住房分配，教学计划制定等一系列工作之中。

8 月，专门为北京大学、清华大学、燕京大学三所高校院系调整搬迁的教师修建的中关园教工宿舍建成。如何合理、公正、高效地分配房源便成了一件大事。沈克琦被推为北京大学的代表，与清华大学派出的胡祖炽和燕京大学派出的于效谦共同负责，为三校教师分配家属房并制定房租标准。沈克琦与另两名同事一起，察看了各种户型的房源，并充分考虑到教员的实际情况（如同系教员安排邻近居住、家中人口多的教员给予特别照顾等）拟定了住房的分配方案，由于前期工作认真细致，教师之间相互谦让，且房源相对充裕，分房工作完成得很顺利，也为之后的迁校工作打下了良好的基础。

图 5-1　1953 年夏天，沈克琦的全家人摄于中关园 234 号住房前［前排左起：岳母夏中治、儿子沈正康（抱在怀中者）、夫人张星、沈克琦；后排：二女儿沈正华、大女儿沈振平。图片来源：沈克琦家人提供］

1952 年 9 月 16 日，院系调整中最为重要的一环——迁校工作正式开始。而沈克琦也在同年 10 月正式搬入了中关园沟东 234 号居住，这一住就是六年。从 1953 年沈克琦的全家福照片上可以看出每个人脸上都洋溢着会心的微笑，全家人对新生活充满了幸福的憧憬。50 年代初，沈克琦肩上的担子很重，工作特别忙。夫人张星 1952 年从北大生物系毕业后，被分配到中央卫生研究院，上班地点在先农坛。那时公共交通不是很方便，于是她只能周六下班后回中关园，周日晚上就要往城里赶。幸而有身体健康且不满五十岁的岳母在家操持家务，同时有保姆帮忙，解除了夫妻二人的后顾之忧，双职工多子女的这一大家才能有条不紊地运转。

1952 年 10 月 4 日，新北大在东操场举行了院系调整后的第一次开学典礼，这标志着历时三个月的院系调整基本完成。此时的沈克琦对未来有着许多希冀憧憬，除了本身在系内的教学工作外，他还参与了科研工作，希望能在科研领域有所成就。可是随后的工作安排却与他的期待相距甚远，他的时间大多投入了行政和教务工作，离科研和教学渐行渐远。

经过三个月的院系调整和人事调动后，北京大学文理各院系规模都扩大了不少，以物理系为例，全系教师由院系调整前的 18 人增加为 51 人，学生更是增加到 490 人之多。为了学习苏联的教学模式，制订新的教学计划便成为当务之急。

沈克琦作为一名在北大物理系学习、工作过的青年教师，经历了从学生、讲员、助教到讲师的过程，对物理系的教学比较熟悉，便义不容辞地参与到了教学计划的修订当中。1952 年 10 月，他出任北京大学工会副主席、党组书记，并由此参与到了席卷全国的教育改革当中。他与当时物理系的教师张志超和孙佶一起讨论确定北大物理系的专业设置、教学计划及师资安排，主要任务是按照政策要求将苏联的五年制教学计划缩短为四年制，并在秋季学期推行。这些涉及全局性的工作与主管一门课的教学很不相同，它使沈克琦能够更多地从宏观的角度参与物理教学，使教学计划的制定服务于人才培养的目标，是从事这项工作的指导思想。

1952 年 10 月 20 日，原北京大学老生返校复课，11 月 8 日，新生也到校开学。随着学生陆续到校上课，院系调整后的北大教学也逐渐走向正轨。

然而，随着教学的进展，新制订的四年学制的弊端逐渐显现出来：在全盘照搬苏联模式的大背景下，我国不仅强制性地引入了苏联大学的五年制教学计划而且还从尽快培养人才的角度出发将其缩短为四年学制，这样使得学生所学课程的广度和深度都大为增加，自学时间减少，学习负担过重；尤其是教条地规定所有课程均为必修，并全部采用苏联的教科书，这种模式化的政策使得教学计划没有了任何调整空间，难以适应学生个体学习发展的需要。沈克琦对此深有体会，他回忆说，当时苏联的课程设置也保留选修课，为学生自主学习留有余地；强行推行四年制后，学生的学习压力极为严重，必修制度又完全剥夺了教学应有的弹性和灵活性，对学生的发展极为不利。

1952 年，教育体系的巨大变化对后来的北大以及沈克琦自身都产生了长远的影响，在此之前他只是一位初出茅庐的普通北大教师，怀着对科研报国的憧憬来到这里。但之后发生的改革和人事调整，打乱了他的人生计划，使得他以另一种形式在科学界璀璨的星空下留下了浓墨重彩的一笔。

1953 年，沈克琦担任北京大学物理系普通物理教研室的副主任，他一边协助虞福春主任领导新开设的两年半制普通物理课的建设工作，一边承担数学力学系和地质地理系的普通物理课程讲授任务。1953 年 9 月，学制改革之风再次吹响，中文系和物理系率先实行五年制教学计划。此时担任物理系教师党委支部委员的沈克琦自然也不会置身度外，他参与了物理系五年制教学计划的制定以及贯彻实施。新的教学计划减少了每学期的规定学时，同时适当增加部分课程的难度，尽可能给学生更多自主学习的空间。作为第一个实行五年制教学计划的系，北大物理系新计划中有许多课程是英美学制本科教学中没有的。北大、清华两校过去曾开设过一系列的研究生课程，师资力量雄厚。教育部在开设课程讲习班时请这些教授去主讲。与此同时，北大接受各校派来的进修教师随班听课，参加辅导工作，取得教学经验。他们回校后都成为该门课程的骨干教师，这也是北大物理系对全国高等教育所做的贡献。

刚刚开始步入正轨的北大物理系希望为国家输送有特长的专门人才，这就是通常所说的“专门化”建设。在“专门化”建设方面，物理系先后建立了理论物理、光学、半导体物理、磁学、金属物理、无线电物理、电子物理、地球物理等八个专门化（其中地球物理为全国首创），开设了系统的专门化课程（包括实验），这些为后来大量招收研究生打下了很好的基础。这一切成绩的背后，都有沈克琦的一份贡献。在物理系教师的共同努力下，北大物理系在 1953 年到 1958 年短短的五年时间里便从无到有新开设了 45 门专门化课程，编著或翻译了多本教科书，物理系的教学已经初具体系。

1954 年，经过物理系和中文系两系的教学改革试验之后，北京大学开始在全校更多的院系推行五年制教学。而沈克琦在物理系主持制订的教学计划也在全校范围内推广开来。在教育改革一线忙碌许久的沈克琦再次萌生了将工作重心转到自己所钟爱的科研工作中来的念头。正巧，1954 年 11 月，苏联新西伯利亚大学副教授、金属物理专家华西列夫应中方请求到北京大学访问，随后留校工作，沈克琦负责专家接待工作。在这次访问中，沈克琦与这位著名学者进行了很多学术上的交流，这使他对金属物理产生了浓厚的兴趣。经过一番慎重考虑，他将自己的进修方向定为了金属物理。随后的两年，在肩负并不轻松的普通物理教学内容的同时，沈克琦同当时物理系的尹道乐、陈宏毅等其他五名研究生一道，随华西列夫学习金属学、固体范性及形变、X 光及固体物理。对于这次来之不易的向苏联固体物理专家学习的机会，沈克琦非常珍惜，也非常努力。因为之前没有金属物理专业的基础，于是他就边学习边研究；不懂俄文，就拼命突击，凭借自己的努力和超强的记忆力，他很快就能借助字典阅读俄文专业文献了。就这样，沈克琦开始了对金属物理这一当时中国还缺乏了解的领域的探索，在他心底流淌了很久的科研之梦似乎也要扬帆起航了。

然而事情的发展总是出人意料，1955 年的一项工作调任，却再次终止了他刚刚起步的科研生涯。那年 10 月，沈克琦调任北京大学物理系主任助理，党总支委员，协助诸圣麟主任管理全系系务。物理系学生数量众多，教学和系务处理起来相当烦琐，更不用说其本身的课程设置和人才培养还在摸索阶段。考虑再三，作为一名共产党员的沈克琦最终艰难然而坚定地决定，服从组织需要，毅然放弃了自己一直热爱的科研工作。在完成 40 学时的固体物理教学任务同时，他全力投入系务工作。他今天回忆起忍痛放弃科研工作时仍然有些遗憾，没能在自己精力最充沛的时候多做些研究，等到自己有了时间，年岁也大了。然而，个人的牺牲能换来北大物理系一步一个脚印，逐渐成长和发展，也不失为一件值得骄傲的事。许多老北大人都说，1955—1966 年，北大物理系有许多重大发展，其中无不凝聚着沈克琦的心血。赵凯华先生在回忆文章中写道“北京大学物理学的同仁们都认为沈克琦先生是我们系最有威信、最受爱戴的领导。”①

1955 年的秋天，此时的北京大学物理系在经过学制改革和政治运动后，已经像襁褓中的婴儿，无论是教师配置、科研项目，还是最基本的教学课程安排，都退回到重建阶段，可谓是百废待兴：怎样的教学安排才是最科学的，新增的专业课程怎样设置，又如何协调教师科研与教学的时间，这是让沈克琦最为头疼的事情。每一项教学的设定都需要进行慎重的规划，稍有不慎就会对同一届学生造成难以想象的影响。而就在他忙于系务工作的时候，形势又发生了新的变化。1956 年 10 月，由国务院科学规划委员会制订的《1956—1967 年科学技术发展规划》得到批准，这份由周

---

① 赵凯华：缅怀我的恩师沈克琦先生。《物理》，2015 年第 44 卷第 4 期，第 245-246 页。

恩来总理领导、数百位专家学者编制的规划对当时各基础学科建设做出了系统的规划，并确定了重点的发展领域和科研任务，标志着我国“向科学进军”的开始。北京大学物理系也积极地投入到这项重大任务中来，叶企孙、周培源、黄昆、王竹溪等教授均参与了规划的制订。而作为主任助理的沈克琦更是以极大的热情和精力投入到这项工作中来。就在 1956 年的夏秋之交，沈克琦同物理系其他教师职工一起，在北大建立了中国第一个地球物理专业；和复旦大学、东北人民大学（吉林大学前身）、南京大学、厦门大学的同行一起，联合建立了半导体物理专门化，这两个专业在今后数十年，为国家培养了大批急需的专业技术人才，在国家建设中发挥了重要作用；又在 9 月协助拟定物理系六年制教学方案，进一步减轻学生负担，给学生自主学习的空间。

在长达几十年的时期，学制及其年限发生了几次明显的改变，这也是由培养目标决定的。最开始时因国家迫切需要人才，学校便采取缩短学制的做法以迅速补上人才缺口。1949 年、1950 年入学的学生只学 3 年；1951 年入学的学生采取过渡计划，学四年；1952 年制订的新教学计划为四年制，但是其课程内容却是苏联五年制内容的压缩，课程比过去多且深，学生负担过重的问题十分突出，不得不再加以修改。从 1953 年入学新生开始，改用新订的五年制教学计划，基本上采用苏联的课程设置，学时稍加削减，学生负担较前有所减轻，这一计划的培养目标是本科生，实际上是本科毕业生相当于硕士水平，理论物理课内容相当于研究生课程的水平，再加上物理系某些分支学科的专门化训练（包括课程、实验和毕业论文），培养的人才物理基础很好，在生产实践中发挥出了巨大作用。回首当年的课程改革，沈克琦认为，当时研究生招生很少，国家又需要一些能很快投入专业工作的专门人才，按照此模式培养的人才是符合需要的。后来，受政治运动影响，政治课分量加重，生产劳动实践的时间大量增加（最多时高达 26 周），为了保持原来基础课程的教学水平，适当加强专门化训练和减少周学时数，物理系又从 1956 级开始改为六年制，旨在进一步减轻学生负担，打好基础。

值得一提的是，在制定六年制教学计划时，沈克琦在教学实践中发现由于学生从中学起就只学俄语，不能阅读英文文献，使得他们的学习和研究受到了很大限制。通过对国外的物理文献进行统计，沈克琦发现 65% 的文献是英文的，25% 是俄文的（其中一部分还是从英文文献翻译的），其余 10% 是德、法、日文的。他据此向校领导建议，新计划中增加第二外国语英语，第一外国语应该不限于俄语。这项教学方案顺利通过了校党委常委审查，并供各系参考。掌握英语这门语言能够让学生有能力阅读大量的学术文献，对他们的帮助很大，从实践上看，实施这项教学方案后，学生的反响也很好，起到了很好的效果。改革开放后首批派往西方国家进修的教员中，大多是这一教改方案的受益者，正因为有了大学期间所学的英文功底，他们才能适应国外的生活、工作和学习。

这场巨大的教育领域变革把中国的大学从美国体制变成了苏联体制，经历了五六年的教学体制改革后，北大物理系规模急剧膨胀，到 1958 年暑假学生人数已达 1800 人之多，这样大的人群基数也为中国提供了大量的人才。

运动风波

在沈克琦心里，这套六年制教学方案的顺利实施应该可以让北大物理系慢慢进入一个良性发展的过程。然而中央振奋人心的号召却并未如想象中的方向发展，随即而来的政治运动，使教学活动变得举步维艰。而这套六年制改革方案也最终搁置。但幸运的是，他提出的按照教学需要、增设英语作为第二外语的提议最终得到了采纳。

政治活动硝烟的短暂散去让教学秩序渐渐稳定下来。只可惜暂时稳定的教学秩序最终也没能维持到第二个秋天。在那个非常的时期，政治活动一波一波地来袭，大有野火烧不尽春风吹又生之势。

1957 年春，全国开展了反对主观主义、官僚主义、宗派主义的整风运动，党中央号召大家助党整风，强调“知无不言，言无不尽；言者无罪，闻者足戒；有则改之，无则加勉。”北京大学的师生也积极参与，提出了大量意见和主张。然而，6 月 17 日《人民日报》上发表的《关于正确处理人民内部矛盾的问题》提出了辨别“香花”和“毒草”的六条标准，标志着“反右”运动的到来。

1957 年 6 月，北京大学也开始了“反右”运动，1957 届毕业生离校时就有部分同学被定为“反党、反社会主义分子”，并受到了“劳动察看”一年或两年的处分，其中包括 16 名物理系毕业生。暑假之后，“反右”范围继续扩大，物理系很快成为了重灾区。沈克琦曾被任命为教师“反右”运动的负责人，他以实事求是的原则工作，在一段时间里没有将物理系的任何一人错划为“右派”。很快，沈克琦便被调离该岗位，继续集中力量负责物理系的行政工作。但是混乱的局面却并没有停止，教师中也陆续有人被错划为“右派”。1958 年，北大物理系的学生中被打成“右派”的有 131 人之多，居全校之首。他们受到了“留校察看”、“劳动察看”甚至“开除学籍”的处分，精神上打击尤其巨大，许多人因此而坎坷一生。物理系教师中被打成“右派”的也有 8 人。沈克琦后来回忆时也提到过这段坎坷的历史，在那时许多颇有天才并善于独立思考的学生因为错划为右派而遭了殃，从此埋没了一生，甚至丧失了生命。在编写《北大物理九十年》和《北大物理百年》两书时，沈克琦坚持以实事求是的态度还原历史的真实，从学校档案馆找来档案逐一核对学生名单，将当时因政治原因推迟毕业的学生按政策一一列入所属的毕业班级，并多次对遗漏部分进行补录和修订。

站在现今的角度来回看这段历史，客观来讲轰轰烈烈的政治运动对高等教育的打击是巨大的，一方面当时的高等教育还在起步阶段，需要全力以赴地发展，而不应受到是一次次政治运动的摧残；另一方面，这种让人人心惶惶的政治运动使得老师和学生没了实事求是的踏实劲儿，校园里到处都是假大空吹牛皮的“政治家”，并在很长一段时间科学都难以脱离政治而独立存在。

本以为可以慢慢等来曙光，重新恢复教学的沈克琦并没有预计到后来事态的发展。1958 年起，继 57 年开始的“反右”运动后，一拨又一拨的政治运动接踵而至：3 月“反浪费，反保守，比先进，比多快好省”的群

图 5-2 沈克琦和 3 个儿女在中关园 78 号院内。（前排左起：儿子、二女儿、大女儿；后排为沈克琦。图片来源：沈克琦家人提供）

众运动，4 月“拔白旗，插红旗”的红专大辩论，造成了师生思想上的极大混乱，将物理系的教学计划彻底打乱。

1958 年 6 月，轰轰烈烈的“大跃进”运动在全国开展起来，北京大学提出“要苦战三年，把北京大学基本建设成为一个先进的共产主义大学。”

夏天，沈克琦全家从中关园沟东 237 号迁入沟西 78 号居住，新居建筑面积扩大了 $25m^2$，一家六口人的居住环境有所改善。

而那时的校园已经被政治运动搞得乌烟瘴气，在“大跃进”思想的指导下，全校掀起大办工厂的浪潮，物理系声称办了 15 个工厂，但多数徒有虚名。运动最疯狂的一段时期，学生不上课，高年级同学搞“科学研究”的群众运动，低年级学生则组织“野战兵团”下厂参加技术革新；同时学生编写教材、上讲堂，有学术造诣的教授被撇在一边。同年 12 月，北大物理系被正式分为物理、无线电和地球物理 3 个系。这时沈克琦被任命为物理系副主任，肩上的担子很重。在人人参与政治运动、校园一片混乱时，沈克琦只想尽力维持物理系的教学秩序。

1958 年，沈克琦随校党委副书记、副教务长张群玉去二机部调查毕业生需求情况。化工专家曹本熹当时表示：“我就要化学专业的毕业生，他们学过有机化学、分析化学、理论化学、物理化学等课程，来这里后碰到什么问题就应当能解决什么问题。今天可能是解决有机化学的问题，不久可能是定性分析的问题。碰到更专门的问题，需要查文献、看专著，才能解决。学校把学生基础搞好就行，而不应把专业分得过细，那会导致学生的知识面过窄，就业时反而适应性差。”主管原子弹研究的周光召先生也有类似的看法，当沈克琦问及物理系应当培养什么样的学生、有哪些要求时，周光召先生说：“我就是要你们学基本粒子理论的（学生）。”为什么要学习基本粒子的学生呢？“研究原子弹碰到的问题很多，很多问题都是以前没有见过的。学基本粒子的人数学基础好，理论物理水平高，有了这两个基础，再加上思想比较活跃，就有了在相关领域解决问题的能力。原子弹研制中遇到的问题是保密的，大学教学中不可能涉及。”

图 5-3　1958 年 12 月 25 日，沈克琦与夫人摄于海淀照相馆（图片来源：沈克琦家人提供）

两位专家的观点给了沈克琦很大的启发，他意识到，人才培养不能有功利主义或实用主义的思想，“你需要什么我给你培养什么”，这个办法是不对的；“国家需要”很多时候被人理解得太肤浅了，打好基础才是培养学生的重点。在之后的教学中，沈克琦也始终坚持这一观点，无论是制订教学计划或是自己实际教学，都十分重视对学生基础的培养，而不刻意追求所谓的“实际需要”。

1959 年的上半年，政治活动终于渐渐平息。北京大学在三月的全校教学工作会议上提出了“三结合以教学为主；教师应起主导作用；生产劳动时间安排适当；基础课须系统讲授”等教学经验总结，并由此重新制订了五年半制的教学计划，相关科研工作也重回正轨，物理系取得了晶体三极管研制成功等较重要的成绩。这段时间沈克琦一边跟着学校整顿教学秩序，另一边忙着调整教学计划，补授学生因“大跃进”缺失的课程。在“大跃进”时期，招生时强调政治条件，加上物理系大量扩招，政治运动更是导致教学断断续续，许多基础比较差的学生连及格都很困难。时任北京大学副校长的陆平了解到这一实际情况后提出，学习十分困难的学生可以采取五年制学习，或适当少修专门化课程，基础课程则可以重修，以打好基础为主。这样就很好地解决了当时物理系的教学困难，在特殊时期为国家输送了一批人才。

除此之外，沈克琦当时还身兼物理系副系主任一职，并于1959年1月接替张群玉任物理系代理党总支书记。辗转到了夏天，学校正式调平秉权接任了物理系党总支书记一职。但沈克琦的工作负担却并没有因此有丝毫的减少。一向奋战在教学一线的他继续尽心尽力地为物理专业的同学教授光学课。但随后因为自己任务太重改由他人接替了此项教学。在离开北大讲台后，沈克琦很快就兼职在北京钢铁学院承担每周八学时的光学课，同时还继续在物理系承担较重的行政工作和党的工作。对于这些繁冗的任务，他没有任何怨言，本着国家需要什么就做什么的态度，尽职完成。

然而，还没等校园恢复元气，政治运动就又一次席卷校园。1959年9月，反右倾机会主义斗争又起，上半年整顿教学秩序的指导思想和具体做法也受到了批判。一向对此不以为然的沈克琦自然不想趟这摊浑水。每次政治运动都会使得好不容易维系着的教学秩序化为乌有，而这一次沈克琦不甘心自己苦心规划的教学方针再次被打乱，决定顶风整顿，结果可想而知。他被迫为顶风行为做出检讨。

在“大跃进”的疯狂气氛下，学校进一步开始了“学术批判”，学生去校外工厂参加革命运动，教学秩序被完全破坏。在“破除迷信，解放思想”的口号掩护下，物理系更是掀起了学术批判的高潮：热力学的教材因没有工程热力学内容而被批为“理论脱离实际”，牛顿定律也被批判，因为“牛顿是资产阶级，他的理论不可避免地带有资产阶级的烙印。”最后甚至提出由学生编写教材，自己给自己讲课，当时的混乱情况可想而知。在这种环境下，沈克琦虽然宁可自己受到批判也在拼命维持正常教学秩序，但毕竟势单力薄，难挽狂澜，只能尽自己所能、让少数愿意学习知识的学生得到尽可能好的教育。那段时间，沈克琦白天的时间全部被行政工作占满，晚上还要参加反右倾会议作检讨，每天晚上10点钟回家后才能备课。即便如此，他也还是本着对教学对学生负责的态度认真教好每一堂课。

这一时期，作为北大规模最大的系的“双肩挑”中层干部，沈克琦一直凭着超凡的毅力在超负荷地工作，每天上三段班，常常到深夜才能回家，周末也不得空闲；因为忙于工作，子女的家长会他一次也没有参加过。他的小女儿沈正华回忆，50 年代末到 60 年代初，自己晚上睡觉前基本看不到父亲回家，10 年里和父亲相处的时间，能回忆起的只有少得可怜的几次全家郊游和一次在国庆节之夜到天安门看焰火①。

眼见自己的心血一次又一次被无情践踏，大多数人在此时此刻恐怕都会心灰意冷了，沈克琦当年究竟经历了怎样的心路历程，我们很难真实还原，但可以说他最终顽强地坚持下来，在众多受到打击的教师当中，这份执着难能可贵，毕竟在那样的环境里，肩负教学与党务，任何事情的处理都需要微妙而谨慎，甚至可以说是时时如履薄冰。但这并不意味着向政治运动的低头与迁就。相反，沈克琦依然用极大的耐性一次又一次努力维系着物理系的教学，为后来北大物理系的发展奠定了基础，也为国家培养了一批又一批的物理学人才。

转眼间，1960 年到了。1952—1960 年，这八年，沈克琦的人生轨迹发生了很多的改变，他彻底地告别科研，在物理系担起教学管理与党务工作两副重担。在历次政治运动中带领全系师生艰难求生。这八年对于北京大学本身，也有着很多不同寻常的意义。院系调整后，北京大学从一所拥有文、理、法、医、工、农的大学变成一所以自然科学、人文社会科学基础学科教学和研究为主的综合性大学，这样的情况一直延续到 2000 年与北京医科大学合并。

此时的沈克琦已进入不惑之年。和刚刚进入北大时意气风发相比，此时的他更多了几分沉着稳重。这一年，他正式被评为副教授。可他并没时间享受升职的欢乐，此时的他心里想的都是停滞不前的教学。2 月，他正式向教育

图 5-4　20 世纪 60 年代，沈克琦（后排左 4）在天安门观礼台上

① 沈正华：结缘物理七十年，奉献北大许一生——记我的父亲沈克琦。见：《北京大学物理百年纪念文集》，第 92-102 页。

部申请在学校实施六年制教学，以保证教学质量并解决学生负担过重的问题。但是这个方案还没有来得及实施，一场更加严重的灾难早已降临。“学术批判”余音未歇，由“大跃进”造成国民经济严重困难的恶果日益突显，由此而来的三年自然灾害严重影响了全国上下。在没有粮食极度饥饿的情形下，维持生存成了第一要务。1960 年冬天，大批师生患上浮肿病，甚至无法正常生活，于是学校不得不紧急采取行动缩短战线，减少劳动和各种活动，以保存师生的体力。

那个时代，很多人的命运都和国家紧紧联系在一起，沈克琦也不例外。至于回望人生路，他对这选择有什么想法，会不会后悔，身在局外也很难揣测。但是对于这样一个人，我们始终怀着最高的敬佩与感激，毕竟没有他，没有和他一样在风云变幻之中勤恳工作的物理教师们，可能就没有后来的北大物理系，就不可能输送出大量人才参与国家建设，很多美好蓝图就可能只是空中楼阁、南柯一梦。

动荡岁月

1962 年下半年，随着经济形势的稳定，社会主义教育运动开始了①。社会主义教育运动的目的是反对官僚化，纠正“修正主义”导致新形式资本主义的社会经济政策，使党和整个社会重新树立集体主义精神。

1962 年 9 月，毛泽东主席在八届十中全会上的讲话中提出社会主义社会还存在着阶级和阶级斗争，强调阶级斗争在中国还会长期进行下去，他谈到了“反动阶级的复辟”的可能性，警告“我们这样的国家还会走向反面”。为了开展“马克思列宁主义”与“中国修正主义”之间的斗争，要开展以 1942—1944 年延安整风运动为模式的社会主义教育运动。北京大

① 1963—1966 年，中共中央在全国城乡开展的社会主义教育运动。运动的内容，一开始在农村中是“清工分，清账目，清仓库和清财物”，后期在城乡中表现为“清思想，清政治，清组织和清经济”。

学是全国高校社教运动的试点单位。1964 年 7 月，由中宣部副部长张磐石率领的调查组进驻北大。8 月 19 日调查组的《调查报告》称：“北京大学党委阶级斗争观念薄弱。在北京大学资产阶级知识分子的进攻是猖狂的，特别集中表现在教学和科研之中。校内帝国主义、蒋介石、修正主义的特务间谍、贪污盗窃分子的活动也相当严重。”“北大党员干部政治上严重不纯。”调查组对北大扣了如此多的大帽子，11 月 5 日，以张磐石为组长，包括从全国调来的省部级、司局级和高校干部 260 人组成的工作队正式进驻北大，他们在学校搞了不少批斗活动，不久“北大烂掉了”的话也传到了高层。中央于 1965 年 1 月 4 日发出《农村社会主义教育运动目前提出的一些问题》(简称二十三条)，纠正了农村社教运动中的“左倾”错误，在 1 月 23−24 日北京市委召开的贯彻《二十三条》会议上陆平、彭佩云先后发言，对工作队提出一些原则性的批评。

这场运动和 1964 年 2 月 13 日毛泽东召开关于教育工作的座谈会（后被称为“春节座谈会”）所提出的“学制可以缩短”。“课程、教学方法、考试方法都要改”，以及 1964 年 11 月 9 日教育部转发《毛主席与毛远新谈话纪要》等指示，对物理系的教学均造成了直接的冲击。教学计划中生产实习和社会主义教育的课时大大增加，严重挤占了专业课教学的时间。① 北京大学积极响应号召，在全校范围内开展轰轰烈烈的“社教”运动。更让很多人没有预料到的是，此次的社会主义教育运动，恰恰成为了接下来那场十年浩劫的铺垫前奏。

1966 年 5 月，沈克琦作为援助磅湛普大学的专家组成员前往柬埔寨，此行的任务是就援建物理、化学、生物实验室和金工实习工厂等进行考察、会谈并签署协议，北大主要负责援建物理实验室。5 月 29 日，完成前期援建任务（主要是实验室规划及签署协议）的沈克琦等一行从中央人民广播电台的新闻节目中收听到了聂元梓的大字报，在之前的社教运动中他就了解聂元梓，现在她的大字报被中央台播出，预示着北大将面临一场更大的政治运动。之后的几天，按照原定计划，沈克琦等人踏上回国的旅

① 沈克琦，等:《北大物理百年》(第二版)。北京：北京大学出版社，2013年，第81−83页。

程，回校匆匆报到之后，在教育部集中几天进行出国总结，6 月 5 日，正式回到北大上班。此时的燕园，到处贴满了大字报，所谓上班，就是看大字报。担任系领导职务多年的沈克琦自然首当其冲成为运动的整肃对象，作为“走资派”遭到批判。随着运动愈演愈烈，1967 年 5 月，沈克琦被关进北大劳改大院。在 68 年清理阶级队伍时，由于他人的诬陷，他又被扣上了“美蒋双料特务”的帽子。

1969 年秋天，2000 余名北大教职员工及家属奔赴位于江西南昌县鲤鱼洲的江西北大试验农场，沈克琦也是其中之一，他在那里劳动改造，继续接受审查。

鲤鱼洲位于江西南昌市东郊、鄱阳湖畔，自然环境十分恶劣，是原江西生产建设兵团九团的所在地。1969—1971 年，这一著名的血吸虫病疫区成为北大、清华两所高校的“五七”干校的所在地。

1968 年 10 月 5 日，《人民日报》在头版发表《柳河“五七”干校为机关革命化提供了新的经验》，文章提到：“毛主席最近指出，‘广大干部下放劳动，这对干部是一种重新学习的极好机会，除老弱病残外都应这样做。在职干部也应分批下放劳动。’”下半年，全国各地党政机关、高等院校、文教科技战线等，纷纷响应号召，在全国各地农村创办了“五七”干校。当时包括中共中央、国务院等大批国家机关在河南、湖北、江西等 18 个省区创办了 105 所“五七”干校，先后遣送、安置了 10 多万名下放干部、3 万家属和 5000 名知识青年。而各省市地县办的“五七”干校更是数以万计，接受改造的学员达到数十万人。当时的口号是“滚一身泥巴，炼一颗红心。”

当时北大教职员工走“与工农兵结合的道路”一共有 3 种分配方式：一是江西鲤鱼洲，二是陕西汉中，三是北京远郊。江西鲤鱼洲是三者中的最艰苦的。季羡林在《牛棚杂忆》中提及，“北大绝大多数的教职员工，在‘支左’部队的率领下，到远离北京的江西鲤鱼洲去接受改造。此地天气炎热，血吸虫遍地皆是。这个部队的一个头子说，这叫做‘热处理’……我有自知之明，像我这样的‘人’当然在‘热处理’之列。”

鲤鱼洲的危险性不仅在于那里血吸虫猖獗，更在于它是鄱阳湖围湖造田的产物，地势在鄱阳湖堤坝之下，汛期水位上涨时，就有堤坝决口的危险。历史学家张广达回忆说：“（鲤鱼洲）毗邻的鄱阳湖，涨水时节，水面会高过我们的头顶和屋顶。湖水全靠一道湖堤拦在外面。巡堤的人，左看一眼，湖面离堤坝二、三米，清风一阵，浪花会拍上堤面；右看一眼，往来劳动的人头和草棚，尽在十几米的脚下。”“洪水季节到来的时候，鄱阳湖面水位因湖的面积缩小而被逼高，超过堤内平房屋顶高度一两米，在堤内，人们仰头可以看到湖内帆船好像是在高过堤内地表八九米处的天际缓缓滑行。有时水位涨到离堤面只剩二三十厘米就漫过大堤的危险高度。”基于这些原因，鲤鱼洲几乎已被当地农民遗弃，方圆70里没有村庄。北大中文系教师陆颖华到达鲤鱼洲时的第一印象就是：“一眼望不到边的荒野，连一棵树都没有。”

北大当年派往鲤鱼洲的人员以中青年教职工为主，但并不乏“老弱病残”。因为有“惩戒”的意味，所以被折腾也不在话下。10月份沈克琦到鲤鱼洲后从事的第一份工作是盖房子。虽然先遣部队8月抵达时突击盖了

图5-5 1970年，江西鲤鱼洲“五七”干校时期沈克琦在菜地与物理系同事的合影（前排左起：莫党、何文望、邵义全等；后排左起：杨泽森、林宗涵、唐健正、赵凯华、沈克琦。图片来源：沈克琦家人提供）

图 5-6　1970 年，江西鲤鱼洲“五七”干校时期，沈克琦与北大物理系同事的合影（前排左起：邵义全、何文望、赵凯华等；后排左起：林宗涵、杨泽森、唐健正、沈克琦。图片来源：沈克琦家人提供）

一批茅草房供大家临时安身，但这些房子不能越冬，随着天气转冷，在入冬前必须把砖瓦房盖起来。盖完房子后，沈克琦又被安排到掏粪班劳动，负责挖猪圈、起牛栏，掏茅粪，给菜地施肥。为了赶农时，每天天蒙蒙亮就要下地，要到太阳下山才能收工回连队。一担大粪 100 多斤，一天要挑几十担；一板车粪肥几百斤，每天也要拉数车，不论寒冬酷暑，从不休息。粪班只干了一周多，又分配他去菜班。菜班的班长是理论物理专业的林宗涵老师，副班长是复转军人张奎年实验员，他出身农村，懂得种菜的技术，沈克琦就虚心向他学习。二人关系处得很融洽，后来每年物理学院离退休人员的团拜活动，他们都要相互问候，过年时张奎年也总打电话拜年。

鲤鱼洲夏天漫长、闷热多雨，为了防血吸虫患，有时候沈克琦干活时会穿长裤和雨靴，穿雨靴可以降低感染血吸虫的概率，为此，他还受到批评，被视为“保命哲学”的典型。

1969 年，沈克琦的大女儿从东北建设兵团到鲤鱼洲探望父亲，她亲眼见到北大的老师们在炎炎烈日下在田里劳动的场面，男老师很多人不穿上衣或只穿一件汗背心，头上戴顶草帽，脖子上搭一条铁锈色的毛巾用来擦汗。鲤鱼洲的水含铁量很高，新毛巾在这里的水中洗过几次就被染成铁锈色。“五七”战士们每天洗澡就是打桶水从头到脚冲一遍。艰苦的生活条件、沉重的体力劳动，就是年轻力壮的小伙子也吃不消，更何况是半辈子以教书为生、温文尔雅的学者们呢？当时已年近 50 的沈克琦从不叫苦，反而一直以乐观的态度对待自己的处境。

1971 年 7 月 20 日，北大校党委会以“教育革命深入发展，招收学生增多，人员紧张，路途遥远，花费物力财力太大，当地血吸虫情况原来调查研究不够”为由，决定撤销鲤鱼洲北大试验农场。而决定撤销鲤鱼洲干校的拍板人物，至今尚未披露。在北大内部，流传有两个说法：一是鲤鱼洲的北大教师给周恩来写信，请求永远留下自己，不要增派员工，以免其他同事再感染血吸虫病；二是学校汇报招生工作时称师资不够，追问之下发现主力都在鲤鱼洲，陈平原说，转述此事的教授曾这样描述：“周总理听到这个信息，突然无语，十几秒后，毫无商量地说：‘那不是中国最严重的血吸虫疫区吗？把他们全部叫回来，在北京招生！’”

北大师生在鲤鱼洲劳作两年，用自己的双手建造起一排排砖房和草房，开垦出百余亩水稻田，创设了自己的砖瓦场，并且有了自己的汽船码头、抽水机、食堂、菜地和一大群鸡鸭。

即便是在鲤鱼洲，远离了自己所熟悉的物理学领域，沈克琦也本着干一行、爱一行的态度认真学习新知识，他让家人买了不少种菜的书寄过去，甚至连介绍农药和化肥的小册子也不放过。在那段不堪回首的日子里，沈克琦一家六口人被迫分居六地，彼此只能靠鸿雁传书。

1966—1971 年，沈克琦一直被打入“另类”，各类罪名不一而足，从“黑帮分子”、“走资派”，再到“美蒋双料特务”。在遭受不白之冤的日子里，沈克琦始终告诫家人，要相信群众、相信党。平反后他说，想想自己当时受苦蒙冤，轻生的想法也曾冒过，但转而一想，这样将给家人带来无尽的苦难和政治压力，便决定一定要坚强地活下去。在那段艰难的岁月里，沈克琦始终努力为孩子保留一个完整的、充满父爱的家。

1972 年 7 月，北大鲤鱼洲“五七”干校撤销，干校人员分批撤退，但大部分教师的劳动改造仍没有结束。沈克琦与北大物理系（时称红二连）的几位同事组成了一个班，被分配到南昌车站干搬运工，负责搬运大米。在鲤鱼洲红二连干活儿不怕苦是出了名的，一有紧急任务就调二连的人干，这次也不例外。这些大米是鲤鱼洲“五七”战士们自己所栽种的农垦 58 粳稻碾成，很有油性，干校撤离前，有关领导想运一批回北京改善职工福利。沈克琦回忆，大米每袋重 180 斤，要把它扛在肩上对当时年已 50、身体也不好的他而言，已是挑战体能的极限，更何况还要扛着口袋走几十米，把大米送进仓库。幸好一同干活儿的物理系老师曾多次关照他说：如果米袋在肩上感觉不合适，一定不要勉强，随时可以甩到地上，同事们的关照让他心中感到暖暖的。学校工宣队为奖励这个临时组成的搬运班出色地完成了任务，特批搬运班的这些“五七”战士到井冈山革命根据地参观，接受革命传统教育，并顺便游览江西著名的避暑胜地庐山。在井冈山时，沈克琦从工宣队口中得知林彪的座机已在蒙古温度尔汗坠毁，可纪念馆中的讲解员却不知道这些，还在大讲特讲林彪在井冈山时期的丰功伟业。接受革命传统教育后，沈克琦再次返回南昌，从那里登上火车，总算踏上了渴望已久的探亲之旅，此行他要到武汉和从湖北潜江中科院“五七”干校赶来的夫人会面。在武汉东湖边中科院水生所的招待所里，分别将近两年的夫妻二人得以小聚。

图 5-7 1971 年 10 月，沈克琦与夫人张星摄于武汉东湖（图片来源：沈克琦家人提供）

回想起沈克琦离京赴鲤鱼洲之前，夫人刚刚做完子宫全切手术，身体十分虚弱，正需要亲人的照料。但在那个特殊的年代，只讲革命，不讲亲情。而此时的沈克琦，干校艰苦的劳动和缺油少肉的伙食，他的体重掉到了 100 斤，皮肤黝黑，加上前段时间的艰苦劳动，嗓子发炎、导致颈部淋巴结肿大，让夫人看了不由得一阵心酸。短暂的探亲假转瞬即逝，在武汉团聚时他们还不知道今后自己的命运如何，更不知道国家的命运即将发生重大改变。

两人分手后，夫人张星重返潜江“五七”干校。沈克琦则乘火车到故乡常州，看望独自居住在那里的老母亲。1969 年父亲在常州因病去世，七个子女天各一方，一个也不在身边。沈克琦已经有几年没有见到父母亲了，这次探亲，一生辛劳的父亲已化作一堆骨灰，再也无法与他交谈了。他自幼与母亲感情很深，本该在家多陪陪老人，无奈回京的日程不能拖延，于是他只在阔别已久的故乡停留数日，便再次登上北上的列车，独自一人回到了北京。

第六章
科学的春天

重 回 教 学

鲤鱼洲干校撤销后，沈克琦终于被调回北京，但心向往之的教学科研事业仍然离他遥不可及。他被通知先到战备三连报到，在那里与没有下乡锻炼过的一批教工一起继续参加劳动。先是在北大三角地盖房子，后来使用了几十年的北大学生合作社就是在他们的手中建起来的。因为不懂瓦工技术，不能去砌墙，沈克琦只能干小工，主要是搬砖、和泥、运沙土。幸而有鲤鱼洲两年劳动锻炼打下的身体底子，所以身体还能支撑这些重体力劳动。后来他又被派去随汽车进城装运渣土，与搬砖和泥相比，每天劳动强度并没有减小。

1972 年春季，沈克琦随大批被“解放”的干部一起恢复了工作，担任物理系“教改组”副组长主抓全系的教学，终于回到了自己渴盼已久的教学一线阵地。沈克琦原本怀着雄心壮志，要竭尽全力培养学生，弥补之前历次政治运动所造成的科研教学事业的停滞。然而，回校后他才发现，在

“四人帮”当道时，毛泽东的“七二一”指示[①]成为高校办学的标准，学校由工军宣队领导，大学普遍招收工农兵学员，在选拔学生时取消对他们学力和文化水平的考核，着重考察他们的无产阶级政治觉悟和实践经验，导致当时的学生文化基础参差不齐，有些甚至只有小学文化水平。加之“文化大革命”期间政治运动频发，教学秩序也极不正常，在校内开办工厂“厂办专业”、废除教学管理制度让“学员自己管理自己”等严重违背教学规律的教学方案层出不穷。更有甚者，工农兵学员带着“管理大学”、“改造大学”的任务进校，教员稍不注意便会受到来自学生的政治批判。

图 6-1　1972 年 3 月 14 日，自 1968 年子女下乡、夫妻去干校后全家首次在北京团聚并合影留念（摄于海淀照相馆，图片来源：沈克琦家人提供）

在具体的教学实际中，种种怪相也是层出不穷：由于学生文化水平从小学到高中相差悬殊，教员不得不从具体生产讲起，“以典型产品带教学”；在“干什么，讲什么，急用先学，立竿见影”的思想指导下，课堂教学安排极少，大多数时候是将学生拉到校外工厂和田间地头请工人、农民讲课……这些教学方式已经完全违背了教育的规律，对教育、特别是大学教育造成了毁灭性的打击，而决非如当时的报刊电台所鼓吹的那样“史无前例的高质量”、“路线斗争的硕果”。

面对这样的大局势，沈克琦深感自己无力扭转大势，只能尽力而为，把学生按程度分班，帮助基础较差的学生补课；在这段时期里，沈克琦坚

① 指 1968 年 7 月 21 日毛泽东在《人民日报》关于《从上海机床厂看培养工程技术人员的道路（调查报告）》的编者按清样中加写的一段话，即“大学还是要办的，我这里注意说的是理工科大学还要办，但学制要缩短，教育要革命，要无产阶级政治挂帅，走上海机床厂从工人中培养技术人员的道路。要从有实践经验的工人农民中间选拔学生，到学校学几年以后，又回到生产实践中去。”

持与学生同吃、同住、同劳动，全力以赴甚至委曲求全，尽自己所能地排除政治干扰，克服困难，努力让不同文化起点的学生都多一些收获。和他一样的教员还有很多，在学校停了几年课让他们远离了自己热爱的教学岗位后，他们迫切地渴望为学生上课，为培养人才贡献自己的一分力量；同时，在工农兵学员中也有相当一部分学生非常珍惜上大学的机会，尊重师长，刻苦学习，并在政治运动中私下保护老师，这些学生日后多数考取了研究生或在高校和研究所继续工作，成为了国之栋梁。但总体来看，“文化大革命”后期的高校教学仍然是在政治运动的夹缝中依靠部分教员和学生的努力勉强维持，部分工农兵学员并没有能通过大学的学习增长能力，日后个人的发展及其对国家的贡献也很有限。究其原因，将“七二一”指示作为高校办学的绝对纲领，忽视对科学人才的培养，高校的干部和教师对学校的决策、管理丧失独立和自主性，教学时又受到诸多政治因素的干扰，

图 6-2 1972 年，北京沈氏大家庭合影［前排左起：小妹沈允坤、外甥女（小妹二女儿）、母亲、侄子（大弟沈克闰之子）、大妹沈允培；二排左起：侄女（大弟沈克闰小女儿、二女儿）、二女儿、大女儿、侄女（大弟沈克闰大女儿、三女儿）；三排左起：二弟媳、夫人张星、侄子（二弟沈克全之子）、外甥（大妹沈允培之长子、次子）、大弟媳；后排左起：大妹夫、小弟、大哥、沈克琦、大弟沈克闰、二弟沈克全。图片来源：沈克琦家人提供］

难以维持正常的教学。如此下去，提高教学质量，培育科技人才根本无从谈起。这种情况，一直持续到“文化大革命”结束，直至粉碎“四人帮”，广大科研工作者才看到了高校教育科研事业的曙光。

“文化大革命”期间，在“两个估计”错误结论的阴影下，当时的知识分子和科研工作者，都曾有被打倒、审查、进行劳动改造的经历，扫厕所、蹲牛棚、受批斗的遭遇，加上头上一顶“臭老九”的帽子，让他们备受屈辱。个人的境遇尚在其次，更令广大知识分子痛心的是，自己为之奋斗数十年的科研教育事业由此停下了前进的步伐，陷入困境，高等教育和科研事业遭到了空前的摧残和破坏。

1976 年 10 月 6 日，江青、张春桥、姚文元、王洪文被捕，“四人帮”被粉碎，十年的动荡至此结束，华夏大地又将迎来新的时期。在举国欢庆的同时，这次劫难给国家带来的满目疮痍，却一时间难以愈合。国运茫茫，中国到底走向何方？是当时每一个心怀祖国的有志之士时时思考着的问题。

图 6-3 1976 年，沈克琦与夫人在科学院 25 号楼阳台上合影（图片来源：沈克琦家人提供）

在科学和教育界，这种思考更为普遍。经历了“文化大革命”的无数次批斗折磨、目睹了科学教育界十年停滞、实则倒退的知识分子们，原以为“四人帮”的粉碎会意味着科教事业的重新腾飞，可没想到的是，1971 年《全国教育工作会议纲要》中提出的“两个估计”，即：“教育战线是资产阶级专了无产阶级的政，是‘黑线专政’；大多数知识分子的世界观基本上是资产阶级的，是资产阶级知识分子。”时隔 5 年，它仍如大山一样压在知识分子的身上，它也像一道枷锁，依然束缚着科学工作者的手脚①。

① 即“两个估计”，“四人帮”于1971年8月13日发表的《全国教育工作会议纲要》中提出，是对新中国成立后的文化教育事业的错误总结。

1977年5月，北京市教工委召开了一次教育战线纠偏会，对“文化大革命”时期的教育工作进行反思和总结，沈克琦也受邀参加。他原以为会议能彻底地纠正之前“两个估计”的错误结论，尊重知识，尊重人才，真正为科学教育事业带来一个春天。但直到会议开始时他才知道，这次会议还要求大家在肯定“两个估计”的前提下进行总结。沈克琦当场表示：“那还总结什么？”会上，他还批评了之前“以任务带教学”的做法，却当场受到某些人的反对，会议最终毫无所获。谈及这段往事，沈克琦仍然有些激动：“社会前进是需要先进的知识分子引导的。把知识分子一棍子全部打死，把梁思成这样为国家做出了很大贡献的知识分子定性为反动资产阶级权威，这不是荒唐吗？这样搞下去的话社会的进步还靠谁？”①

然而，“四人帮”的粉碎已经意味着一个新时代的开始。冬天毕竟已经过去，春天就在眼前。

春天的故事

1977年8月，沈克琦突然接到通知，要他去北京饭店报到，参加一个会议。通知时他还不知道会议的内容，直到8月4日上午在人民大会堂开会时才得知，这是邓小平召开的全国科学与教育工作座谈会。但在这时，他也没有想到，这次会议会有如此重大的影响，它关乎高等教育的招生，关乎几百万青年人的前途，会议上所做的决定一直延续到了30多年后的今天，改变了无数人的命运，也谱写了我国科学、教育事业的新篇章。

现在，当翻开当时的与会人员名单时，我们看到了这样一些为科教事业拨乱反正、使它重回正轨的参与者。他们中有方毅、刘西尧等长期深切关心科技教育事业的中国科学院、教育部领导；有马大猷、童第周、张文裕等一批在国内外享有盛誉的老一辈科学家；有苏步青、查全性等

① 沈克琦第二次访谈，2014年1月22日，北京。资料现存于采集工程数据库。

长期活跃在高等教育一线的高等院校教师、学者；也有史凤歧、罗劲柏等教育部、科学院的普通工作人员。正是这 49 位来自不同战线、却都抱着对科技教育事业的热爱的教育界同仁，共同掀开了中国科技教育事业崭新的一页。

时任北京大学物理系副主任的沈克琦，当时便作为 17 名高校教师代表之一，参加了这次影响深远的全国科学与教育工作座谈会。

与沈克琦想象的正式庄严的会议不同，会场上座椅与小茶几围成一圈，中间没有桌子，邓小平和参会的代表一样，环坐一圈，不分尊卑，更贴近它“座谈会”的名称。会议由时任中国科学院副院长的方毅主持，这位历经了革命战火和社会主义建设时期，又在“文化大革命”期间受到“四人帮”迫害和批判的老一辈革命战士刚刚调到中国科学院，受托主持了这次重要的会议。他介绍说：邓小平委托他在科学界、教育界找一些人，听听大家的看法，希望大家畅所欲言。

会议一开始，邓小平便表明了自己的意图：自己主抓科教方面工作，要把科技教育方面的损失夺回来，“想听听大家的意见，科研怎么搞得更快更好些？教育怎么符合四个现代化和赶超的要求？……希望大家知无不言，言无不尽，不要有顾虑。”

邓小平的话让与会者深受鼓舞，大家都感到教育界拨乱反正有望：邓小平在 1975 年复出后，就立刻着手进行对中科院的整顿。那一次整顿重点是对知识分子政策和科技政策进行调整，使受到“文化大革命”严重破坏的各项工作起死回生，整顿的成效是人所共知的。后来由胡耀邦主导形成的《科学院工作汇报提纲》，贯穿了邓小平整顿科学、整顿教育的指导思想。虽然后来这份文件因“批邓、反击右倾翻案风”胎死腹中，但也吹皱一池春水，成为科学界、教育界拨乱反正的开端，正如春天到来之前的乍暖还寒时分。

在整个会议期间，邓小平严谨务实、实事求是的态度，对科学教育工作者的尊重更是给沈克琦及所有与会人员留下了深刻的印象。在开场白中邓小平便关切地问：“童老（第周）有没有来？”并感慨说：“‘文化大革命’中童老在扫地，他扫地都是科学态度，真认真。让他扫地真是糟蹋圣人。”

原来，最初下发的参会者名单中没有童老先生，8 月 4 日会后就把童老请来了。[①]

说到这里，沈克琦也说起了当年会议的一个小缺憾：因为座谈会实际是一个临时通知的会议，时间比较紧急，有部分科教工作者因为当时在外地交通不便而没能及时赶回参加会议。时任北京大学校长的周培源教授，因为 1977 年 8 月 4 日正在黄山上参加一个基本粒子的学术会议而没有及时收到通知，黄山又不通飞机；周老只得坐汽车中转南京再飞回北京，最终只参加了 8 月 8 日的闭幕会议，没能在会上发言。

对于与会者最为关心的能否推翻“两个估计”的错误结论，邓小平明确表示“对全国教育战线 17 年的工作怎样估计？我看主导方面是红线，应该肯定。绝大多数知识分子为社会主义作了贡献，愿意为社会主义服务。”

对“两个估计”的否定让所有在座的科研工作者倍受鼓舞，让他们看到了科研教育战线拨乱反正的希望。打碎了长期束缚手脚的枷锁，期盼科学的春天早日到来，与会代表心无旁骛，积极建言献策，为科研教育诊病把脉。

沈克琦作为高校教师的代表，在会上着重反映了因取消招生考试制度、招收工农兵学员而导致的学生文化基础差的情况。如 1972 年北京大学招收的工农兵学员，竟然有超过一半未完成高中学业，甚至有 20% 只有小学文化，被社会上戏称为“北京中学”。学生基础薄弱、水平参差不齐也给高校的教学组织工作带来了很大困难，大学教育甚至无法进行，更难以培养出高素质的科技人才。他举例说，部分工农兵学员甚至没有学习过分数加减法，在求解时采用分子、分母分别相加的办法，得出了 1/2 加 1/2 等于 2/4 的错误答案。教师试图帮助他理解，问他吃馒头时先吃半个，再吃半个，一共吃了多少馒头，学生竟答：“二两”，令人哭笑不得[②]。这个例子给与会者留下了深刻的印象，充分地说明了当时招收工农兵学员给高校教学带来的重重困难，让人深刻地感受到“自愿报名、群众推荐、领导

---

① 陈芳：历史转折的标志——沈克琦先生谈 1977 年全国科教工作座谈会。《人民政协报“春去周刊”》，2007 年 9 月 7 日，B1、B4 版。

② 沈克琦：科教工作座谈会会议记录。1977 年，未刊稿。资料存于采集工程数据库。

批准、学校复审”，不经过文化考试的那一套招生制度的弊端，看到了高校招生改革的必要性和紧迫性，恢复高考的议题已经呼之欲出。

终于，在座谈会接近尾声的时候，8 月 6 日的会上，上海交通大学的吴健中在发言中重点谈到了招生制度的问题，提出“高校应统一招生，统一分配”。武汉大学查全性副教授更是直言不讳地指出了当时招生推荐制度的严重弊端，希望对招生制度做出根本性的改变。在查先生发言过程中，邓小平在询问了刘西尧招生进展并听取大家的意见之后，当即拍板：今年还有机会，要坚决改。要给上山下乡的知识青年一个机会，这涉及几百万人。要有些措施，不能使社会发生波动，重要的是要招到能学的人。会上，中国科技大学担任助教的温元凯提出了“自愿报名、单位同意、统一考试、择优录取”的十六字基本方针。这时邓小平插话，十六字方针中“单位同意”这句话要去掉。有人脾气坏一点，得罪了领导，他就不同意。在 8 日的总结会上，邓小平再次表示“今年就要下决心恢复从高中毕业生中直接招考学生，不要再搞群众推荐。”时至今日回首往事，否定招生推荐制度在当时是违背毛主席“七二一”指示精神的，更何况在“两个凡是”① 政策当道的历史背景下，讲出这些话是很需要勇气的。但出于对科学教育的热忱，让与会人员一致赞同招生改革的提议，沈克琦从自身 30 年的教学经历出发，坚决支持查全性副教授的发言。就这样，停滞了十多年之久的高考制度终于在 1977 年得以恢复，千千万万有志青年从此有机会通过公平竞争步入大学校门。

恢复高考制度不仅给全国数百万有志深造的青年一个公平竞争的机会，使高校能够招收到合格的学生，而且用铁的事实驳斥了“读书无用论”，扭转了托关系、走后门的不良社会风气。自此之后，学校的秩序方逐渐步入正轨，“尊重知识、尊重人才”让广大知识分子扬眉吐气。

“日出江花红似火，春来江水绿如蓝。这是科学的春天！让我们张开

---

① “两个凡是”源于 1977 年 2 月 7 日的两报一刊社论《学好文件抓住纲》，表述为：“凡是毛主席做出的决策，我们都必须拥护，凡是毛主席的指示，我们要始终不渝地遵循。”社论是汪东兴提议写的，也是经过了当时的政治局同意。“两个凡是”有特定的指向，目的是“强调了高举毛主席的旗帜，稳定局势”。

双臂，热烈地拥抱这个春天吧！”这是时任中国科学院院长的郭沫若在1978年全国科学大会上的讲话的结尾。如果说1978年中国的科学事业迎来了春天的华丽乐章，那么1977年的科学教育座谈会便是这部乐章的序曲，沈克琦能有幸参与这个序曲的谱写，亲眼见证这个春天的诞生，无疑是他人生中一段值得回味的历史。30多年后，他参加座谈会的笔记本以及与会人员的名单及合影还完好地保留，成为珍贵的历史文物。

据沈克琦回忆，整个座谈会由时任中国科学院副院长的方毅主持，共开了8次会，邓小平除有一次会因事没能参加外，其他的7次会议都全程参加，对于科教工作的重视可见一斑。而与会人员涵盖了教育部、中国科学院的主管领导、各科研机构的一线科研工作者、许多高校的教师代表和中科院的普通工作人员等，基本覆盖了我国整个科学和高等教育事业；他们的意见基本能反映广大科研教育工作者的心声，切中科研教育现实问题的核心。但更令沈克琦印象深刻的是，邓小平在召开这次座谈会之前就对当时科研教育事业的现状和存在的问题有了很深刻的认识，“心中是有一盘大棋的”。与会科教工作者的意见和反馈又给了邓小平新的想法，并做出一些重大决定，产生了深远的影响。自此，千千万万青年通过自己的努力得以进入高校学习，在学术的殿堂里度过自己最美好的青春时光。

除了恢复高考制度这件大事，这次持续五天的座谈会上还提出了提高中学教育质量、增强国家科研实力等重要问题，对之后数十年的科学教育事业都产生了极为重要的影响。在这些问题上，邓小平提出了吸收引进国外教材、建设重点大学和重点中学、搞电化教育；恢复国家科委、让因“文化大革命”辍学的大学生“回炉”重修、引进国外先进技术等等建设性的构想，并很快付诸实施。事实证明，这些办法对我国之后30余年高等教育和科学研究领域的突飞猛进起到了重要的作用。

此外，在整个会议过程中，邓小平尊重知识、尊重人才的态度让沈克琦印象尤为深刻：当听到苏步青教授反映复旦大学数学系的一批业务尖子因“文化大革命”动乱已经失散时，邓小平坚决地表示：“要把他们都请回来！”

随后，邓小平更是主动提出让“文化大革命”中曾被迫批判自己的黄昆先生恢复工作："他批判了我，是我害了他。我现在还主张他应该当半导体所所长，同时在北大兼教授，教课。"在邓小平讲话后，中科院和北大校方迅速行动，很快就办完了调动手续。黄昆先生到了新岗位后，除抓全所工作外，还直接投入科研第一线，并取得了重大科研成果。2001 年，黄昆获国家最高科学技术奖。

时至今日，沈克琦仍然对邓小平的那句话记忆犹新："毛泽东同志说，'老九不能走'，说明知识分子是香的，不是臭的。"邓小平对知识分子的关怀，让他们真正感到了春天的温暖，看到了科学教育事业的希望。

说到这里，沈克琦感慨道："人们谈起这次座谈会多强调其在恢复高考中所起的作用。其实，会议的内容和意义远不止于此。"①

在沈克琦看来，这次科教座谈会最重要的意义在于实现了两个突破：在思想上突破了'两个凡是'，在科教战线上突破了"两个估计"。假如没有这两个突破，科教战线的拨乱反正就不可能；也只有解除了"两个估计"对科学、教育的束缚，科教兴国才有机会成为现实，这也是恢复高考的理论基础和政治基础。

1978 年 3 月 18 日，这个日子注定会被铭记。这一天，全国科学大会召开，"科学技术是第一生产力"得到了认同，长期压在知识分子身上的"两个估计"的大山被彻底移除，沉寂已久的科学界、教育界终于迎来了真正的春天，到了"把被'文化大革命'耽误的时间抢回来的时候了！"

原国家科委副主任、也是这次科教座谈会会议记录的整理者的吴明瑜如此评价说："如果说 1978 年的全国科学大会预示着科技春天的到来，那么这次会议就是春天前的惊雷。"②

就是这一声惊雷炸开了知识分子背负已久的"两个估计"的沉重枷锁，掀开了中国科学教育事业腾飞的篇章；正是这一次科教座谈会，才使得科教兴国的口号有机会成为现实，中华巨龙才能在历经劫难后再次腾飞。参加这次座谈会的人员不过数十位，但他们却说出了千千万万知识分

① 沈克琦访谈，2014 年 1 月 22 日，北京。资料现存于采集工程数据库。

② 吴明瑜，时任中科院政策研究室负责人，参与了"八八座谈会"的组织筹备工作，后来又和林自新一起负责起草了邓小平在全国科学大会上的讲话稿。

子的心声；这次会议虽然只持续了五天，但它却影响了我国未来几十年的科学、教育发展，改变了无数人的命运。

从此，科学、教育的春天真的来了！春风吹遍了华夏大地，春风也同样吹到沈克琦的家里。在恢复高考之后，沈克琦的小儿子以原有小学六年级的文化水平，经过自己的努力，考入了北京大学，成为77级地球物理系的一名学生。当时沈克琦为77级物理系和地球物理系的学生讲授“光学”，这是一门大课，学生人数有200余人。正是在这个课堂上，原有的父子关系又演化成为师生关系。这也是沈克琦此生最后一次在大学讲台上正式执鞭。

第七章
访美岁月，求真时光

亲眼看美国

1977年11月，雁阵南下，微冷的风吹过深秋的天空，在首都机场，一群人整装待发，预备启程前往大洋彼岸。在这一行人中，就有时任北大物理系副系主任的沈克琦。作为中国首次派出的高等教育代表团秘书长访问美国，他在一个月的时间里，随团走访了13所各种类型的高等院校、美国科学院、国家科学基金会、教育部、研究所、工厂以及中小学等共46个单位，全面而深入地考察了美国的教育状况。回国后，包括沈克琦在内的代表团成员撰写了详尽的总结报告，更在不同领域内进行了高等教育的改革创新。

如沈克琦后来所言，此次代表团是中美互建联络处后中方派往美国的第一个官方代表团，对了解国外高等教育情况起到一定作用。团长杨廷宝教授是南京工学院的院长，副团长张维教授是清华大学的副校长，沈克琦担任代表团的秘书长。从代表团的强大阵容可看出教育部对这次出访十分重视，代

图 7-1　1977 年，中国高等教育代表团访美时途经日本，在日本国会前合影（右二为沈克琦，图片来源：沈克琦家人提供）

表团的成员基本上是当时国内一流高校的学者，如武汉大学的生物学教授高尚荫、厦门大学的化学教授蔡启瑞、清华大学计算机系的李三立教授，还有复旦大学的谷超豪教授，上海师大教育系的金含芬讲师是一行人中唯一的一位女性，随团翻译由教育部外事办的于富增担任。当登机提示音响起，成员们挥手告别送行的人群时，沈克琦转身看了一眼薄雾中模糊的故土。回想 30 年前，他曾与赴美留学失之交臂；未曾料到 30 年后，他将在美国见到当年西南联大的同窗。一个月的光阴转瞬即逝，然而在这短暂的分别之后，他将携着美国之行的所见所闻以一种前所未有的心情归来。

20 世纪 70 年代正是中美关系从战略对抗到战略对话的转变时期：1971 年 4 月，国务卿基辛格秘密访华；1972 年 2 月，尼克松总统访问中国；同年 2 月 28 日，中美两国在上海发表了《中美联合公报》。自此以后，中美关系取得了长足进展，双方在经济、科技等领域交往频繁。特别是在文化教育事业方面，中美双方展开了愈来愈密切的交流合作。

一直以来，中国按照苏联的模式建立自己的教育制度；从 20 世纪 50 年代初的院系调整开始，高等教育也几乎完全照搬了苏联的体制。一方面，削弱了文科和综合性大学；另一方面，人才培养过于专门，效果

图 7-2　1977 年，高等教育代表团访美合影（二排右二为沈克琦。图片来源：沈克琦家人提供）

不佳。在这 20 多年间，中国几乎没有尝试过参考借鉴其他国家的教育方式。而在那个时代，美国的教育制度已经非常完善，公民教育的四个阶段从学前教育（pre-school education）开始，随之是初等教育（elementary education）、中等教育（secondary education），直到高等教育（higher education）为止。用税款兴办的免费教育，除了设立一般学校的科目如数学、语文、历史外，还有打字、缝纫、无线电与汽车修理等课程。学生可依自己的兴趣、才能和个人未来的理想与计划，从许多科目中自行选修。至于高等教育水平，就更在世界范围内遥遥领先，鲜有国家可以望其项背。

代表团抵达美国后，特意增加了一位胡姓翻译参加代表团的活动。美方负责接待的单位是中美关系委员会和中美学术交流委员会。美方非常重视这次访问活动，对代表团的需求考虑得细致而周到。那时候两国虽然还没有正式建立外交关系，也没有大使，但是有个联络处。联络处调派了两个相当于保卫人员的人跟着代表团一行，教授们要到哪里访问，这两个人负责事先电话通知接待方，说明代表团的行程。这件事情，沈克琦至今还记得。

图 7–3　1977 年，高等教育代表团参观美国中学（后排右一为沈克琦。图片来源：沈克琦家人提供）

访问单位是美方根据中方代表团的要求定的。成员们希望全面了解美国的高等教育情况，同时，与美国高等教育有关的一些情况也要设法了解一二。基于以上的考虑，代表团共访问了 13 所大学和学院。一些有名的大学如麻省理工学院、哈佛大学、加州大学伯克利分校、哥伦比亚大学和纽约大学，等等。值得一提的是，代表团还去过当时杨振宁所在的纽约州立大学石溪分校。

除此以外，教授们还访问了美国的高中、初中、幼儿园各一所，还有一所职业学院。在访问教育单位的同时，他们又去了几家工厂跟研究所，其中既包括 IBM 这样的大工厂、大研究所，也包括一些规模较小、涉及领

图 7–4　1977 年，高等教育代表团参观美国大学（中间为沈克琦。图片来源：沈克琦家人提供）

域较窄的小型工厂或研究所，比如一处生产汽车零件的车间，不过一间餐馆大小，几十名员工。纵然行程繁忙，代表团仍然前往美国的教育部、国家科学基金会（NSF）进行实地考察。美方也确实按照中方提出的“了解与教育有关的各行各业”的要求，精心安排了行程。在考察间隙，代表团甚至参观了一家连锁书店“麦格劳·希尔”（McGraw Hill）。

图 7–5　1977 年，高等教育代表团访问纽约州立大学石溪分校（左一为沈克琦，左二为杨振宁。图片来源：沈克琦家人提供）

美国之行给沈克琦留下了难以忘怀的印象。20 世纪 70 年代正是美国对高等教育结构进行调整的阶段，在层次结构上大量增加了副学士学位和硕士学位的授予量；在形式结构上，私立大学，尤其是私立营利性大学发展迅猛；在学科结构上，为适应经济发展的需要大力发展应用学科。与此同时，隔着茫茫太平洋，结束了十年浩劫的中国百废待兴，教育事业经历雨打风吹，可谓“茕茕孑立、踽踽独行”。走在 70 年代末美国的大街小巷，走访各类校园中的师生，拜访王浩、李政道等当年西南联大的校友，这一切让他了解了许多以往闻所未闻的事物，他也在不停地思考之前自己从未想过的问题。

推窗看职校

在沈克琦看来，美国教育最大的特点就在于它完全面向整个社会的需要，因而具有多样性，不是只靠一个模子。在它的教育结构中，有非常高级的、全世界有名的学校，也有直接面向社会的学院。就中学来讲，除了正常的中学以外，还有职业中学，而职业中学，如代表团所见，也办得挺好、很受社会欢迎，就业前景也不错。许多有识之士认为，美国教育的主要目的是因材施教，发掘发展每个孩子的潜能，培养每个孩子的才干，同时也给每个孩子灌输公民意识，职业学校也体现了这种精神。

从《史密斯·休斯法案》(Smith-Hughes Act)出台开始，职业教育在美国的地位逐渐被确立，除了联邦政府外，各州、地方政府也分别为职业技术教育立法，确立自身的责任和义务。严格的立法保证了各级执行机构明确自己的职责范围，使得整个职教系统的运作有条不紊。同时，美国的职业学校与工商业界的关系非常密切。职校不仅聘用企业的优秀工程师到学校做兼职教师，还在工商企业的协助下制订教学计划、撰写教学大纲、设计课程内容，甚至安排课程进度。企业则向校方提供实时的人才需求信息以确保职业学校毕业生的“产销对路”。一些企业更直接参与到教育委员会组织的职业学校的教学评估中。校企之间的高度合作为学生创造了理论结合实际的良好学习条件，在这种情况下培养出了大批学业有成的学生，他们正是企业理想的员工。

沈克琦曾去参观过一个中等技术学校，它招收的学生在普通中学里念完十年级，之后就到这所职业学校学习两年。在高中一年级和二年级，中学会开设一些课程对学生进行职业指导教育。这些课程旨在帮助学生了解自己在能力、兴趣和需要方面的差异，培养自己独立做出职业决策的能力；有专门的老师介绍职业选择的范围、获得职业的途径以及职业选择的重要性及其产生的后果，并帮助学生确定适合自己的职业。与此同时，职业学校会到中学去介绍自己的各种专业，并邀请青少年们前来参观，有兴趣的同学可以自行申请。通过职业指导的学习、观摩和实践，学生会产生不同的职业兴趣，逐渐确定自己未来的职业道路。职业学校紧贴社会生活实际，其课程设置的出发点就是为了提高学生的素质，让他们能独立应对来自生活和工作的挑战。通常来说，职业技术学校开设的课程涵盖农业、工业、商业、建筑、健康教育、家政以及手工业等领域，涉及市场营销、手工业、家庭和消费、农业技术、市场服务、商业和信息技术、工业贸易等不同专业。职校还可以根据社会需要随时调整专业设置，以适应经济的发展。沈克琦参观的这所职业学校同样如此：有人搞文秘，练习打字、速记等等、有人搞金工、有人搞木工、有人搞汽修工、有人搞烹饪、有人做会计……各行各业的课程都有。这些学生们在前去上学的时候已经有了10年普通中学的基础，在这个基础上，他们继续在某一行业里学习实践。代表团去了之后，应邀参观他们的考试。让代表团大开眼界的是，这些考试并非笔试问答，而是结合专业实际，具体实在地考察学生的学习效果。如汽修工的考试内容是把一个拆开的汽车引擎自行组装，所有线路都是拆散的，如果学生能让引擎重新转动，就算合格。又如水管工，就是让学生搞一个房子全部管道的设计与连接；至于木工，则是让学生制作一扇门、窗，老师根据成品情况给分。学校宴请代表团时，也是由他们的学生掌厨。老师们传授技能寓教于乐，学生们从心所欲苦练基本功，在这样的校园里，大家都能做自己喜欢的事情。在星光璀璨的追梦路上，他们的脚步同样不曾停歇。

职业中学里的所见所闻无一不让沈克琦体会到：社会发展的需要是多样性的，一个国家的人才需求也是多样化的。国家、社会发展需要“三百六十行，行行出状元”，并不要求所有的人都是大学生，各种各样的工匠是支撑社会经济正常运转的生力军。经历了黄金年代的蓬勃发展，美国的职业学校已经被称为“高级蓝领的摇篮”。也是基于这一想法，沈克琦后来提出了“高中学校的设置需要多样性”的看法，希望借此充分发挥整个社会所有个体的作用。时至今日，谈起中国的高考制度时，沈克琦仍然会不厌其烦地讲述他在美国的所见所闻。想起那里颇受欢迎的职业学校和乐在其中的学生们，沈克琦总要感叹中国学生忙于应付考试的疲惫和

"只去华山路一条"、一心只要上名牌大学的过分执着。在《对素质教育、应试教育和高考改革的一些看法》① 这篇文章里，沈克琦对标题里提及的问题展开了详细而深入的讨论，言语之中无不流露出一个长者的睿智通达和对年青一代的关怀。日后在筹建烟台大学时，沈克琦也不忘其办学方针，在一些专业的设计上特别注重面向市场、面向应用，培养一批高等职业技术人才。

考试新形式

代表团在美国期间详细地了解了它的考试制度，特别是知悉了 ETS 举办考试的流程方法。ETS 根据国家的需要举行各种各样的考试，不同于国内的考试，它是把需要考核的科目进行一个综述。在沈克琦看来，中学教育的目标不能够只是高考，以高考成绩的好坏判定中学教育的优劣也是不可取的。中学教育应该按照它自己的教学目标来培养学生，跟高考并没有什么关系。但是中学生确实应该经历高考。这一点，沈克琦并不否认。在美国，也有一个类似于高考的考试，它被称做学历考试，即人们熟知的 SAT（Scholastic Assessment Test）学术能力评估测试。ETS 承担 SAT 的命题及阅卷工作，考试科目为阅读、数学和写作（包括作文和语法）。SAT 测验分为 SAT 推理测验（SAT Reasoning Test，旧称 SAT I）和 SAT 学科测验（SAT Subject Test，旧称 SAT II），测验内容旨在考察学生的能力是否足够适应大学教育。参加这个考试的通常是希望继续学业的中学生或毕业生，考试的结果会提供给考生所申请的院校，很多院校将 SAT 分数视为首要粗略筛选的标准。同时，也会成为奖学金获得者的选拔标准。到美国读大学本科的外籍学生一般都会被要求参加该考试。

除此之外，美国还有一个中学生的课程叫大学先修课程（AP Course，

① 沈克琦：对素质教育、应试教育和高考改革的一些看法。《人民教育》，1999 年第 2 期，第 24–25 页。

Advanced Placement Course）。大学先修课程是由美国大学理事会（The College Board）提供的在高中讲授的大学课程，学有余力的高中生可以选修其中自己感兴趣的课程，在完成课业后参加大学先修考试，得到一定的成绩后就能获得大学学分。美国高中大学先修课程有 22 个门类、37 个学科，已在美国 15000 多所高中里普遍开设。它可以使高中学生提前接触大学课程，避免了高中和大学初级阶段课程的重复。事实上，大学先修课程成绩已成为美国大学重要的录取依据。根据美国大学升学顾问委员会在全美范围内所做的调查，由于美国大学普遍把学生在大学先修课程考试中的表现作为衡量其是否能够胜任大学学习的依据，因此 AP 考试成绩已经成为众多大学录取考虑因素中最为重要的依据之一。比如代表团参观过一个 School of Science 的理科高中，它就开设了五十几个学分的大学课程。这个课程包含如 Calculus AB（微积分 AB）、Calculus BC（微积分 BC）、Statistics（统计学）、Physics B（物理 B）等高等理科教育课程，同时有相应的各种考试，对学生的学习成果给予评估和鉴定。AP 考试的成绩使用 5 分制，考生可以获得 1 分、2 分、3 分、4 或 5 分。考试结束以后，学校会把成绩下发给每个学生，以备大学入学时提供给校方作为参考，每个大学自己定考核标准。沈克琦回忆起普林斯顿和哈佛大学的操作方法：举例来说，一个高中毕业生在考完普通物理考试后，校方会根据考试成绩给出相应的标准，学生如果达标，大学原来规定必修的普通物理课程可免修，即承认学生的大学先修课程成绩，允许通过考试的学生直接学习后续课程。沈克琦对这种做法非常欣赏，他认为这种教学设计灵活机动，人性化地考虑到了学生们的能力差异和学习需求。考试通过的 AP 课程可以折抵大学学分，减免大学课程，帮助学生缩短大学学时、跳级，更可节省高昂的大学学费。这样做不仅能够提高学生的学习效率，更能够合理配置教学资源，是一举多得的好事。

在为时一个月的访问之后，代表团的成员们踏上了归途，他们怀着满满的期盼，早已设想了日后祖国人才培养的许多个可能的途径。美国之行虽然短暂，但是对中国的教育事业，特别是改革开放后的高等教育有着深远的影响。值得一提的是，自从在美国知道了博士后制度，沈克琦的心中便一直不能放下，在李政道先生的提议下，他担任了中国博士后基金会的首任理事长，这已是后话。

《论语・子路》子贡问："何如斯可谓之士矣"？孔子答曰："行己有耻，使于四方不辱君命，可谓士矣。"现今已不是君王的时代，而人们所言的"士"心怀的仍是国家生计。为什么中国的学者们要去美国访问？沈克琦在出行之前早已问过自己这个问题，他认为，自己需要了解美国的教育情况，这在当时，是许多高级知识分子的迫切心愿。等到他随同代表团在异乡的土地走过，许多疑惑终于变成释然，无论是眼界还是心境都有了很大的变化。旅行者们在看见旖旎风光时总会感叹造化的神奇；同样地，代表团一行对美国教育事业——这不失为一种人文风光——的参访不由得会让人忆起百年之前中国人"开眼看世界"的传奇故事。沈克琦承认，与中国相比，美国的整个教育制度要更加合理，到现在为止，在他看来，中国的许多教育问题仍然没有得到很好的解决。

人们常见的是一个教授在讲堂上传道授业的画面，可是他在独处时的所思所想往往藏匿于心底不为人知。归国后的许多个夜晚，沈克琦一直在思索美国的教育制度和管理体系，考虑如何将那些先进的理念与中国的高教改革接轨。

沈克琦生于江苏省武进县，历史上这里曾形成"阳湖文派"、"恽南田画派"、"常州词派"等等，士子大夫吟咏唱和，兜兜转转总绕不开家国天下事，所怀的也不过是风雨布衣心。出于对祖国的爱和由此生发出的责任感与使命感往往让这些学者大师们站在一个更高的角度俯瞰民族的兴亡生息，为之鞠躬尽瘁却依然甘之如饴。对于沈克琦来说，这既是一种生活的姿态，也是一种做人的品格。

第八章
拨乱反正，铺路改革

升任副校长

“文化大革命”的乌云消散后不久，1978年7月20日，中共教育部党组下发通知，沈克琦被中共中央任命为北大副校长。之后领导班子进行分工，沈克琦具体分管教学、招生、体育、图书馆、世行贷款、北大分校等工作。在此之前，学校已有传言说要调沈克琦任教务长，一心一意扑在物理系建设工作上的沈克琦听说后连忙写信给周培源校长，并通过他向党委书记周林转达自己希望能继续留在物理系工作的想法。这封信是沈克琦到办公楼当面交给周培源校长的，他明确告诉周校长，自己想先专心致志搞好物理系的工作。周老回答：“此事已经上报中央，你就听中央的安排吧”，并当场将信退还给沈克琦。一向服从组织分配的沈克琦一时语塞，只好静待中央的任命，做好承担更多责任的准备。正式任命宣布后，周老说，你还可以继续担任物理系副系主任，两头兼顾，只是辛苦一点。对于沈克琦来说，物理是他的老本行，他也舍不得就这样匆忙地离开，于是选择还继续留在物理系上课。1979 年 4 月 5 日，校党委常委会决定沈克琦等 4 人进入校党委常委；同月，沈克琦任校学术委员会副主任。由于陆续承担繁重的学校工作，沈克琦的时间安排得很紧，备课常常不得不在授课前的夜间进行，甚至有一宿未眠直接去教室讲课的经历。那天讲课中有短暂的片刻他两眼发黑险些跌倒，幸而倚住黑板，手扶讲台才得以幸免。1979 年他为 77 级学生讲授光学，这也是他最后一次在物理系的讲台上给学生讲课。直到 1980 年 1 月，物理系的教学工作已经步入正轨，沈克琦这才辞去了副系主任的兼职，但此后仍然时时关心着物理系的工作。1980 年 4 月，北大成立高等教育研究会，沈克琦被任命为副理事长。同年 8 月，教育部提出 8 个世行贷款项目，加强 22 所重点高校和 44 个教学、科研中心及其他一些重点项目贷款 2.5 亿。北大是 22 所高校之一，44 个重点项目中北大占 4 项，总共可获得 2000 万世行贷款。为此，学校专门成立了中心实验室领导小组，校长张龙翔任主任，副校长沈克琦、教务长陈守良任副主任。1982 年 4 月，教育部批复北京大学建立学位评定委员会，委员会共由 21 人组成，沈克琦也是其中之一。同年 10 月，中华人民共和国联合国教科文组织全国委员会来函称“经教育部领导批准，同意沈克琦参加制定亚太地区承认高等教育学历、文凭、学位公约草案政府专家会议，并任代表团团长”。1983 年 6 月 28 日，校党委常委会决定，任命沈克琦为遥感技术研究所所长。

图 8–1 沈克琦（右二）在“空间遥感技术综合应用预测及效益学术讨论会”上发言（图片来源：沈克琦家人提供）

升任副校长后，除了偶尔出席物理竞赛授奖大会、实验交流会之外，沈克琦把大部分时间都投入到了学校的行政工作中。任命副校长是上级领导对他工作能力的肯定，但也使他不得不离开自己所熟悉的物理系，离开自己多年来所坚守的物理事业。然而，沈克琦必须要迎接这个挑战，从担任北大副校长这一刻起，去除“文化大革命”期间留下的陋习、为学校整体的发展贡献自己的力量就一直是他们这届领导班子每个成员肩上的重任。

沈克琦在 20 世纪 50 年代曾经参与过北大的招生工作，当年采取的方法是先按成绩、再按志愿顺序录取，也就是把高考分数从高到低划分成若干个区间，先按志愿录取完高分区间的学生，再录取低分区间的。这种方法保证了学生的录取结果完全与分数挂钩，不会出现高分学生的录取结果反而不如低分学生的情况，也是一种相对公平的录取方法。

1966 年因为“文化大革命”，中央宣布推迟高考半年，而实际上这一推就推迟了 12 年。这期间高等教育几乎处于停滞状态，招生工作也就无从谈起。直到 1977 年 10 月，国务院批转教育部《关于 1977 年高等学校招生工作的意见》，正式恢复高等学校招生统一考试的制度。但由于当时文化大革命刚刚结束，在执行高考的相关文件时，各级主管人员还带有种种不理解、不赞成，以至于带有抵触、反对的思想和情绪，更不用说具体负责报名、录取工作的基层组织。在实际工作中，极左思想、实用主义思想对录取工作产生许多不良影响。报考时，设置种种苛刻而无理的限制条件，如“文化大革命”期间上山下乡的知青从农村病退不到半年不得报名等等；录取时，有不少成绩优秀、表现良好的学生因为家庭出身最终在高考录取中落选，或是考分很高的考生却因为年龄偏大没有被录取……沈克琦一直认同“分数面前人人平等”的录取原则，他负责北大的招生项目时，主张严格按照分数录取学生，杜绝除分数以外的其他标准，如家庭出身、年龄等等，由此为北大招收了一批高质量的人才。后来随着错误思想的矫正，“尊重知识，选拔人才”成为高考录取工作的宗旨，全国高考的情况逐年改善，北大的招生工作也蒸蒸日上。

尽管现在沈克琦早已意识到当今教育发展不能仅考察分数，摒弃了“唯分数论”的做法，但不得不承认的是，在那个重整旗鼓的时期，“文化大革命”后，教育界如同经历了战争一般的践踏和破坏，沈克琦坚定地推行“唯分数论”的录取原则，为北大吸纳了优质的人才资源，无疑起到了稳固军心的作用。

图 8-2 1978 年 9 月 22 日，沈克琦（右二）接待普渡大学校长 Arthur G. Hansen 及爱荷华大学农学院院长 Lee Holmer（图片来源：沈克琦家人提供）

在沈克琦担任副校长之前，北大的硬件设施非常落后，实验室里为数不多的仪器设备不能满足老师们的科研工作的需求，但却没有机会更新。一方面是因为缺少钱，没有充足的资金购买仪器；另一方面国内的仪器制造水平有限，很多先进的器材只能通过进口，然而受意识形态和冷战的影响，欧美发达国家对中国进行技术封锁，国内根本买不到这些设施。无奈，那时北大只能从特殊渠道私下向国外厂商高价购买一些基本的实验仪器。在采访中沈克琦回忆起当时的一件趣事：有一次某外宾到北大来参观时，无意中发现了北大的一台光谱仪是从国外进口的，并且从光谱仪上工厂的识别码知晓了卖方是谁，回去之后没多久，那家工厂就受到了处罚，于是此后几乎再也没有国外厂商敢向北大提供货源。

1978 年以后局势有所好转，国外封锁力度减弱，但是北大仍然面临着缺少资金的问题。就在这个时候，教育部替北大争取到了世界银行的贷款项目，这个机会千载难逢，容不得闪失。此时中国还没有恢复世界银行成员国的地位，世行此前也从来没有给中国贷过款，所以对项目的审查十分谨慎严格。要想取得贷款，需要北大提交一份详细的项目报告。当时的校长

图 8-3 1979 年 3 月 1 日，沈克琦（右）在北大临湖轩接待美国乔治・华盛顿大学校长埃里奥特（Lloyd Hartman Elliott）（图片来源：沈克琦家人提供）

张龙翔负责这项工作，任务交给副校长沈克琦和自然科学处处长陈守良执行，两人的专业是物理和生物，因此就代表物理系和生物系起草世行贷款申请报告。这笔资金对北大的科研发展十分重要，中国的大学从没有申请世行贷款的经验，两人凭着深厚的专业基础和多年从事教学科研管理的丰富经验，齐心协力，连开了几个夜车，最终快速且高效地完成了任务。报告书交上去之后，世界银行惊叹于北大的效率之高，欣然地提供了贷款。自此之后，北大与世行展开了长期的合作往来，有了稳定的资金来源用于采购大批先进的仪器，为科研发展提供了良好的条件。教育部对此事十分满意，后来将北大的报告作为模板，下发给其他高校参考，他们也纷纷效仿，都向世行申请贷款。

图 8-4　1981 年，中国女排首次夺冠后到北大，时任北大副校长的沈克琦（右二）与女排教练袁伟民（右一）亲切交谈（图片来源：沈克琦家人提供）

80 年代初，改革开放使中国人渴望了解外部世界，追踪世界科技前沿领域的进展。而当时公派出国进修、开会和读学位的人毕竟十分有限，这时国外的图书和期刊自然而然地成为了解学科发展动态、获取各类学术信息的主要渠道。在外汇紧缺的情况下，世行贷款成为图书馆外汇来源的主渠道，连续多年支撑着北大图书馆及国内一批高校图书馆的外文文献资源建设。除此而外，通过亚洲基金会和其他一些渠道获取赠书（主要是人文、社科方面的图书）也成为北大图书馆馆藏重要的补充渠道。作为分管世行贷款和图书馆工作的副校长，沈克琦在这方面一直是大力支持、积极推进，使那一时期的图书馆馆藏建设有了突破性的进展。

自 57 岁被任命为北大副校长之后，在高校的领导岗位上沈克琦一干就是 12 年。1984 年 3 月，北大领导班子换届，沈克琦辞去了副校长职务，同年 7 月，教育部党组批复北大设置校务委员会，沈克琦任校务委员会副主任。

相伴 CUSPEA

留学生一词原本起源于中国唐朝时期的中日文化交流，意为当遣唐使回国后仍然留在中国学习的日本学生。然而，中国有自己的留学生却是千年以后的事情了。从晚清时期（1872—1911）始，历经民国时期（1912—1949）和新中国时期（1950—），细数起来，近现代中国留学生的历史不过 100 多年。中国的留学风潮起源于清政府的自强运动：主张西化改革的呼声激励了大批留学生奔赴海外，希望从西方强国学习现代化的经验与知识。民国时期的庚款留学更成为中国学生去美国求学的一个主要渠道。归国留学生中，有许多人对中国的现代化，尤其是高等教育的现代化方面做出了巨大的、而且是具有开拓性和持续性的贡献。后来成为新中国第一代著名科学家中的绝大多数人也都为民国时期的留学生，这其中包括严济慈、华罗庚、钱学森、李四光等。至于新中国成立后的 1949—1960 年代中期，由于国际政治的因素，派遣出国的留学生主要是前往苏联和东欧，前往西欧和北美的学生寥寥无几。

改革开放后，随着中美关系的改善，在知名学者如李政道教授的支持推动下，一批物理学方面的学生通过“中美物理联合招生”（China-U.S. Physics Examination and Application，下文简称为 CUSPEA）项目得以赴美深造。受到该项目的启发，随后吴瑞教授又发起了生物化学领域的 CUSBEA（China-United States Biochemishry Examination and Application，中美生物化学联合招生）项目，这两个公派留学项目对我国的人才培养产生了极其深远的影响。

图 8-5　沈克琦（左）与李政道（右）博士在交谈
（图片来源：沈克琦家人提供）

1979 年李政道教授应中国科学院邀请在研究生院系统讲课。在此期间李先生发现了一些优秀的研究生。他对他们进行口试，并用哥伦比亚大学攻读博士生资格考试的试题进行笔试。最后推荐 5 名学生于当年赴哥伦比亚大学学习，该大学提供留学资助，由此开了中美合作选送留美研究生之先河。1979 年 11 月，李政道教授向当时任中科院副院长的严济慈教授建议，可选送更多的学生去哥伦比亚大学物理系，遂于 12 月底在北京进行了第二次选拔考试。考试结果十分令人满意，不仅选送 3 人去哥伦比亚大学，还另外推荐了 10 名学生，分别进入纽约市立大学（CCNY）、弗吉尼亚大学等六所大学学习，并全部获得资助。这是两次成功的尝试，这两批学生的选派成为 CUSPEA 项目运行模式的雏形。

1980 年 4 月，中科院研究生院、北京大学等单位正式成立中美联合招考物理类赴美研究生项目委员会和办公室。国内方面由方毅副总理亲自主持，中国科学院研究生院吴塘副院长、北京大学沈克琦副校长负责日常工作。老一辈物理学家王竹溪、马大猷、谈镐生、沈克琦、赵凯华等先后主持了物理考试的阅卷，美国 76 所大学参与了此项目。CUSPEA 试题与当时中国高校的物理教育有一定距离，于是沈克琦组织北大物理系的老师先分析试题，之后举办了包括与物理学关系密切的多学科的知识讲座，扩大学生的知识面，听课者达数百人。中国每年有 600 多名学生参加 CUSPEA 考试，在全国设了十多个考点，由 CUSPEA 办公室派专人携卷前往，在各地大学的协助下组织考试。全部试卷在北京评阅，英语试卷由中国科学技术大学研究生院和北京大学教师命题并阅卷。物理试卷由美国大学命题，试题先寄到北大，复制后派专人同时分送到全国十几个考场。既要严格保密，又要准确无误。物理学科的阅卷教师来自全国 20 几所大学，前后共有 200 多人参加。在阅卷过程中，先经过试评，集体讨论评分标准，然后进行评阅（每道试题分别由 2—3 人评阅）。成绩汇总后由 CUSPEA 委员会决定本年度的推荐标准及推荐学生名单。委员会由中国科学院副院长兼研究生院院长、物理学家严济慈教授任主席，成员包括国家教委（教育部）和中国科学院的领导及许多物理学家。

为了了解和评价 CUSPEA 项目进展情况，在连续 5 年选派留学生出国

图 8–6　1985 年 2 月，沈克琦在加州理工学院访问期间，在入住的招待所据说是爱因斯坦下榻过的房间摄影留念

深造后，1985 年 1 月教育部和中国科学院联合派出访美代表团，沈克琦任团长。代表团与美国大学的教授接触，并与来自 57 所大学的 450 名 CUSPEA 学生面谈。通过座谈及访问，代表团了解到绝大多数学生学习勤奋、学业优秀，多获好评。CUSPEA 项目原定期限为五年，鉴于项目的运行顺利和继续派遣留学生的需求，教育部建议，并经李政道教授同意，此项目延长四年，但每年选派人数适当减少，由每年 100 多人减至 75 人左右。最后一批学生的派出是 1989 年。包括 1979 年、1980 年两批学生在内，共选派了 915 名学生赴美深造，其中选自北京大学的共 202 人。CUSPEA 学者完成学业后或从事理论物理、实验物理、材料科学、信息科学、生命科学等多方面的研究，或活跃在高科技企业、金融和经济、法律等很多领域。

图 8–7　2002 年 6 月，沈克琦在 21 世纪物理学和中国的发展会议上发言
（图片来源：沈克琦家人提供）

美国高等教育对“专才”的培训，主要是在研究院与高等专科学院的教育与训练上。也正是在这方面每年吸引了成千上万的留学生到美国接受深入训练，其中不乏从中国大陆、香港、台湾三地而来的华人学生。70 年代末，国内“文化大革命”结束不久，高等教育还在重建之中。中美大学间失去联系多年，美国招生使用的成绩单、介绍信等手段在中国高校不常见，其可信性很难评估，TOEFL（The Test of English as a Foreign Language）和 GRE(Graduate Record Examination) 也没有在中国开展。李政道教授以自己在美国学术界的崇高威望和报效祖国的赤胆忠心，独辟蹊径创立的 CUSPEA 项目自然为中国大学毕业生赴美深造开辟了一条新的途径，CUSPEA 考生大多被美国名校录取。历届 CUSPEA 考试名列前十名的学子（共计 100 位），60% 以上分布在加州理工学院、普林斯顿大学、加州大学伯克利分校、伊利诺伊大学香槟分校（University of Illinois at Urbana-Champaign）和哥伦比亚大学。

图 8-8　沈克琦（左）、北京大学丁石孙（中）与李政道（右）交谈（1987 年左右）

CUSPEA 项目凝聚着中美双方教育、科研人员之间的密切合作和深厚友谊，是两国热心学术交流的学者共同努力的结果。它是我国 20 世纪 70—80 年代有组织、有计划派遣留学生的重大项目。一个学科持续 10 年有组织地派出近千名留学生，在历史上少有，国家对 CUSPEA 学生寄予厚望。严济慈先生说：“我始终相信，CUSPEA 同学一定会对中国和世界物理学发展做出出色贡献。”李政道教授曾勉励 CUSPEA 学生：“中国科学家必然是将来的主要人物，因此你们必须共同承担起这个历史责任。……通过你们，中国科学的将来就是世界科学的将来。你们的命运掌握在自己的手中。最后的成功，则依靠你们这一代集体的努力。”这一项目体现了李政道、沈克琦等教授为了中国科教事业煞费苦心的努力，也反映了他们对

图 8-9 沈克琦（左一）在与李政道（左二）博士交流座谈会上发言（左三为赵忠尧）

中国青年一代的热切期望。“致天下之治者在人才，成天下之才者在教化，”为了选拔最优秀的年轻人才使之得以到国外深造，教授们对 CUSPEA 项目给予始终如一的无私帮助，他们以高度的热情和认真严谨的态度为中国新一代留学生们打开了通往科学殿堂的金色大门。

沈克琦和赵凯华教授在《CUSPEA 由来与发展》这篇文章中对 CUSPA 项目给予了高度的评价。正如他们所说，我国在长期封闭以后每年派出这么多的物理学留学生是空前的，对中国科学和教育事业的发展产生了显著的影响。通过这个项目，中国的教授和学生增进了对美国一流大学研究生教育以及物理学前沿新进展的了解，看到了中美研究生教育方面的差距。学成回国的 CUSPEA 学者在国家的科研和教育领域发挥了重要作用。现仍留在国外的学者对中国科学教育事业的发展也是一支宝贵的力

图 8-10 1985 年，沈克琦（右三）访美时会见 CUSPEA 项目派出的留学生（图片来源：沈克琦家人提供）

量，他们对世界物理学的发展同样发挥了不可替代的作用。

CUSPEA 考试使我国大学物理教学的优缺点得到充分暴露。首先，我国的大学教育是成功的，CUSPEA 试题的水平相当于美国博士研究生的资格考试，而我国一批大学三、四年级的学生能以优异成绩通过这一考试。不少考生概念清晰、思路简洁，有时所答比参考答案更为巧妙，说明我国的大学本科教育重视基本概念、基本知识和基本技能的训练；学生基础扎实、作风严谨。但是，通过考试也暴露出我国高校物理教学中的弊端：重理论、轻实验，重数学演绎而对清晰的物理图像注意不够，不能紧密联系近代物理的最新成就而不断更新教学内容[①]。

1989 年，CUSPEA 项目正式结束。至今，风格类似而规模大为缩小的 Mini-CUSPEA 考试仍在举行中。从 2007 年开始，Mini-CUSPEA 考试的规模再次开始扩张。在中国方面，除了北京大学外，还包括了清华大学、复旦大学等高校。美国方面的扩张也在计划之中。而在沈克琦的心中，惟愿今年花胜去年红，诸君把酒祝东风，且共从容。

图 8-11　20 世纪 90 年代，沈克琦（左）与李政道（右）博士在交流座谈会上

博士后流动站

20 世纪 80 年代初，改革开放的春风席卷祖国大地，但十年浩劫所引发的人才问题日渐突出，科技队伍显露出青黄不接的现象，高级科技人才

① 沈克琦，等:《北大物理百年》(第二版)。北京：北京大学出版社，2013 年，第 95 页。

更是匮乏。新中国成立以来高度集中的计划经济体制和科技、教育、人事、社会福利制度存在的某些弊端，致使科技人员难以专心从事研究，人才难以合理流动，学科难以交叉发展，近亲繁殖在很多单位已成普遍现象，这已成为制约科技事业发展的阻力。

改革开放后经过数年多渠道的人才培养，在 20 世纪 80 年代中期出现了这样的情况：自 1983 年起，国家在改革开放初期派遣的公派留学生取得博士学位后陆续回国；国内从 1981 年开始恢复实施学位制度以来，也已有部分研究生获得博士学位；持续多年的 CUSPEA 和 CUSBEA 项目为学业优秀的物理及生物专业的毕业生开通了出国留学的通道，他们在国外名校师从名师刻苦攻读，涉及的专业领域十分广泛，他们完成学业后也面临着事业发展的选择。如何合理安排和使用博士生，使他们尽快成长为国家急需的高级人才，已成为落实人才强国战略的重要议题。

CUSPEA 项目的缔造者，一贯关心祖国科技教育事业和年轻人才培养的李政道一直在考虑如何在中国建立一种新机制，吸引海外留学人员回国发展。借鉴发达国家博士后制度的经验和当时我国的实际情况，他于 1983 年 3 月和 1984 年 5 月，两次给国家领导人写信，建议在中国建立博士后科研流动站，实行博士后制度。1984 年 5 月 21 日，邓小平同志专门安排与李政道见面，听取他的建议。小平同志问，既然已取得博士学位，博士已经很博了，为什么还要办博士后呢？李政道向小平同志解释：大学生是老师教学生，考试答案老师知道，学生按照老师的方法去答试题，做对了就毕业，获得学士学位。毕业后进研究生院，在硕士的基础上，老师除了上课以外，给研究生一个研究题目，对此题目老师并不知道答案，只是指出一个研究方向，研究生按老师指导的方向自己求知一个新的结果，如果老师与同行专家评议认定研究生的结果是对的，研究生就可以毕业，老师给研究生的毕业学位叫博士。但是，真正做研究，必须让学生学会并锻炼如何自己找准方向、找出方法、并找到结果，这个锻炼的阶段就是博士后。博士后与博士不同，博士一般只是按照老师选定的博士论文课题进行研究，而博士后可以参与或承担重大科研项目的研究，同时也可以根据自己的专长和爱好自行选择研究课题。

在这次会见中，李政道还向小平同志介绍了1979年他在美国专门为中国留学生设立的中美联合招考中国物理研究生项目（即CUSPEA）的进展情况。自CUSPEA项目设立后，每年约有百名中国物理系高年级学生得以进入美国一流的研究生院，并保证得到美国全部生活费用和学费的支持，直至完成博士学位。此办法后来也为生物、化学等学科采用。当时，CUSPEA学生已有四届约400位，按计划还要再办若干届。这些博士将陆续回国服务，如何妥善安排他们的工作，使他们继续发展和成长为中国需要的高级科技人才是一个十分紧迫的问题。这个问题如果解决得成功，可以影响其他学科，也会吸引更多的学者参加祖国建设；如果处理欠妥，则会使派出人员将来学成归国的信心受到相当影响。

李政道向小平同志建议，在他们回国后，为他们在国内创造一个能够继续深造的环境。同时，国内毕业的研究生也需要这样的环境。因此，可否在国内先设立十几个博士后科研流动站为试点，这样可保证人才流动，使其学有所用，研究单位也可建站选人。将来几百个站、几千个站，将使全国青年学者都可以在良好的环境中深造，产生新的活力。

小平同志对此建议表示赞赏。他说，博士后对他来说是新事物、新名词，他第一次听到。成千上万的留学人员回来是很大问题。现在对回来的人不晓得怎样使用。设立博士后流动站是一个培养和使用科技人才的新方法，这个方法很好，他赞成。培养和使用相结合，在使用中培养，在培养和使用中发现更高级的人才。以后各行各业都可以参照这个办法。建10个博士后流动站太少，要建立成百上千的流动站，形成培养和使用科技人才的制度。

当时祖国处于百废待兴的时期，科技人员在科研条件、生活状况及其相关的体制上均存在许多有待解决的问题，李政道深深感到那时实行博士后制度，还必须采取得力措施，为博士后们创造比较好的科研和生活条件，才能取得预期的效果。为此，李政道向小平同志建议由国家拨专款，建造一批博士后公寓，专供博士后使用；建立博士后基金，资助优秀博士后开展科研活动；建立博士后日常经费，为博士后科研、生活提供必要的费用保障。此外，他还建议，博士后期间的编制不纳入各单位，以避免当时重点院校和科研单位普遍超编、不能容纳新人的困难；本单位培养的博士不能利用这新设立的制度，进入本单位设置的同一学科的流动站，博士后在站期满后必须离站，形成必然的流动；博士后公寓随着不同批次博士后的出站和进站而交替使用；博士后人员及其配偶子女的户口随博士后本人流动；在建议中他还鼓励青年博士向国外第一流学院竞争博士后职位，允许从国外回来的博士再次到国外做博士后，以保持与科学前沿的接触；博士后站不宜全部集中在北京、上海，在东北、西北、西南地区也应精选一些高等学校和研究单位尝试性地设立站点等等。

邓小平同志正是根据李政道博士的建议，亲自决策于1985年开始实行博士后制度。1985年7月，小平同志再次会见了李政道博士。当李先生向小平同志说，博士后每人每年日常经费仅8000元是不够的，需增加到1.2万元比较合适时，小平同志马上说："就这么定了，1.2万元。"之后，小平同志在听取有关方面负责人汇报时，还说："人是最宝贵的财富。我们有几万留学生在国外，这是财富，要争取他们回来。我们要加强同他们的联系。一个是搞博士后的方法，一个是特区、开放城市招聘留学生的方法。把他们吸引回来，还要想更多的方法。博士后只是一小部分人，要从更多的方面来考虑。有许多框框束缚我们，要改革。招聘要有对象，有名单。要赶快搞规划。尤其是科学研究机构，现在就要去招聘，把最优秀的先招聘回来。所谓少讲空话，多做实事，这就是实事，要落实到单位，落实到人，最优秀的，招聘的条件要提高。"

在邓小平同志的密切关注下，李政道先生关于建立博士后流动站的建议很快得以落实。1985年7月，即小平同志会见李政道的当月，国务院正式批准了原国家科委、教育部和中国科学院《关于试办博士后流动站的报告》，标志着独具特色的中国博士后制度正式创立。

在和李政道博士合作多年成功实施CUSPEA项目之后，沈克琦再度与李博士携手，1985年7月，他受命担任全国博士后科研流动站管理协调委员会委员，参与建立中国的博士后制度，在高等院校和科研机构设立博士后流动站。

1989年，为加强博士后科学基金的评审、管理和使用，广开基金来源，开展与国内外各种基金组织的交流合作，李政道先生又向国家建议成立中国博士后科学基金会。经中国人民银行批准，民政部登记注册，1990年5月，中国博士后科学基金会正式成立，沈克琦出任首届理事长。

中国博士后科学基金会的决策机构是理事会，理事会设理事长、副理事长和秘书长，副理事长兼秘书长，是基金会的执行理事长，并兼任基金会法人；25名理事由热心博士后事业的国内著名专家和与基金会业务工作密切相关的专业人员组成。理事会每年召开2次会议，每届任期5年。

博士后制度在中国建立30多年来，成为吸引高端人才、前沿课题研究、助推人才成长、引领科技创新的重要平台，有效地推动了国家科教事业的发展。沈克琦作为中国博士后制度创立初期的主要奠基人之一，付出了巨大的心血。从CUSPEA项目到中国博士后流动站的建立，使得他与李政道博士的关系早已不再局限于40年代西南联大的校友，而是为新中国物理事业和高等教育事业的发展共同拼搏、无私奉献的亲密同事和精诚合作的好友。

高教自考“领航”

1980年11月，沈克琦担任北京市高等教育自学考试委员会副主任和全国高等教育自学考试指导委员会副主任，主持编写自考课程的考试大纲、教材和自学指导书，共计140多万字，并主持命题工作多年。当今的自学用书中，自然基础类的必读书之一《自然科学基础》（全国组编本）即为沈克琦主编。

高等教育自学考试简称自考，1981年经国务院批准创立，是个人自学、社会助学和国家考试相结合的高等教育形式，也是中国社会主义高等教育体系的重要组成部分。其任务是通过国家考试促进广泛的个人自学和社会助学活动，贯彻宪法鼓励自学成才的有关规定，进行以学历考试为主的高等教育国家考试。其目的是造就和选拔德才兼备的专门人才，提高全民族的思想道德、科学文化素质，适应社会主义现代化建设的需要。自考制度酝酿于20世纪70年代末，创建于20世纪80年代初，1981—1982年，高等教育自学考试先后在京、津、沪三市和辽宁省试点，并于1983年在全国推广至今。

翻开北京市高等教育自学考试年谱（1978—2001年），沈克琦回忆起经年往事，静水流深，沧笙踏歌，过去的一切历历在目，那些为之晨兴夜寐、辗转反侧的日子一幕幕浮现在眼前，恍如昨日。

1980年11月，沈克琦担任北京市高等教育自学考试委员会副主任和全国高等教育自学考试指导委员会副主任。

1983年5月3日，国务院批转教育部、国家计委、劳动人事部和财政部《关于成立全国高等教育自学考试指导委员会的指示》（国发[1983]78号），同意逐步推广自学考试，要求各省、市、自治区人民政府认真进行准备，逐步建立本地区的高等教育自学考试指导委员会。第一届全国高等教育自学考试指导委员会主任为何东昌（前教育部部长），副主任为沈克琦等。

1989年1月26日，全国高等教育自学考试指导委员会召开在京委员会议。出席会议的有：臧伯平、邵华泽、沈克琦、张国华、朱德熙、李震中、安民、何兹全、施谨等及中宣部、中组部、财政部、人事部有关部门的代表。会议认为：要继续抓好自学考试的质量；不断加强充实稳定自学考试机构和队伍；加强自学考试的宣传报道，表彰优秀考生；完善自学考试制度，适应社会经济发展的需求。

1991年4月19日，经国务院批准，全国高等教育自学考试指导委员会正、副主任进行调整，沈克琦仍担任副主任。

2001年1月18日，全国考委召开了在京自学考试老领导、老专家春节茶话会。何东昌、朱开轩、臧伯平、邹时炎、王明达、白介夫、顾明远、蔡克勇、叶培大、黄铁城、梁柱、沈克琦、何兹全、何俊、施瑾等与会并发言。这时的沈克琦已经是耄耋之年，可是一谈起自己为之操劳多年的高等教育自学考试，这位老人仍然神采奕奕，言语之间满满的都是对这一工作的关切顾念。

自学考试在20年前应运而生，当时解决了大量失学知识青年学习和学历问题。在沈克琦等许多学者专家的努力下，从“小荷才露尖尖角”到“早有蜻蜓立上头”：一方面参加考试的人数增加了，另一方面，“十步之内，必有芳草”，一批被“文化大革命”耽误或无缘进入大学之门的有志青年伴随着自学、自考成长起来，对富国强国的事业做出了贡献。高教自考之所以具有强大的生命力，是因为社会进步、教育发展和人才培养既要有主渠道，也需要多样化，这样才能真正满足社会、家庭及个人的多元化需求。

在谈及自学考试在新世纪面临的机遇与挑战时，沈克琦也提出了自己独到的看法：在他看来，自学考试的发展依托社会助学，这本来是个好事，可是在准备自考时也出现了应试教育，你考什么我就教什么，猜题押题，只问结果，忽视过程，这对人才的培养不利。助学的问题是两面的，一来它确实对考生的学习大有裨益；二来如果自学考试也用应试教育的模式来搞，就不见得可取。考试人数暂时少一点没有关系，沈克琦表示自己赞成这一做法，关键是看自学考试这个制度在国家发展中、在促进人才成长中起的作用，这才是最主要的。沈克琦建议以课程为核心推动自学考试的改革：现在社会发展日新月异，科技进步也非常迅猛，大有“长江后浪推前浪，世上今人胜古人”之势，因此在职人员需要知识更新，需要继续学习，比如计算机、英语等课程。而且如果有部分在职人员已经重拾课本，对他学习成果的好坏应该通过一定的考试进行认定。这样的话，自学考试就可以发挥积极作用，对促进在职人员知识更新、用人部门正确使用人才都有益处，自学考试就能够大有作为。沈克琦指出，人才流动是社会发展的必然趋势，且人才流动往往伴随着业务转型，一旦更换工作，必然要比较系统地学习另一方面的知识，相信自考在这方面也能充分发挥作用。有的人学习的目的是获得第二学位，但是多数人自学并不是要拿第二学位，而只是要补充另一方面的知识，自我充电、如虎添翼，工作可以做得更好[①]。

中心藏之，何日忘之？即使离开了自己朝夕与共的讲台和办公桌，沈克琦日日所思、夜夜所念，仍然关乎教育，特别是高等教育的各个方面。

---

① 沈克琦：自考，20年的辉煌路。《中国教育报》，2001年8月29日。

他曾经是当代教育改革的领头人，在最初的日子里物力维艰、筚路蓝缕才取得了之后有目共睹的成就；而现在，他的思想依旧站在时代之巅，以一份岁月沉淀下的从容睿智，指引着乘风破浪而去的年轻一代。

高校遥感联合

遥感技术最先发源于20世纪60年代，美国人用一系列人造卫星和宇宙飞船从宇宙空间对地球进行摄影，实现了从几百千米外观察我们生存的这颗星球的技术突破，由此拉开了结合红外、计算机、通信等各方面技术的遥感科学发展的序幕。苏联、欧洲也紧随其后，相继展开了对卫星遥感技术的热烈讨论和积极研究。相较于西方国家在外太空展开猛烈的空天技术竞争，由于受到科学条件的限制，我国对卫星观测技术的发展相对滞后。然而政府也充分意识到了发展遥感技术、发射人造卫星的重要性，这不仅是为航空航天事业发展提供有力的工具，还能用于监测和管理农业、林业等地理资源，甚至还可以远距离考察地下矿产的蕴藏及探明考古遗迹，应用领域十分广泛，有很高的发展前景和价值。自从遥感技术引入国内，业内专家就与其他国家保持着密切的合作，积蓄力量等待能够独立从事研究、达到世界领先水平的那一日。

如果说60年代是中国遥感技术起步的十年，那80年代就是中国遥感技术开拓的十年。成立国家遥感中心，将普查卫星、通信卫星、气象卫星送入太空、遥感技术的发展和应用被列入第六个和第七个五年科技攻关计划、国民经济和社会发展的35项关键技术之一，得到国家稳定和持续的支持。

北大未名湖畔，博雅塔前坐落着一座外观略显陈旧的老楼——遥感楼，楼上挂了三块牌子：北京大学遥感技术与应用研究中心、国家遥感中心技术培训部和教育部高校联合遥感应用研究中心。这三块牌子意味着三个机构分别承担了既相互关联又各有特色的三方面工作。研究所主要任务是培养研究生和开展科学研究；技术培训部承担一些全国性遥感人才的培训任务和国家遥感中心交办的科研任务以及国内外学术会议的组织等工作；联合中心组织各校共同承担重大科研、开发项目、咨询服务，国内学术会议的组织，组团参加国际会议，出版科研成果等任务。

北大最早涉足遥感领域的工作是接收气象云图。1981 年国家遥感中心成立，技术培训部设于北大，负责培训研究生和举办国内外高级遥感培训班，并承担相应的遥感科研任务。1983 年 6 月，北大地质地理系遥感应用研究所独立出来，沈克琦被任命为研究所所长，陈凯、承继成任副所长。1984 年 7 月 28 日—8 月 12 日，为北大与加拿大遥感中心商谈合办遥感培训班一事，沈克琦参加国家科委率领的代表团赴加拿大访问并签订协议。他们先后走访了温哥华、渥太华、多伦多、滑铁卢等城市。1985 年，北京大学、浙江大学、南京大学、内蒙古大学等 11 所高校联合成立了直接隶属于国家教委的高校联合遥感应用研究中心，沈克琦被任命为中心主任。该中心成立后在联合高校遥感力量开展遥感协作研究方面起了积极作用，沈克琦呕心沥血，集合多所优秀大学的科研力量共同为中国遥感探测技术添砖加瓦。至此，我国终于逐步建立起了完善的遥感研究体系，在多项技

图 8–12　1984 年 7 月 28 日—8 月 12 日，沈克琦（左一）与遥感所同事出访加拿大合影。（图片来源：沈克琦家人提供）

术上逐渐赶上并超过了国际先进水平。

1983年，北大遥感所与南京大学、北京师范大学、华东师范大学、东北师范大学和内蒙古大学等六所学校联合开展国家科委下达的“六五”科技攻关项目，该项目得到国家科委遥感中心和教育部的大力支持和指导，最终提交了成果《遥感在内蒙古草场资源调查中的应用研究》。在合作过程中，北大遥感所与兄弟院校的合作十分愉快，也为各校培养了一批我国遥感事业的骨干。北大遥感所同时成为国家遥感中心技术培训部，曾多次举办国际性高级遥感培训班，聘请国内外专家授课，在国际上产生了一定的影响[①]。

沈克琦任所长期间，事务繁多，主要精力投入学校的工作，对遥感所的日常事务管理不多，但在大政方针、发展方向及对外联络方面发挥了重要作用，很多工作是开创性的。日常工作主要由承继成、陈凯、马蔼乃、毛赞猷、石世民、徐希孺、刘燕君、范心圻、潘德扬等老师承担，在大家的共同努力下，北京大学遥感学科的建设以起点高、速度快、影响大、综合实力强而享誉全国。1984年3月，沈克琦不再担任副校长职务，原拟从事遥感物理研究，但遗憾的是后来因一系列其他安排而未能如愿。首先是教育部安排沈克琦参与筹建烟台大学，投入了较多精力；同时沈克琦任北大校务委员会副主任，须承担有关工作；加之其在物理学会的工作任务加重。1991年10月，年满70岁的沈克琦办理了离休手续，之后再未参与遥感所的事务。

参与遥感所工作十余年，沈克琦和同事们共事十分愉快。遥感所同事们身上优秀的精神品质给沈克琦留下了深刻印象，那就是：①开拓创新精神，因为从事的是新兴学科，所以必须不断开拓创新；②通力协作精神，在许多横向联合的项目中正是依靠各单位的精诚合作才能取得各项成绩；③严谨治学的精神，无论是教学还是科研都离不开严谨科学的态度[②]。这三种精神贯穿于遥感所30年的发展历史，也是遥感所取得辉煌成就的重要保障。

---

① 沈克琦访谈，2014年1月22日，北京。资料现存于采集工程数据库。

② 同上。

第九章
物理教育的中流砥柱

振兴物理系

1977 年 8 月，邓小平在科学和教育座谈会上的讲话中否定了“两个估计”，为教育界和知识分子撤除了紧箍咒，该年 10 月决定恢复 1966 年被明令取消了的大学招生考试制度。当年全国有 570 万青年报考，获得了被剥夺 10 年的公平竞争机会。这项决定在中国教育史上有深远的历史意义，使高等教育冲开了长期的禁锢，走上正常培养人才的道路。

在此大背景之下，北大物理系的教学秩序开始恢复。“文化大革命”期间校系领导机构称为“革命委员会”，主任一般由“工宣队”或“军宣队”成员担任。“工宣队”和“军宣队”的全称是“首都工人、解放军毛泽东思想宣传队”，自从 1968 年进驻北大后，北大的一切全由其领导。1975 年 8 月，沈克琦刚被“解放”出来不久，即被任命为物理系革委会副主任；1979 年 1 月，北大物理系正式恢复原来的行政建制，褚圣麟为系主任，沈克琦则从物理系革命委员会副主任转任该系副主任。

在课程设置方面，沈克琦的基本观点是要重视基础课程。早在“文化大革命”之前，沈克琦担任副主任时就主张加强基础课教学。他认为：要掌握现代物理学内容，物理系学生应该系统学习理论物理知识，但内容应适当精简。“文化大革命”后期，他刚进入系领导班子，满怀抱负想继续实现自己的构想，但在“反右倾回潮”时沈克琦又以“复旧”罪名遭到批判，他的这一主张未能得到认可。20 世纪 50 年代学习苏联的教育体制后，对学生的教育过于“专门化”，知识结构的过于专深致使毕业生分配越来越不能对口。本科生培养本应注重夯实基础，拓宽视野，到研究生阶段再在某一专业深入钻研。当时的做法把所有本科生不加筛选地一律培养到近乎研究生水平，其实是不符合实际的。教学改革开始后，沈克琦等人认为应当强化基础课程，缩减高深的理论课和专门化课程的学时。“文化大革命”前沈克琦就已经考虑到这个问题，当时设想将本科学制从六年改为五年，保留专门化课程但不求系统，毕业论文还要做，为的是使学生不仅具有扎实的基础知识，而且得到一定的科学研究训练。当时为了削减学时，计划把理论物理课的学时大加缩减，只讲授全物理专业共同需要的基本内容，把非基本的、难度过高的内容删去。但这些想法因为“文化大革命”而未实行。如今旧事重提，由于学生不再搞那么多的“阶级斗争”和生产劳动，学制完全可以缩短到四年。1979 年经校务委员会通过，物理系只设物理学一个专业，下设六个选修组：①理论物理；②激光物理；③半导体物理；④金属物理；⑤低温物理；⑥磁学，学制均为四年。

理论物理学有著名的四大力学：理论力学、电动力学、量子力学、热力学和统计物理，当时有一些参与课程设置的人提议这些课程难度太大，过于艰深，没有设置的必要。沈克琦则不这么认为。一年之前沈克琦曾经有过带领高等教育代表团访美的经历，在美国，不仅是物理学专业，有很多工科专业也设置了理论物理课。随着自然科学的发展，量子力学等知识已经从当初的前沿科学发展为有广泛应用前景的科学，并成为诸多新兴科学的基础，不仅是科研人员需要掌握，很多工科的学生也必须有所涉猎。北大物理系的学生应该有坚实的基础，所以最终制定教育计划时包含了这些课程，但适当降低了要求，由以前的每门课一学年改为一学期，每周四学时。

1981 年以后物理系由学年学时制改为学分管理制，过去的专门化课程变成了非限制性选修课，后来要求选这类课程的总学时进一步减少，而且每个学生不一定局限于一个选修方向，甚至可以选其他系（如数学系、化学系、生物系，甚至经济系）的一部分课程来取代。毕业论文也不限于在本系或本校内找导师，不少学生找了中国科学院研究所的研究员作导师。以后 20 多年教学计划只作了些局部的调整，如减少了一些高等数学课时，增加了一些计算机方面的课程和训练，但没有本质性的变化。

恢复高考后，物理系 77 级招生的质量在全校名列前茅，“宽口径、重基础”的培养模式为他们今后的继续深造或服务社会奠定了良好的基础。而对于因“文化大革命”被迫中止学业，于 1968—1970 年陆续毕业的学生，学校也没有忘记他们。在向教育部打报告获得批准后，1978 年 3 月北京大学公布了招生简章，提出“为了迅速培养一批高等学校基础课师资，以适应高等教育事业发展的需要。北京大学举办一期两年制进修班，招收 1963、1964 和 1965 年入学的北大毕业生“‘回炉’进修、提高”。“回炉班”的学员 1978 年 10 月入学，1980 年 7 月结业。全校共招收 456 人，物理系招了 88 人，比原定计划 50—60 人超出很多。“回炉班”为学生重点补习三年级以上的课程，授课的都是经验丰富的教员。这批学生毕业后许多人到高校工作，发挥自己的专业特长，成为工作中的骨干；还有一些提前考取了出国研究生，在国外发展得也很好。

学会兼职忙

因为长期奋战在高等教育第一线，且从事大量的教学管理工作，沈克琦的工作能力和业绩得到广泛的认可，工作范围也逐渐跳出北大。陆续开始承担全国范围内的物理教育工作。1963—1987 年，沈克琦任中国物理学会副秘书长、常务理事，1987—1991 年任副理事长，1980—1991 年兼任物理教学研究委员会主任委员，在常务理事会中长期分管有关物理教学的活动。为进行教育改革和提高教学质量，物理教学研究委员会在1980—1991年期间召开过5次教学研究委员会全体会议，他在每次工作报告中都对物理教学改革存在的问题阐述了自己的观点和建议，这些都体现了他自己在第一线多年实践的经验和深入的思考。教学委员会组织了数十次全国性的教学研讨会和经验交流活动，涉及综合性大学和师范院校物理专业培养目标、教学计划、普通物理实验、近代物理实验、演示实验、微机在实验教学中的应用、基础课教学内容改革、物理人才作用研究、研究生培养、大中学物理衔接问题、中学物理教材、物理学史等多个方面，这些会议多半与教育部理科物理教材编审委员会合办，会上对教育改革的指导思想和做法提出不少建议。这些建议和内容丰富的交流对全国物理教学质量的提高起了促进作用。为了充分调动各方面的积极性，物理教学研究委员会下分设中学、高等工科院校、高等工专、高等师专、农林院校、教育学院、电大等七个物理教学分委员会，分别就各领域的教学和师资培养等问题展开研讨和交流活动。

由于早年曾从事中学物理教学三年，沈克琦对中学教学深有感情，到大学后更体会到大学教育的成绩与生源的水平有极大的关系。他曾说北大物理系毕业生水平较高，至少有一半应归功于他们在中学所受到的培养。因此他一贯关心中学物理教学，在任物理教学研究委员会主任期间，积极参加有关中学物理教学的活动。他关心和支持以中学物理教学为主的刊物《物理教学》，曾认真审阅《物理教学》英文版所选用的文章，多次参加由《物理教学》编辑部承办的“全国中学物理特级教师会议”和“全国青年物理教师教学大奖赛”，在会上发表了有指导意义的讲话。

沈克琦认为中学物理教育要着重培养学生的能力。他希望培养出来的学生基础知识学得比较扎实，能比较灵活地运用所学知识，而且具有获得新知识的能力。因此他主张适当减轻学生的学习负担，使学生摆脱被动状态而能主动地进行学习，把基本概念和基本原理真正弄懂，通过自己独立运用原理解决问题获得分析问题和解决问题的能力。真正掌握并能灵活运用知识的人，可以举一反三，而且可以在此基础上自己去学习没有学过的东西。沈克琦很不赞成使用“题海战术”，他认为大量做题会压得学生喘不过气来，没有力量去消化所学的内容，用这种办法培养出来的学生，到工作岗位上不能适应工作的要求，到大学也不能适应大学的要求，因为他不会主动进行学习。沈克琦曾经在全国中学生物理实验教学经验交流会上举过这样一个例子：

我国每年通过中美联合研究生考试选送一部分优秀大学毕业生去美国学习，他们出去后，与美国的研究生一起参加了一次资格考试，多数名列前茅。但最近听说有一位去某大学跟一位诺贝尔奖获得者学习的研究生，虽然考试成绩很好，但导师没有要他，因为在考完两个月后，导师问他对研究工作有何考虑时，他答不上来，说导师没有指定他干什么，导师认为他自己不去主动考虑这个问题，反映独立工作能力差，就不要他了。这反映了我们教学中的严重问题。他是优秀学生，但习惯于听老师的话行事，没有独立思考和行动的习惯，这种状况如何能赶超世界先进水平呢？美国学生的作风就大不一样，他们敢于提问题，不怕提得不当见笑于人，有创造性，有股闯劲，在工作中又是扎扎实实的。有的中国学生还认为老师应该什么都会，如果老师说不会，就觉得大为惊奇，老师也认为自己应该能回答学生的一切问题，这些都是不对的。

沈克琦认为中学物理教学要面向大多数而不能只面向上大学的少数。高中毕业生毕业后绝大多数是就业而不是升学，即使是重点中学，也有很多学生毕业后是就业的。他认为学生在学校中所受到的教育是有限的、阶段性的，而在工作岗位上、在生产实践过程中则应受到更多、时间更长的教育，所以他强调终身教育。学校教育的任务是为此打下良好的基础，中学教育的内容应该根据国家对这个大多数的要求来确定，就是要扎实地打好基础，认真地培养能力。另一方面，沈克琦认为在面向大多数的前提下，要贯彻因材施教的原则，采取多种形式，包括开展课外科技活动等，使学有余力的学生能学得更多更好。在安排这种活动时不要简单地把大学课程内容搬过来，也不要搞得分量很重，要使学生有时间阅读报纸、杂志，阅读文学作品和历史书籍，开展各种文体活动，以利于学生生动活泼地全面发展。

沈克琦对实验教学特别重视。这与早年他在西南联大的求学经历有关，当时尽管物质条件极为艰苦，西南联大仍每年开设实验课程，保证了对学生的全面培养。后来在北大物理系工作时，沈克琦就十分重视基础课实验室的恢复与建设。沈克琦把这一看法带到了中学教学里，他认为实验教学是中学物理教学极为重要的组成部分，实验教学与理论讲授相配合，有利于学生对物理概念和原理的深入理解和掌握，有利于培养学生的动手能力和科学作风，有利于因材施教，调动学生的主观能动性。由于当时教育经费不能满足实际需求，无力大量购置仪器，所以沈克琦提倡用简单仪器做实验。这样做有几个好处：①用简单仪器可以把物理过程明显地展示在学生面前，而复杂的仪器有时反而会把物理过程掩盖起来；②用复杂的仪器会分散学生的注意力，使他们花很多精力去熟悉仪器而不能集中精力观察物理现象，③简单的仪器有利于放手让学生自己动手做实验，对培养学生的能力更为有效。如用复杂的仪器，为了保护仪器只能允许学生小心翼翼地按照老师的指示动作，将会束缚学生的主动性与积极性。为此他在实验教学经验交流会上，除论文交流外还特地举办自制教学仪器展览并进行评奖，这对学校领导重视实验教学、加大投入起了促进作用，许多实验课老师也由此得到了鼓励。

沈克琦还认为培养和提高师资水平是进行教学改革、提高教学质量的关键，“师资水平”包括教育思想水平和对物理学的理解、掌握的水平两个方面。他提议教育部门要分批分期地在本地区或本校安排教师进修，不合格及基础差的教师更需要系统学习；即使是合格的教师，甚至是骨干教师，也要进一步提高，有机会还要安排系统的学习与进修，并倡导各地物理学会和大学教师予以配合和协助。同时他还要求中学教师在进修掌握教学内容以后，也要善于总结好的教学方法，要按照教学工作的规律进行教学。要认真研究学生学习科学知识的规律，在教学实践中不断积累经验，并认真进行总结、提高和推广。

1985 年 9 月沈克琦被任命为国家教委全国中小学教材审定委员会副主任，参与有关中小学课程计划、教学大纲的制定、修订和教材审查工作。在物理教材审查工作中，他对教材中的科学性问题尤其认真，包括语言的科学性和逻辑的严密性，在保证教材质量上发挥了把关的作用。

除了课堂上使用的教材之外，沈克琦还很重视课外的科普工作。解放初期他曾与北大物理系教师一起为中央人民广播电台科普讲座“电学常识”撰稿，最后汇集成《电学常识》一书出版。1964年起担任由北京市科协编辑、北京出版社出版的《自然科学小丛书》物理分科的编委，1979年起任丛书编委兼物理分科编委。80年代任科学普及出版社《中学物理辅导员丛书》主编；1985—1990年任中国青少年科技辅导员协会副理事长；1980—1986年任北京市科协副主席；1986—1990年任北京市青少年科技辅导员协会理事长等职务。这些任职对他而言不仅是个头衔，更重要的是一份责任、一份奉献，多年来他经常满腔热情地亲自给中学生回信以解答问题、指导帮助。

沈克琦在素质教育方面也有自己独到的见解。当时倡导素质教育的人大致分两派。一派认为素质教育的关键是“特长教育”、“文娱教育”，培养学生唱歌跳舞绘画等能力，而凡是书本上的知识都与素质教育相悖；另一派认为素质教育就是思想教育，重点是要多给学生上政治课、思想课，提高学生的思想觉悟。沈克琦对这两种看法都不赞同。在他看来，调动学生的主观能动性，激发学生的学习兴趣，启发学生主动思考问题并通过自己的实践去掌握知识，为学生创造发挥他们主动性的可能性与条件才是素质教育的关键。他希望培养出来的学生基础知识学得既宽广又扎实，能比较灵活地运用所学知识，而且具有获得主动新知识的能力，“在教学中必须把学生看为具有主观能动性的‘人’，而不要把学生当作一个被动地接受知识的对象”，沈克琦总这样强调。

沈克琦提议有关教育行政部门在推进素质教育改革，制定课程方案时要增加多样性，改变统得过死的现状，给学校较大的自主权。要根据素质教育的要求对课程教学内容进行分析研究。如：对于一个进入现代社会的学生，本门课程应该提供他哪些必需的核心知识？这些知识是否能为他今后主动获取新知识和评价新知识提供良好的基础？本门学科在全面提高学生素质方面能够做些什么和如何在教学过程中予以落实？同时，中学学校应对学科教育保持正确的认识。作为素质教育的主要载体，学科教育在培养学生的学习兴趣，激发学生追求科学真理的愿望；培养学生追求勤于实践、实事求是、勇于创新的精神与作风；通过教学过程和科学史上的伟大人物及伟大发现的榜样教会学生尊重客观规律，追求真理，虚心听取他人意见，互相团结协作，正确认识个人与集体以及社会关系，民主精神和奉献精神等方面的极大作用都应该在教学过程中体现出来。沈克琦的这一观点为素质教育指明了方向，即学科教育与素质教育并非对立面，相反，两者其实是相辅相成的。

开拓竞赛路

1978 年 8 月，中国物理学会年会于庐山召开，会上代表们纷纷提出为激发中学生学习物理的热情和兴趣，同时也为促进中学对培养特别优秀学生的重视，应当恢复中学生物理竞赛。后来，时任中国物理学会副秘书长的沈克琦将这一建议写入了大会的总结报告中，并开始为物理竞赛的组织工作四处奔波、积极筹备，动员中国科协、教育部、各地科协、教育厅（局）等各方力量加入到竞赛的筹备中来。1979 年，中学生物理竞赛便在我国 20 个省、自治区与直辖市如火如荼地开展了起来。当时沈克琦正任职北京大学副校长，同时担任中国物理学会副秘书长，以后又兼任物理学会教学研究委员会主任，另外还有其他许多任职，工作十分繁忙。但沈克琦在百忙之中依然对物理竞赛的组织工作十分关心，倾注了大量的心血。他曾多次邀请专家、教授在中央电视台作相关辅导报告，并亲自为科学普及出版社汇集各省市竞赛题出版的《中学生物理竞赛题解》一书担任终审并撰写前言。沈克琦看到物理竞赛在提高中学生学习物理的积极性和中学物理课的教学质量上起到的作用，非常欣喜。他在前言中，深情地对中学生们写道：“希望中学同学们不仅要注意学好书本知识，而且要能跳出那个圈子，到更为广阔的客观世界和科技天地中去探求知识，以便学得更好，使自己成长为一个能适应祖国四化需要的社会主义建设人才。”

1983 年，中国物理学会科学普及工作委员会提出举行全国中学生物理竞赛的倡议。自 1984 年起，中国物理学会每年举办一次全国中学生物理竞赛。由中国物理学会组织的全国中学生物理竞赛委员会负责组织及制定竞赛章程，全国委员会又由物理教授、中学教师及各省（市、自治区）负责本地区竞赛事务的省（市、自治区）竞赛委员会的代表组成。沈克琦在已经身兼多职、工作繁忙的情况下，依然十分愿意担任全国竞赛委员会主任一职，成为全国中学生物理竞赛的主要开创者和领导者之一。沈克琦十分重视竞赛事业的发展，并为此做了大量工作，不论巨细、事必躬亲。在他的主持下先后制定了《全国中学生物理竞赛暂行办法》(1985)、《全国中学生物理竞赛章程》(1991)、《全国中学生物理竞赛内容提要》(1991)，对于竞赛的性质、目的、应遵循的各项原则和具体办法均做出了明确的规定，还对可能发生的各种不利因素作了预防性的规定，确保竞赛一直沿着正确、健康的轨道向前发展。在不断总结经验的基础上，沈克琦还组织制定了有关命题、考务、如何组织决赛等若干文件，并及时解决了众多有关问题，使得如此大规模、全国性的竞赛的各项活动都能有序地顺利进行。同时，沈克琦还倾力投入到竞赛命题这一费时、费脑又费力却十分重要的工作中。每年物理竞赛，命题都是一项重头任务，从初赛、复赛到决赛都要有 A、B 两套试卷，而且是从地方到全国逐级考试。沈克琦重点是对全国范围物理竞赛的试卷及答案把关，参与讨论试题的知识点分布及难题的审核等。命好一份试题，需要研读教材、制订标准、精心编制每道习题考察的知识点，既要考查学生的基础知识又要考查学生灵活运用知识的能力，还要符合改进物理教学及培养优秀学生的目的，其中困难可见一斑。早年沈克琦在担任中学物理教师期间打下的中学物理教学的扎实基础在此过程中也助益良多。

在以沈克琦为首的一批教育学家的努力下，中学生物理竞赛顺利扎根华夏大地并不断发展壮大。第一届全国中学生物理竞赛的报名人数就达到了 43079 人，到了第二届，更是增加到了 52925 人。同时，有七朵金花不让须眉，闯进决赛，改变了第一届决赛全是男同学的局面。沈克琦对此十分高兴。他在第二届竞赛授奖大会的总结中特意表达了自己的欣喜之情。沈克琦一直十分重视实验教学，他认为在实验室中，学生的兴趣能得到激发，主观能动性能得到比较充分的发挥，还可得到科学态度和科学作风的

图 9-1 1997 年，第 14 届全国中学生物理竞赛专家命题组在江西南昌合影（前排左四为沈克琦。图片来源：沈克琦家人提供）

培养。实验教学对于贯彻因材施教的原则也是比较有利的。有的学生理论知识不是学得很好，但动手能力较强，在实验过程中他能得到鼓励而加强学习的信心。看到由于竞赛对实验水平的考察，使得一些地方教育行政部门和老师更加重视实验方面的培养，参赛学生的实验水平普遍比第一届有所提高时，沈克琦高兴地表示："只要有一些重视实验的领导、老师以及实验水平较高的学生，他们一定能带动其他的同事和同学，对中学物理教学质量的提高起到一定的促进作用。"

到 1998 年沈克琦因年事已高、辞去全国中学生物理竞赛委员会主任一职时，全国已有近 100 万名中学生参与了全国中学生物理竞赛。在以沈克琦为首的全国竞赛委员会的倾力领导下，竞赛取得了巨大的成绩，有效地调动了广大中学生、特别是优秀学生学习物理的兴趣和主动性，培养和提高了他们独立思考、有创造性的科学思维能力，激发了他们献身科学事业的雄心壮志，为高等院校输送了一批又一批优秀的物理学好苗子。时任中国物理学会副理事长的北京大学物理系教授赵凯华曾表示："十多年来，竞赛为高等学校提供了很多优秀学生。我在北大的教学中就亲身体验到，不少参加过竞赛的学生科学素质很好，有独立思考的能力，思维敏锐深刻而有个性。他们有这样的基础，前途是不可限量的。”全国中学生物理竞赛已经成为培养和选拔优秀中学生、提高中学物理教学质量的一项品牌活动，受到了广大中学生的欢迎和社会各界的一致好评，在国际同行里也树立起了威望和声誉。所有这些，都是在沈克琦满腔热忱和敬业负责的主持领导下取得的，每一点成就都凝聚着沈克琦多年的心血，沈克琦得到了与这项事业有关的各方面人士的爱戴与尊敬。中国物理学会常务理事会为表彰“沈克琦先生在开创和领导全国中学生物理竞赛方面所做的贡献”，在第 15 届物理竞赛颁奖大会上宣读了表彰信并奖给沈克琦一个刻有“乐育英才”四字的景泰蓝花瓶。

表彰信内容如下：

中国物理学会举办的全国中学生物理竞赛创办于 1984 年。15 年来，这项活动在调动广大优秀中学生学习物理的兴趣和主动性、激发他们献身科学事业的雄心壮志、对培养能独立思考的有创造性的人才方面，发挥了重要作用。这项活动已在国内外物理教育界享有很好的声誉，它将在我国科教兴国的宏伟事业中发挥持久的作用。

当时任中国物理学会副理事的沈克琦先生是这项事业的主要创始人，15 年来一直领导着这项工作。沈先生身兼多职，在百忙中对竞赛工作不论巨细，事必躬亲。他团结了各方面的同志，发挥了各方面的积极性。他亲自主持制定了有关竞赛的各项原则和规章制度，保证了竞赛的健康发展。全国中学生物理竞赛取得的每项成绩，都是在沈克琦先生满腔热忱、高度负责的领导下取得的，都凝聚了沈先生多年的心血。沈先生得到了有关各方面人士的爱戴和尊敬。为此，中国物理学会特对沈克琦先生，在开创和领导全国中学生物理竞赛方面所做的贡献予以表彰，并向沈先生致以崇高的敬意。

曾担任中国物理学会常务理事以及教学委员会高等工科院校委员会主任的王殖东先生在 1998 年 10 月写了一首《临江仙·贺中物赛倡导人沈克琦教授》，诗曰：

图 9-2　1986 年，沈克琦在国际物理教育学术讨论会上致开幕词（图片来源：沈克琦家人提供）

桂花香尽秋归去，正蟹肥菊儿黄[①]。朝气青年奋争王。奥物赛夺魁，首功推沈郎。

执教多年如一日，一度大学校长。中教物理主大纲。博士基金会，学子献心香。

在国内的物理竞赛不断收获丰硕成果的同时，沈克琦开始把目光瞄准国际竞赛。国际物理奥林匹克（International Physics Olympiad，缩写为 IPhO）竞赛最早始于 1967 年的波兰华沙，开始时仅有东欧五国参加，后扩展到包括当时的苏联在内的八个国家。自 1972 年开始陆续有非东欧国家参加，后来逐渐扩大，到 20 世纪 80 年代已有欧洲、美洲、亚洲和澳洲数 10 个国家参赛，成为“促进学校物理教育方面国际交流发展”的世界性中学生物理竞赛组织机构。我国自 1986 年开始参加国际物理奥林匹克竞赛活动，派出的选手均先通过全国中学生物理竞赛选拔，然后组成集训队，集中强化培训后再选拔代表队参赛。沈克琦 1986—1991 年代表中国物理学会，负责主管选手选拔与集训等工作，成为我国国际物理奥林匹克竞赛事业的缔造者与亲历者。沈克琦还亲自动手翻译了国际物理奥林匹克竞赛的章程。

特别值得一提的是，1986 年我国与美国同时正式参加竞赛，因为我国的高理论教育水平与美国的高科技水平是举世公认的，因此该年也成为 IPhO 历史上十分特殊的一年。虽然当时我国仅派出了一只不足员（仅 3 人）的代表队参赛，但在这一次竞赛中，我国队员林晨就获得了个人第九名的好成绩。此后每年我国都派出了足员的代表队参赛，取得了较好的成绩，并在 1988 年于奥地利举办的第 19 届国际物理奥林匹克竞赛上由福

① 全国中学生物理竞赛于每年 10 月中旬举办。

建师大附中学生陈岩松斩获第一枚金牌，为我国中学物理教育界赢得了更高的荣誉，同时也展现了中华学子的聪明才智，于世人面前大有“不鸣则已，一鸣惊人”之气概。虽然我国在发展经济方面起步稍晚，给普及性教育水平的提升带来了一些困难，但参赛的成功证明了我国完全有能力自己培养出优秀的物理学人才。消息传来，整个物理教育界都沉浸在一片振奋与喜悦之中。从第五次参赛起，中国队获得的金牌数开始增多。第六、第七次的参赛成绩则更为突出，全部 10 名队员均获得了金牌，团体总分高居榜首。中国队的成绩在西方的物理教育界产生了很大的反响，几位西方物理学家在国际学术交流会议上为此专门向中国物理学家表示祝贺，称赞中国学生真是了不起。中国队在国际物理竞赛上取得的成功与国内中学生物理竞赛的蓬勃发展是休戚相关的。对此，沈克琦与赵凯华教授在《国际物理奥林匹克竞赛和全国中学生物理竞赛》一书中写道：“中国队参赛不久，在那样多欧洲强队面前能取得这样的战绩，成果来之不易。除了其他因素之外，我们认为中国物理学会举办的全国中学生物理竞赛起了很大作用。正是这一竞赛活动广泛地激发了中学生学习物理的热情和兴趣，促进了中学对培养特别优秀学生的重视，并为选拔参加国际物理奥林匹克竞赛的代表队提供了非常广阔而坚实的基础。”至 1998 年，我国共派出选手 63 名，参加了 13 届竞赛，全部载誉而归。万事开头难，正是由于以沈克琦为首的一批物理学前辈为全国中学生物理竞赛的破土萌芽、发展壮大倾注了无数心血，才会有日后中国队员在国际物理竞赛中的出色表现以及挂在他们胸前的那一块块闪闪发光的金牌。

1990 年，沈克琦以中国物理学会副理事长的身份，致函 IPhO 秘书长波兰戈茨考斯基（Gorzkowski）博士，申请举办 1994 年第 25 届国际物理奥林匹克竞赛，得到 IPhO 国际委员会的批准。1991 年 3 月中国物理学会理事会改选，沈克琦不再担任副理事长职务，但常务理事会决定，由他继续担任全国竞赛委员会主任，并协助赵凯华副理事长筹划第 25 届 IPhO，任组织委员会副主任兼学术委员会主任，负责主持竞赛命题工作。沈克琦对中国队在国际物理奥林匹克竞赛中取得的骄人成绩进行了冷静的分析，在肯定成绩的同时，指出这种试题水平与我国中学教学大纲相距甚远，前

图 9-3 2007 年 10 月底，沈克琦（左五）在深圳参与全国中学生物理竞赛组织工作（在这次会议期间，沈克琦突发脑梗住院两周多才返回北京。这也是他最后一次在京外参加会议。图片来源：沈克琦家人提供）

者的许多考察点在我国中学中没有教过，因此赛前的系统培训对队员理论部分取得优秀成绩有很大影响。但“我国选手在实验素养方面与国际先进水平尚有差距，这需要通过中学教学长期培养。在考虑改进教学，特别是考虑优秀学生如何培养时，可以适当吸收 IPhO 中对我国有用之处，但绝不能照搬。”

从全国中学生物理竞赛到国际物理奥林匹克竞赛，沈克琦对于我国物理竞赛事业的付出，几十年如一日，孜孜不倦。他不为荣誉，不求名声，只希望能为祖国、为民族培养出更多有理想、有思想、有创造性的物理学人才。沈克琦一直秉持“人才难得”的思想，特别重视对优秀学生的发现和培养，他总说“我国人口众多，好苗子是有的。必须及时地发现他们，并采取正确的培养措施，使他们从苗子迅速地、健壮地成长为世界一流人才。”回顾我国物理竞赛之路，我们看到有无数的学子因为竞赛而对物理学习产生了兴趣、进而爱上了物理这门学科，我们看到有无数物理人才通过这个平台振翅高飞、从此翱翔于物理的天际。对此，沈克琦以及其他“贡献在台下”的老教育家们功不可没。

晚年回忆自己一生的工作，沈克琦认为主持中学生物理竞赛是自己比较有成就感的一件事。因为自己既是这项活动的开拓者，相关政策的制定者，又是活动的组织者，亲自参与命题、总结、编写参考书等一系列具体工作。在此期间，有机会与大学及中学的一批老师建立了密切合作的关系，很多做法可以去探索，很多想法可以去尝试，很多问题可以去探讨。总之，这是一项开拓性的工作，有广泛的群众基础，有很好的导向作用。作为一位为我国物理教学事业奉献一生的老人，亲眼目睹一批批优秀的学子从这里走出，最终将物理学作为今后学习和科研的主攻方向，使我国的物理教学和科研事业后继有人，他的欣慰是发自内心的，也是不难理解的。

第十章
筹建烟台大学

新机遇新挑战

1984 年 3 月，北京大学领导班子换届，63 岁的沈克琦从副校长的位子上退下来，但在一段时间内仍继续分管世界银行贷款和对外宣传工作。5 月 18 日，校长办公会决定成立北大教师职称整顿领导小组，小组由丁石孙、王学珍、张学书、朱德熙、沙健孙、张龙翔、沈克琦、季羡林、李赋宁、黄�森、王仁、郑乐民、孙亦樑、田余庆、张国华组成。同年 7 月，沈克琦被任命为北大校务委员会副主任。刚刚从北大副校长位子上退下来的沈克琦喘息未定，新的领导岗位又在等待他走马上任了。

1984 年 2 月，中央书记处书记、国务院副总理万里和书记胡启立到山东烟台视察，这次视察其实也是为使烟台成为中国 14 个首批开放的沿海城市之一做准备，有开拓性的政治意义。1984 年对改革开放来说是至关重要的一年。年初邓小平同志亲自来到深圳、珠海、厦门经济特区进行视察，以消除当时国内弥漫的对办经济特区和对改革开放政策的疑虑。在实地考察了城市建设，深入工厂、企业了解第一手资料后，邓小平给出了“深圳的发展和经验证明，我们建立经济特区的政策是正确的”、“珠海经济特区好”等评价，充分肯定了改革开放所取得的成果，并从中央到地方全线树立起了对加快经济建设的信心，改革开放事业取得了飞跃式的发展。打铁趁热，中央紧接着进一步开放了大连、秦皇岛、天津、烟台、青岛、连云港、南通、上海、宁波、温州、福州、广州、湛江、北海 14 个沿海城市，让一部分地区先富裕起来。邓小平曾经形容经济特区“是个窗口，是技术的窗口，管理的窗口，知识的窗口，也是对外政策的窗口”。这 14 个沿海城市也担负着相同的职责，依托其地理位置优势和良好的经济基础、技术条件，将国外先进的科学技术、管理经验引进来，也将其自身推入到世界经济的洪流中去。长久以来习惯于“关起门来搞建设”的中国人民，或许还对“开放”的含义懵懵懂懂，或许还没有预料到原本习以为常的工作和生活所面临的巨大变化，就这样与外界连接了起来。烟台这座海滨的小城，即将迎来时代的大潮。

时任烟台市市委书记王济夫富有远见地意识到，当前制约烟台改革开放和经济社会发展的最大问题就是教育问题，特别是高等教育十分薄弱，只有一所一年前刚刚批准建立的烟台职业大学，而没有一所综合性大学。为了适应日益加快的地区发展需要，为地区建设源源不断地输送人才，烟台市委市政府决定自筹基建资金五千万，“自己动手，自力更生，办一所综合大学”，并希望得到中央的支持。万里听了王济夫的报告后很认同这个想法，当即表示“可以搞一个不要‘铁饭碗’的大学，就叫烟台大学。你们试验一下，开创一个新局面，创出一个新模式。”回到北京后他就积极着手促成此事，3 月 29 日，山东省政府向国务院呈送建立烟台大学的申请报告。4 月中旬，烟台政协副主席宋有亮向教育部部长何东昌汇报烟台大学筹建情况，何东昌说，“可以帮你们找一个退下来、有名望的人”担任校长，说还得与拟选人商量。这是何东昌关于烟台大学校长人选最初考虑的记载，但当时还未说明是沈克琦[①]。5 月中旬，北京大学党委书记王学珍

① 何东昌部长谈话纪要。存于烟台大学档案馆。

向沈克琦交代了中央要求北大支援烟台大学建设、拟请他出任烟台大学校长的任务。6 月 19 日，教育部原副部长、党组书记、全国人大教科文卫委员会副主任委员张承先与沈克琦见面，向他传达中央和山东省决定筹建烟台大学、拟请他担任校长的意见。随后，烟台大学的规划和建设就紧锣密鼓地开展起来了。

在学校领导班子向国务院副总理万里汇报烟大筹备情况后，万里指出：烟台大学（下文有时简称为“烟大”）应当是正规军“下蛋”，而不是游击队“升级”，他明确提出烟大办学起点要高一些，发展要快一些。回头来看，烟大从建校伊始，依托两校的专业优势和师资力量，就秉承了高起点的原则。张承先本就计划在胶东地区办一个教育改革试验区，烟台大学的创建恰好成为整个改革计划的起点，因而由他总体负责筹建工作，并担任烟台大学名誉校长。

俗话说，兵马未动、粮草先行。还在烟大筹备期间，沈克琦就开始考虑图书及实验设备的建设。

新高校新举措

1984 年 6 月 25—30 日，沈克琦、杜建寰等随全国人大常委教科文卫委员会副主任委员张承先赴山东参加烟台大学筹建工作会议，在济南、烟台两地，他们先后与山东省委书记苏毅然、省委副书记兼省长梁步庭等人一起讨论烟大筹建的若干重要问题，明确了烟台大学的性质和任务——建成一所具有中国特色的、富有创新精神的、具有较高教学和科研水平的省立重点综合性大学，具体而言，就是结合地方特色，为烟台市乃至山东省的经济建设和社会发展服务。

紧接着，7 月 1 日，烟台市政府举行了隆重的烟台大学奠基仪式。沈克琦在大会上就教学和思想政治教育改革等问题发表讲话。大会结束后，赴东郊烟台大学建设工地参加奠基仪式。次日张承先主持召开了烟台大学

图 10-1　1984 年，沈克琦（前排右三）参加烟台大学奠基剪彩仪式（图片来源：烟台大学提供）

第一次校长工作会议，会上决定了干部任命等建校重大事项。在校级领导班子确定后，沈克琦和清华派出的烟大常务副校长兼党委书记杜建寰等人就开始逐个落实各系主任的人选。

同时期在中国的沿海地区也还有许多新建高校正在筹划落成，也得到中央的支持和优秀高校的援助。但由北大、清华两所一流学校合作建设却是个特例。中央特地派两校共同支持建设烟大的目的，就是要确保将它建设成一所高水平的高校，但不是照搬两校原有的办学模式，让它成为又一个北大或清华。烟台市的中小学教育本身就发展得比较完善，当地教育基础并不差，因此在筹办时也规定了招收学生必须 2/3 来源于烟台市，以保证这所学校最终真正能够造福于当地人民。

在讨论专业设置方面，沈克琦等人既要充分考虑到中文、数学、物理学等基础学科建设的重要性，又要突出烟台大学更多为地方服务、更重视实际应用的办学特点，最终确定设立应用数学、应用物理、化学化工等专业，体现了理论与实践相结合的学科特色；又借助北大、清华的学科优势，设立了物理、中文、法律、外语、经济管理、机械工程、建筑工程等系，这正符合了筹建会议上提出的“不局限于应用，理工交叉、文理渗透、多学科并举；一定要尊重办学规律，既不能偏废，又不能求全，以后

图10-2 1984年11月竣工的烟台大学学生宿舍1号楼和家属楼（图片来源：烟台大学提供）

有条件再逐步扩大”的要求。

更值得一提的是，他们还积极地向世界银行贷款建设烟台大学食品科学技术中心。烟台地区依山傍水，气候宜人，极具地理优势，农副产品、水果和水产资源都十分丰富，烟台大樱桃和烟台苹果闻名遐迩，甚至都成为了烟台对外经济贸易的名片。烟台市决定发挥这方面的优势，大力发展食品工业。烟台大学自然要肩负起区域发展的职责，开展食品科学技术的研究和发展工作，培养食品科学方面的技术人才，使烟大成为全国食品科学技术研究发展的中坚力量。我国虽然是农业大国，但在食品科技领域还相当落后，对食品营养、食品资源综合开发、食品科学理论等方面的研究还近乎空白。而反观世界其他国家蓬勃兴起的食品工业，在带来丰厚经济效益的同时，也为人们的健康提供高品质的产品及服务。由此来看，建设食品科学技术中心一举就显得尤为重要。同时，北大、清华近年来在生物、化学、机械各领域内进行了理论结合实践的研究，也为烟大发展食品工程提供了有力的知识储备：北大陈阅增教授、刘元方副教授等人对烟大含硒酵母的研究以及烟大微量元素营养学和保健食品的研究与开发有密切的联系，孙亦樑教授等人对香气成分的研究对开发风味食品大有益处，北大吴秀兰教授的辐射储藏食品研究、清华空调教研组的水果保鲜研究，清华化工系对植物、水产资源的综合利用和深度加工的研究……都可以从不同角度拓展到食品科学技术的领域里来。因此，结合烟台市政府的意见，沈克琦等人决定在生物化学系本科设立以食品生化及营养学为主的应用生化专业、以食品服务为主的微生物学专业，另外还设立发酵工程专修科、食品工程专修科。这样一来，烟大可以集中两校已有的科研成果，将食品科学技术作为学校发展的重点，成为烟大立足于全国高校的优势学科。

整个筹建过程中，最让人为难的恐怕还是师资问题。沈克琦对担任教书育人职责的教师选拔有着自己独特的标准。在他年轻时带学生做物理实验时，曾经尝试过这种实验教学方法：即不告诉学生完整的实验步骤，让学生自己设计实验，最终的教学效果要远远好于手把手指导学生每个步骤。选拔教师也一样，不仅要看他有多少知识，更要看他教给学生什么知识。烟台地区高等教育本来就不发达，一时间要配备一批适合烟大各学科专业所需、能执教鞭为学生传道、授业、解惑的人谈何容易。为解决这当务之急，筹建小组三管齐下。一方面，可吸纳、利用将要并入烟台大学的烟台职业大学原有师资；另一方面则可沿用传统的对外招聘方式，由烟台市政府派出以人事局副局长孙永成带队的招聘班子长期坐镇北京，面向全国为烟台大学招聘人才，再由沈克琦、杜建寰等几位烟台大学的领导亲自上阵监督招聘过程，直接对应聘者进行筛选，严格把关。同时，再由北大、清华两校选派经验丰富的教师担纲主要的教学任务，一来老将带新兵，能帮助培养起新一批的年轻队伍来，二来也将两所一流学校优秀的教学经验直接传入烟大，带动教学水平不断提升。

“三管”之外，沈克琦及烟大领导班子还有更具前瞻性的规划。在中央领导和教育部的支持下，策划并落实了请北大、清华为烟大代培研究生一事，此举对于烟大培养一批高水平师资队伍至关重要。当时已是 1984 年的秋季，早就过了研究生招生的时间，他们申请教委特批北大、清华增办研究生班，专为烟台大学培养及输送人才。这批研究生班的学生修完研究生课程后，学生面临两种选择：①不做毕业论文，不授予学位，毕业后直接到烟大担任教学任务；②参加北大、清华的考试，通过后继续攻读硕士学位，完成学业后再回到教育岗位。培训过程持续两年，共招收研究生

200多名，分别进入北大数学系、中文系和清华建筑系、自动化系等14个专业，学成后或回到烟大、或进入山东省教育部门和其他高校，在不同的岗位上为山东教育的发展服务。当时的大学校园里，大多数教师都还是在“文化大革命”前接受的教育，拥有硕士文凭的教师数量很少。正是由于有了这批北大、清华代为培养的宝贵的人才资源，使得烟台大学的青年教师质量远远超过了当时新创办的很多其他学校，这不仅促进了烟台大学日后的快速进步，也使得烟大一举跻身于地区优秀高校的行列中。

沈克琦和烟大早期的领导者们所要完成的不仅仅是招募人才、确定专业等办学任务，有时也要应对棘手的财政问题。烟大原来预计的基建费用约5000万元，在筹建工作会议后，根据对实际需求的估算，将费用调整为8000万元。但在建设过程中由于威海独立设市等原因，导致集资款项不足，最终凭借省财政下拨的补助，烟大才得以完成基础建设任务。然而不久，新的需求又被提上议事日程——建设实验室，满足烟大日常教学和科研之需成为当务之急。向来重视物理教学实验工作的沈克琦主张，对基础设施的建设不能有丝毫的松懈，否则将无法实现将烟大建设成为高水平的社会主义现代化大学的初衷。实验室的建设费用、实验仪器的采购费用不是一笔小数目，烟台地方在投入巨资进行校舍建设后难以再筹集实验设备建设资金。沈克琦、杜建寰和地方领导谋划后，在张承先名誉校长支持下，他们最终决定直接寻求中央的帮助，万里当即答复：“既然地方办大学的积极性这么高，仪器设备费中央可以支持。”根据当时山东大学的仪器配套水平，中央财政拨了两千万元的专款，分两次到位。这笔钱专门用于采购仪器设备，已经是笔不小的数目，沈克琦专门委托北大物理系实验室主任谢惠瑗老师等有经验的教师，从确定采购仪器清单到在仪器订购会上的采购，从仪器的运输送达到后期的调试安装，每一个环节都安排了专业人员精心操作。整个过程安排调度非常紧凑，以保证开学前仪器设备能够到位，让第一批进校的学生就可以拥有设备齐全的实验室。采购的这些仪器，一方面能够满足基础的实验需求，另一方面也能提升烟大的科研硬实力，充分应对改革开放现代化的要求。例如，以土木工程、建筑学为优势学科的清华大学根据自己的经验，为烟大引进各种建筑专业所用的测量计量仪器，建设了大型实验台座和双向反力墙，如此完备的建筑类实验室在全国并不多见。北大、清华还赠送了烟大图书馆五万余册图书期刊，清华大学从建校之初就承担了烟大基本建设的规划和设计任务。两校在这次援建工作中不遗余力，从硬件到软件都给了最大程度的帮助，没有辜负中央的嘱托。

烟台作为国内最早一批改革开放的城市，自然而然地成为中国与世界沟通交流的桥梁，也当仁不让地成为世界了解中国的窗口城市。大街上开始频繁地出现外国人的身影，外商的投资源源而来，各种先进的仪器装备一车车地被运至开发区内。地处这样的环境中，烟台大学应责无旁贷地搭建一个国内外高等教育彼此了解、相互交融的平台。自访问美国高校回国后，沈克琦一直致力于让更多的人了解美国高等教育在各个方面值得国内效仿的优点，让他们意识到中国高教事业和世界第一流水平的差距，然而仅仅凭他一个人讲述在美国的见闻还远远不够，他希望让越来越多的人也有机会到国外的校园里走走看看，亲身体验，学习他们优秀的教学经验和教育模式后在国内学界广泛传播，也让更多的教育者们能够直接接触到外国与国内有明显差异的思想文化。为了让烟大与世界接轨，沈克琦积极寻求和马里兰州立大学、加州州立大学萨克拉门托分校等国外大学的联系与合作，在工商业、食品加工等领域展开交流，邀请对方校长来烟台参观SOS儿童村、郊县农村等地，毫无保留地将烟台现在飞速发展的崭新面貌展现在世人面前。

尽管改革开放的事业才刚刚起步，烟台大学的建设也尚不完善，还存在着外汇不足等局限，沈克琦还是坚持不懈地与合作学校进行协商，通过修改校际交流协议，采取由接收单位承担对方派出人员在当地学习与生活的费用的方法，以克服对外交流中因外汇不足所造成的困难。

1984年7月1日，烟台大学破土动工。一年零两个月后，即1985年秋，一座5万多平方米的校园出现在清泉寨海滨的空旷田野上。尽管当时只落成了几栋学生宿舍、一个食堂和一栋教学楼，然而就在这样简陋的条件下，烟台大学在1985年9月16日迎来了它的第一批学生，实现了一年多之前的规划与设想。麻雀虽小，五脏俱全，烟台大学在当时新建学校当中

图 10-3　1985 年 10 月，烟台大学在烟台市政府礼堂举行开学典礼（前排左二为沈克琦。图片来源：烟台大学提供）

是建设速度最快、质量最高的一所学校。这一切都得益于来自党中央、山东省、教育部、北大清华两校、烟台市各方面的大力支持和通力合作，这当中自然也凝结着沈克琦及烟大创业者们的大量心血和辛勤付出。

烟大的第一学期共开设本科生课程 22 门、专科生课程 30 门、研究生课程 33 门。全校共有近 90 名教师授课，其中包括 6 名来自英国、美国、加拿大的外籍英语教师。这批烟大最早的教职员工们也同沈克琦等领导一样，将烟台作为自己职业生涯的新起点，积极地投入到教学工作中去，主动承担起日常教学、学生工作、实验室建设等任务。开学前，教学科研处和各系就紧锣密鼓地布置教学任务、建设临时实验室、组织新教师试讲等。系主任大都亲自披挂上阵，审阅教学大纲和课堂讲稿，确保教学万无一失。有经验的教授们更是“畅销”，身边不停有人向他讨教、答疑。开课第一天，烟大的教室里不仅坐满了学生，还有不少旁听的老师，他们希望从他人的课堂教学中汲取经验、发现不足、日后改进。开课第一周，各系就举办了内容多样的专题学术报告会，师生互相交流切磋，学术氛围十分浓厚。烟大的开学对学生而言是学习阶段的转折，对初来乍到的老师们也是一次新的职业挑战。此时的烟大有着旺盛的生命力，新播下的种子已经发出嫩芽，在全体师生齐心协力的浇灌下将长成参天大树。烟大从来都不仅仅是一座象牙塔，它的节奏与这座城市、这个时代跳动的脉博时时刻刻保持同步，显示出其独特的生命力和活力。

看着校园里人来人往、熙熙攘攘，听着教室里粉笔在黑板上有节奏地发出清脆之音，烟台大学的运作正逐渐步入正轨，沈克琦总算能长舒一口气。然而他也意识到，他们还需要继续扩大烟大规模、提升烟大水准，接踵而来的会是更耗费心力的责任和使命。与之前在北大任副校长不同，担任烟大校长要求更多“摸着石头过河”的改革勇气。北大有着悠久的历史，它的运转管理都已形成比较成熟的模式，后辈的建设者们想得更多的是如何添砖加瓦使这座宏伟的建筑屹立不倒。而建设烟大则是平地起高楼，从筹划到建校只经历了短短的两年，它以一种全新的模式运行，可供借鉴的经验十分有限，需要管理者们亲身尝试、不断考量，在不断实践、不断探索中寻求一条最适合学校发展的道路。沈克琦在烟大建校 30 周年前夕曾说：烟台大学之所以能够在短期内取得显著的成绩，得益于当时的天时、地利、人和。正因为有了这三个要素，才能在适当的时间、适当的地点聚集了一批想干事、能共事的人，因此才能成就一番事业。在他的一生中，这样的机遇的确是十分难得的。在烟大，他走上了一个可以施展才华的舞台，既有各级领导的大力支持，又有同事们的通力合作，没有条条框框的束缚，相对宽松自由的政治氛围，这是何等难得的机遇啊！

烟大在改革开放的新时期中成长，校园里的一砖一瓦都展现着这段历史所带来的新希望，每一个治学的规范也都凝聚着这批创业元勋们改革创新的理念。20 世纪 80 年代中国的高等教育，尽管经历了党的十一届三中全会得以恢复，仍然还存在着许多根深蒂固的问题和缺陷，急切呼唤着大刀阔斧的改革。政府对高等学校的管理过于面面俱到、管得太细，削弱了学校发展应有的活力；许多经济发展亟须的职业和技术教育止步不前，专业设置与当代科学文化发展脱钩；培养出的学生缺乏独立思考的能力，课程内容过于陈旧，教学方法过于死板……这样的教育发展局面会给经济建设工作带来一系列负面的影响。改革会有困难，而不改革则更困难。面对着世界范围内以科学技术竞争为主导的新浪潮，高等学校已做好迎接挑战、迎接转变的准备，剩下的问题就是谁来做第一个吃螃蟹的人。对建校历史较长的高校而言，办学模式和管理措施早已固化，不易也不敢提“改革”。而这对烟大这所在沿海经济特区新成立的学校来说却是一个机遇，借助国家和地区政府的政策，尝试一些或许更有利于教育发展的新路，阻力相对小得多，包袱也会轻得多。在烟大创校的初期，山东省下达的文件中就明确了烟大将实行“校长负责制”，以杜建寰、沈克琦等为首的党政领导班子精诚团结、密切合作，管理模式上推出了一系列新措施，实行学分制、试行双学位、允许跨系选修等新措施，提出了改革政治理论课、倡导学生自主学习、自我管理等。这些改革措施，有的很好地发挥了作用，从地区逐步推广到了全国，也有的因为不能达到预期理想的效果而就此搁浅，然而无论采纳与否，无论它们被遗忘或被铭记，它们都承载着同等重要的意义——敢于紧跟时代、敢于突破框框和敢于创造未来的勇气。正是这一群人凭借其丰富的教育经验和敢于改革创新的精神为后人栽树，才有了现在蓬勃发展、面貌一新的烟台大学。

20 世纪 80 年代初，尽管“文化大革命”的阴霾在教育界已基本上消散，但大学毕业生依然是非常稀缺而宝贵的资源。所有高校毕业生采取“统包统分”的方式，由国家统一分配工作，毕业后享受国家干部待遇。当时人们都说考上了大学就等于捧了个“铁饭碗”。而随着高等教育的普及、市场经济的需求，国家逐步缩小了计划分配的范围，开始实行毕业生自主择业、用人单位择优录取的双向选择。到了 90 年代，各高校已全面进入鼓励自谋职业的时代。若要追根溯源，烟大还称得上是这一改革的先驱。万里在同意建立烟大时就提议“搞一个不要‘铁饭碗’的大学”，烟大也充分秉承这个思路。对毕业生采取“不包分配”的措施，具体方案是由学校与用人单位联系，学生选报志愿，学校推荐，用人单位择优录取，表现不好、未被录用的毕业生再由其自谋出路，意图循序渐进地向全面自主择业发展。然而正因为是没有人实践过的新措施，就容易在具体操作时产生歧义。一些领导机构将它过于简单地理解为学生毕业后找工作不列入国家计划、不带干部指标，完全由学生个人解决就业问题。在当时的社会背景下，学生自行择业的机制还不够完善成熟，自己找工作的概念对多数毕业生而言还比较陌生。一时间，人心惶惶，都在盘算着自谋职业所带来的高风险，忧虑着自己未卜的前途。沈克琦等校方领导也意识到了这个问题对烟大招生的负面影响，对误解的根源、传播和影响进行了详尽的分析，而后请示山东省教育厅，这才正式明确了分配政策。问题解决后，沈克琦还专门写信给劳动人事部和国家教委说明情况。改革过程中最重要的问题不是改什么，而是改多少。改得少就如同隔靴搔痒，鲜有成效，改得多却又怕物极必反，难以让人接受。在这个处处讲改革的时期，沈克琦等一批负责统筹指挥的领导更是要小心翼翼，心中有把尺，正确把握改革的力度和进度，谨慎决策，砥砺前行。

烟大的建设并不总是一帆风顺，在担任校长的六年里，沈克琦在观察学校一点一滴变化的过程中，也总是敏锐地察觉出隐藏在表面下的诸多问题。学校的经费该如何筹措，基础设施该如何逐步改善，学生如何才能不受社会上不正之风的影响，如何才能激发出他们为实现梦想、投身国家建设的热情，又如何使学校现代化的建设步伐不囿于旧传统、旧习惯的束缚。这些问题并非是一朝一夕能解决的，它们一直萦绕在沈克琦的脑海里。即使在他辞去校长职位后，他还是长期思考这些问题。

新机制新篇章

在担任烟大校长的这几年里，沈克琦总是北京、烟台两头跑。建校初期时从北京到烟台交通很不方便，航班很少，不是每天有，时间赶不上时，只能搭乘从北京南苑军用机场起飞的只有 20 几座的小型飞机；如果乘火车，旅途将近 20 个小时。在校园尚未建成时，工作会议时而在烟台、时而在北京，偶尔也会到济南召开，完全视工作的需要而定。对频繁的旅途奔波和简陋的办公条件，大家没有任何怨言，但对于已近退休之年、且同时承担多项社会工作的沈克琦来说，旅途劳顿、日夜兼程的辛劳程度可想而知，其间他还曾因心脏病发作，被大夫叫停，短暂休息了一段时间。山东省政府在两校援建工作结束后给予沈克琦记大功的奖励，对此他表示受之有愧。在沈克琦心目中那些和他一起来到烟台共同建设烟大的副校长杜建寰、杨春洗、钱振为、邱殿辅和那些来自北大、清华的坐镇教学第一线的同事们“才是是真正干活的人”，是建设烟大的真正功勋。这些常年驻守在烟大校园中的北大人包括：中文系主任孙庆升、法律系主任杨殿升、化学系主任高盘良、经济管理系主任侯建儒、物理系主任陶如玉和数学系主任闻国椿等。

图 10-4 沈克琦（右三）在庆祝烟台大学建校六周年大会上讲话（图片来源：烟台大学提供）

按照原计划，沈克琦等第一拨援建队伍将于 1991 年撤离。然而由于国内局势出现新的情况，他们不得不提前结束了他们在烟台的使命。这时烟大已经向社会成功输送了两届大学毕业生，课程建设已走上正轨，实验室建设业已完成。按照当初的计划，筹建小组在烟台大学的任务已经全部完成，于是开始交接。交接工作圆满完成后，两校援建人员载誉而归，踏上了回京之路。六年来 2000 多个日日夜夜，两校援助烟大的战友们远离亲人、远离京城，在这片热土上耕耘播雨、挥洒汗水。如今，荒滩已经变成美丽的校园，学子们或坐在明亮的教室和宽敞的阅览室中刻苦读书，或已完成学业步入社会，以自己的聪明才智报效祖国、回报父母。想到这些，这批创业者的内心是欣慰的，他们感觉自己的付出是值得的。

在决定北大、清华两校援建烟台大学伊始，万里就曾经说过："清华、北大要长期支援。" 1990 年沈克琦等人撤回北京后，北大、清华对烟台的援助却没有就此停止，而是以另一种形式延续下去，继续为烟大的前进开路、为烟大的成长助推。1990 年 5 月 7 日，清华北大支援烟台大学建设委员正式成立，从此奠定了一种长效机制。每隔一段时间，委员会都举行会议，邀请参与建校的老同志们和现任烟大的领导者们面对面地交流，了解烟大当前的成长与发展并给出一些指导意见。随着时间的推移和北大、清华两校领导班子的不断换届，这一传统一直得以延续，而且援建的方式也更加多元化。两校中不少院系都直接与烟大的对口学院建立了密切的学术联系，如：联合申请并合作完成国家或省部级重大科研项目，联合举办学术会议，联合培养研究生，两校派出学者不定期地到烟大开办高端讲座等。

退休后的沈克琦有时间回顾和总结这些年来从事教育工作的经验。他

图 10-5　1990 年 5 月 3 日，清华北大援助烟台大学委员会成立（后排左一为沈克琦。图片来源：烟台大学提供）

图 10–6　2004 年 10 月 5 日，沈克琦参加烟台大学建校 20 周年庆典活动时在综合楼前留影（图片来源：烟台大学提供）

从自己在西南联大的求学经历中深刻认识到了培养良好学习氛围对学生成才的重要性，从带领学生做物理实验，他切实感受到作为一名合格的教师不能“授人以鱼”而应“授人以渔”，从随高教代表团访美的见闻中他得出“办学应该满足学生多样性需要”的结论，从南斯拉夫的讨论会上他总结出重视学生创造性、自主性的经验。每次回到烟大校园，或与烟大的同志们在北京开会，沈克琦总是将他的所见所得倾囊相授，与烟大的建设者们分享。看到烟大校园日新月异的变化，沈克琦总是很欣慰，感叹自己的汗水没有白流，长江后浪推前浪。经历 30 年的持续发展，烟大已经从婴幼儿成长为青年，学校的规模也不断扩大。吃水不忘挖井人，烟大人也没有忘记昔日的这位老校长。烟大的后任校领导曾多次到北京探望当年的这位老校长，当面向他报告学校的新气象、新发展。每年初冬季节，他们总会送来烟台的红富士苹果，搬进家里顿时果香四溢。沈克琦对烟台大学怀有很深的感情，也时刻不忘当年与自己同甘共苦的老同志们，没有他们的无私付出、抛家舍业，就没有今天这个崭新的烟大。

第十一章
发挥余热　立德立言

沈克琦与物理结缘 70 余年。从西南联大物理系的优秀毕业生到北京大学物理系教授，从北京大学副校长到烟台大学校长，从物理教学与教学研究到高等教育行政工作再到推进理科高等教育改革，沈克琦为我国高等教育事业辛勤耕耘数十年，不计名利，敢于担当，忘我奉献，北大物理系的发展与烟台大学的建立无不凝聚着他的诸多心血。

因为早年间在中学教授物理的经历，沈克琦一直对中学物理教学十分有感情。同时，从事高等教育几十年，沈克琦更深刻地体会到了基础教育对人才培养的重要性。沈克琦曾多次表示，优秀大学毕业生都是在入学时就有很好的基础与素质，中学教育对人才的成长十分重要。他在《中学物理教学中几个需要研究和改进的问题》一文中写道："科技人才的培养，基础在教育，而中小学教育又是教育的基础。因此，中小学教育的好坏关系到全民族文化水平的高低以及各行各业的发展速度和质量。"在为我国培养大批优秀高层次人才的同时，沈克琦的目光也始终关注着中学物理学教学。

中学物理 魂牵梦绕

人到晚年，本该是含饴弄孙、享受清闲的时候了，但沈克琦却并没有选择在家中闲听落子静看花，逍遥自在地安度晚年，反而更积极地参加到了有关中学物理教学的各类活动中，继续关心和呵护着青少年的成长、进步。

晚年的沈克琦依然清晰地记得儿时在江苏省立常州中学读书的日子。化学课上，同学们跟着老师学做墨水、肥皂；生物课时，和同学们一起解剖兔子、青蛙；野外活动时的野炊、扎营；童子军训练时学打“双套结”、“瓶口结”……90 多岁的耄耋长者，回忆起那段岁月时脸上总是洋溢着孩童般的笑容。

图 11-1　2001 年 10 月，沈克琦与夫人张星在北大物理学院为沈克琦 80 华诞举行的座谈会上（图片来源：沈克琦家人提供）

图 11-2　1989 年，沈克琦与夫人在朗润园 9 公寓 104 书房中合影（图片来源：沈克琦家人提供）

这份青葱岁月的美好记忆一直铭刻在沈克琦的心中。他的一生不但与物理结缘，更与教育结缘。每当注视着学生们时，沈克琦的目光里总是既有长辈的慈爱，又有朋友式的关心。透过这些洋溢着青春光彩的眼睛，沈克琦仿佛看到了求学时年少的自己，看到了曾经为汲取知识而伏案苦读的日日夜夜，看到了和同窗好友们争论不休后的相视一笑，看到了苦心钻研出一道道难题的兴奋快乐。沈克琦更在不断思考着如何保护好年轻人的求知欲，如何更好地全面培养和不断提高年轻人的素质，为建设科技强国打好基础、输送人才。

图 11-3　20 世纪 90 年代摄于北大附中香山分校（后更名为北大附中香山学校，沈克琦曾任该校名誉校长。图片来源：沈克琦家人提供）

1991 年，70 岁高龄的沈克琦办理了离休手续。对物理学的热爱和对教育的思考使得退休后的沈克琦依然活跃在一线，在各级各类教育领域内围绕着物理教学发挥余热，继续奉献着心血和智慧。沈克琦一生始终将教书育人视为自己的分内之事，一份理所当然的应尽之责，他始终怀着对教育事业的崇高理想，一往情深地关爱学生。回顾自己的一生，沈克琦觉得很充实也很幸福。他说，“我毕生从事教育事业的工作，不仅教过中学、大学，而且曾在教学行政和教育管理岗位工作多年，涉及的层面从小学到博士后，几乎囊括了学校教育的各个阶段”。

人到晚年常常做一些反思，而这些反思往往与自己的亲身经历密切相关。沈克琦的文集当教导主任和校长期间都坚持在教学第一线授课。沈克琦曾满怀深情地回忆儿时的记忆中，“父亲常常在灯下批改作业，母亲催他入睡，他总是说：不着急，改完作业再睡，父亲伏案工作的身影始终牢牢地印在我的脑海。大学毕业后我从事的第一份工作——担任中学物理老师，那时我也是夜夜在灯下批改作业，耳畔再次响起母亲的提醒，那一幕是何等的熟悉与亲切。耳濡目染，子承父业，在我家这似乎是天经地义、毫无悬念的事情。”十年树木，百年树人，从风华才俊到鹤发长者，从执教北大到掌舵烟大，从创立全国中学生物理竞赛到编纂中国科学家传略，沈克琦始终坚持不懈地为新中国的物理教育事业奔忙，他对如何提高各级教育的质量，尤其是物理教学质量的思考一天也没有停止。

对中学教育的思考

或许有人认为，一个大学教授，常年关注中学物理教学，是否有点儿不务正业，沈克琦自己却不这样看。他深知教育的衔接须以深入了解和互通为前提。而在中国的教育体制下，唯有部分大学老师才能担当此任。中等教育本身是为高等教育打基础，中学生也是大学生的源头活水。沈克琦一直认为国家的健康发展需要一个合理的人才结构，它应由不同层次各级各类人才所组成。各行各业需要的人才中具有中等教育学历的人数要大于具有高等教育学历的人数，办高中不仅是为了向高校输送新生，更为重要的是向社会输送基础扎实的各行各业所需的人才。因此，中学教育要注重面向大多数学生，而不能只面向上大学的少数。他认为教育的完成不是在学校中，而是在工作岗位上，在生产实践过程中。所以他十分强调终身教育，学校教育的任务是为此打下良好的基础，中学教育的内容应该根据国家对大多数中学毕业生的要求来确定，即：扎实地打好基础，认真地培养能力。小学、初中、高中、职业技术学校、大专、大学本科和研究生院都

图 11–4　1990 年，国际物理教育改革动态研讨会代表团合影（前排右八为沈克琦。图片来源：沈克琦家人提供）

图 11-5　1990 年，大中学物理衔接问题座谈会代表在唐山饭店前合影（前排左三为沈克琦。图片来源：沈克琦家人提供）

有其特定的教育任务，分别培养不同层次、不同类型的人才。它们共同组成国家建设和发展所需要的金字塔型人才结构，无论是塔尖还是底座都同样重要，不可或缺。各级各类学校的教育工作都要服从于本校性质所决定的培养目标，使学生通过教育获得今后工作和进一步学习所必需的良好基础。当然，向高一级学校输送新生也是一项任务，但升入高一级学校的学生只是毕业生中的小部分，大多数毕业生将直接进入社会，因此，学校正常教育应该面向大多数学生。如何搞好中学教育是沈克琦大半生都在思考的问题之一，因为这个问题既重要又复杂，它关系到千家万户，关系到我国教育事业的健康发展，更关系到整个社会的繁荣与稳定。同时，这个问题又是个系统工程问题，需要全面地研究各种因素，搞清楚这些因素相互关系的客观规律，并且结合我国的实际情况提出有针对性的改进措施，才能求得这个老大难问题的正确解决。要解决这个问题不仅要研究高考和中学教育之间的相互关系问题，还应该对外部因素进行研究，因为它们对高考和中学教育有着极大的影响，例如经济发展所需各级、各类人才的数量与质量，包括当前的需要和面向世界、面向未来的需要；经济发展水平和国家教育投入对教育发展的制约，哪些是符合社会发展规律的合理的制

图 11-6 1990 年，沈克琦在中国物理学会教学研究委员会第五次全体会议上发言（图片来源：沈克琦家人提供）

约，哪些是不符合发展规律的不合理的制约等。尤其是近几十年来现代科学技术突飞猛进地发展，要使中学教育能适应这种发展更非易事，中学老师要不断学习，不断地取得新工作经验，其工作要求是很高的，也确实是十分艰苦的，是很值得尊敬的职业。沈克琦不但撰写了很多有关中学物理教学的文章，在主持中国物理学会的物理教学研究委员会后，他还一直十分关心和支持以中学物理教学为主的中国物理学会刊物《物理教学》的发展。他结合教学改革，多次对《物理教学》的内容及栏目提出修改建议，还曾亲自认真审阅《物理教学》英文版所选用的文章，多次参加由《物理教学》编辑部承办的“全国中学物理特级教师会议”和“全国青年物理教师教学大奖赛”，并在会上发表了数篇富有指导意义的讲话，不断为改革中学物理教学出谋划策、点播良方。

对于中学教育中的物理教育，沈克琦认为要提高物理教育质量就必须端正教育思想，同时提高教师的业务水平。沈克琦强调物理教学要抓住基本概念和基本原理，并重视实验教学的突出作用，要注意适当扩大学生的知识面；在传授知识的同时必须重视科学思维等能力的培养，还要使学生受到实事求是、严谨治学和勇于创新等科学作风的熏陶。他说：“为了我国能赶上世界先进水平，我们培养的学生必须具有开拓、创新精神，必须具有解决实际问题的能力和不断自我更新知识的能力，还必须具有为我国社会主义建设贡献一切的决心和集体主义精神。”

在教学方法上沈克琦主张“教学要得法，要符合学生认识规律，但教无定法，教师要根据教学实际，自己灵活处理，以求得到好的效果”。他一直坚持要充分调动学生自己的潜力，“教育思想方面，除了德智体全面发展、培养四有人才、面向大多数学生和因材施教等方针必须贯彻执行以外，我认为最重要的是要启发、调动与发挥学生的主观能动性。这包括激发与培养学生的兴趣，培养学生热爱科学、勤奋学习、追求真理和探索创新的精神，培养学生自学和独立思考的能力，培养学生实事求是、谦虚谨慎、团结合作的作风等。这些远比多学一点具体物理知识重要。”

沈克琦还认为培养和提高师资水平是进行教学改革、提高教学质量的关键，“教学质量的关键在于教师的水平，包括教育思想水平和物理水平。教师所教内容与教师掌握知识的关系应该相当于一杯水与一桶水的关系。”

对应试教育的反思

沈克琦认为我国中学教育面临的最严重的问题就是“应试教育”。然而，沈克琦对于社会上许多人把“应试教育”这一问题归罪于高考，将高考与应试教育等同，认为“只要有高考，就有应试教育”的看法十分反对。他认为这种看法不仅对目前教育工作中存在的问题缺乏认真的分析，同时也对神圣的教育事业缺乏应有的责任感。在沈克琦看来，绝不能武断地否定高考在高校录取中发挥的重要作用。高考目前是，并在今后很

图 11-7　1992 年，沈克琦在第三次全国中学物理特级教师会议上发言（图片来源：沈克琦家人提供）

长时间仍将是高校录取新生的最好方式。保送有很大流弊，社会风气不太好时，流弊就更为突出。低门槛入学，入学后再大量淘汰，这显然不合我国国情。高考可以基本保证入学新生质量。同时，高校是为国家培养更高层次人才的地方，高考的功能主要是为高校选拔合格的新生。而中学的任务是把绝大部分学生培养成合格的毕业生，包括培养出高质量的优秀毕业生，高考就是要将这部分优秀毕业生通过考试选拔出来。因此，从这个角度来说，双方的目标是一致的。如何判断什么样的毕业生是优秀毕业生就要靠高考这根指挥棒。高考考查中学毕业生应该具备的知识和能力，考试内容基本就是中学教学内容，二者一致，通过考试可以检查学生学习的水平及存在的问题，这有利于中学教与学的改进，这是良性的指挥棒可以发挥的作用。

同时，沈克琦也指出，考试只能考查学生获取知识的能力，而不能考查出学生的其他素质，同时还具有相当的偶然性，只能在一定程度上反映出一个学生的水平。高考成绩的高低并不等于教师教学的好坏，它与许多其他因素有关，如学生的天资、原有的基础、家庭与学校的条件、个人的努力程度等等都有关系。教学的好坏对学生学习质量有影响，但只能在一定范围内起作用，对于特别优秀人才来说，给他们宽松的环境有时更为重要。许多物理竞赛中有突出表现的学生，他们的知识与能力能达到那么高的水平，不是依靠教师的直接传授，而是本人的条件和周围的环境。学习困难的学生，能够把他引上道，使他的学习兴趣有所提高，对学习内容真能有所理解，并学会如何进行学习，那就是极大的进步，假以时日，将来一定可以成为有用之才。因此，中学教育绝不能单凭高考的升学率的高低来评判学校的好坏与教学质量的好坏，而是应注重培养学生的综合素质。

以高考成绩评价学校、评价教师，在沈克琦看来，无论是在指导思想，还是在做法上都是错误的，结果其害无穷，是迫使教师和学校搞应试教育的罪魁祸首之一。中学教育绝不能唯考试论，唯成绩论。而是要从教书育人的根本目的出发，从子孙后代素质的提高出发，从培养学生获得今后工作和进一步学习所必需的良好基础出发，培养学生多方面的素质与能力。学校教育的目的和任务从来就是：使学生在德、智、体各方面都能得到发展，培养和提高学生的思想水平、道德品质修养、健康水平和科学文化素质，包括知识、能力、作风等等在内，所以正常的教育应该就是素质教育。沈克琦曾多次表示，教育行政部门必须制定出一套切实可行的、反映素质教育要求的评价学校成绩的办法，真正促进从应试教育向素质教育的转变。

对应试教育中普遍存在的现象与问题，沈克琦进行了如下归纳与总结：

（1）凡不考的就不认真教，甚至不教。

（2）把教和学的重点放在解题上而不是放在理解和掌握基本概念上，用大量做题代替了学生的自学、思考和理解。

（3）不是培养学生分析问题和解决问题的能力，使学生达到举一反三的水平，而是教给学生各种各样的解题方法，然后要求学生记住这些方法，结果是，学生遇到做过的题就会做，没有做过的“生题”，即使是难度不大的题也不会做。有时，由于学生并未真正理解，做过的题也错。据统计，许多学生高考中丢分不仅丢在难题上，更多的分是丢在中等难度的题或简单题上，这在教育工作中是一种反常的现象。

（4）高中三年应学的内容被挤到两年或更少的时间内学完。因为赶进度，学生没有把应该理解和掌握的东西真正学到手，形成夹生饭，然后用半年或多一点的时间复习备考，这时又围绕着题目转，寄希望于押上考题。

（5）不顾教学要循序渐进的原则，不考虑学生的智力在3年学习过程中会有很大程度的提高，从高一起就按高中毕业时应达到的水平去要求学生，因而造成学生学习上的被动，甚至失去信心。

（6）按照可能考入大学的优秀学生的情况安排内容及进程，致使后进学生在教学过程中完全丧失信心，中等学生的学习处于被动状况：对于优秀学生来说，由于布置作业太多，常常忙于做题而没有充分时间进行独立思考和深入钻研一些问题，智力的发展也受到一定影响。

在沈克琦看来，产生这些违反教育规律的做法的根本原因就在于教育思想的失位。不从全面实现教育目标而从个人或学校名利出发，不从切实提高学生素养而从应付高考、一味追求升学率出发，必然就会导致这些问题。

沈克琦认为要解决应试教育问题，推进素质教育改革，还应对考试制度本身进行改革。他曾经建议，在全国招生的重点高校，可由国家教育部命题；省属大学本科由省教委命题；专科学校另行命题。这样，命题可更适合各个层次学校的水平，区分度会更好，学生可根据自己的实际水平对号入座。因为学生有几次考试机会，还可减轻考试的偶然性造成的后果。沈克琦认为考试大纲与试题也有可改进之处。过去制订大纲时常有怕出难题、怕过分灵活思想而删去一些必要的内容或对教学要求加上某种限制，不准灵活运用，结果把一些应该要求理解和运用的内容变成了死记硬背的知识。同时考试题量也偏多，导致学生看一遍就要不少时间，精神紧张，没有足够的时间思考，只能靠平时的训练，条件反射式地答题，更助长了“题海战术”。教育行政部门在制定考试大纲、编写考题时应深入学校检查、了解学校教育工作的质量，而不要想当然地做出某些决定，使应试教育加剧。

沈克琦还认为培养和提高师资水平是进行素质教育改革、提高教学质量的关键，“师资水平”包括教育思想水平和对物理学的理解、掌握的水平两个方面。他提议教育行政部门要分批分期地在本地区或本校安排教师的系统进修与提高，不合格的基础差的教师需要系统学习，即使合格的教师、甚至骨干教师，也要进一步提高，有机会还要安排系统的学习进修，并倡导各地物理学会和大学教师予以配合和协助。同时他还要求中学教师在进修掌握教学内容以后，也要再善于总结好的教学方法，要按照教学工作的规律进行教学。要认真研究学生学习科学知识的规律，在教学实践中不断积累经验，并认真进行总结、提高和推广。

沈克琦始终相信，只要教师按教育规律进行教学，学生按学习规律进行学习，采取正确的教学方法，因材施教，循序渐进，着重调动学生的主观能动性，学生就一定能学有所得，不仅获得了知识，更能提高自身的能力，为将来升学、就业和就业后的在职学习都能提供一个良好的基础。

参与编撰中学教材

中学教材工作是沈克琦晚年倾注心血较多、花费了许多时间和精力的另一方面。中学教材虽不算鸿篇巨制，可是其中凝聚着难以估量的文化底蕴、教学理念和教学范式。因此中学教材的编写一直被认为是一份神圣的工作，主编一定是界内广受好评，十分有名望的大家。但是仅仅有高水平的知识积累还不够，还需要编者思路清晰，逻辑严谨，把很抽象、很晦涩的知识通过浅显的语言和丰富的实例生动、活泼地传授给学生。同时，书中的练习题也十分重要，要紧扣所学所授，同时与之前的知识融会贯通，起到复习巩固的作用。教材一定要有很好的框架体系，逐层递进，循序渐进，同时注意基础性并兼顾差异性。中学生背负着沉重的课业压力和中高考的压力，因此，教材怎样做到让学生以尽量轻的负担去掌握更多的知识就也显得很重要。只有满足以上这些条件，才不失为一本好的教材。

1986 年 9 月，沈克琦被任命为国家教育委员会全国中小学教材审定委员会的副主任，曾先后三届参与有关中小学课程计划、教学大纲的制定、修订和教材审查工作。沈克琦一直强调“物理教学的内容都应该摆事实、讲道理、有分析、联系实际、注意应用，不要把生动活泼的物理学变成枯燥无味的、死记硬背的东西。”他十分注重教材的内容和阐述方法在启发学生的学习兴趣，培养学生的科学思维方法、科学作风和解决问题的能力方面的有效性。在物理教材的审查工作中，沈克琦对教材中的科学性问题尤其认真，在保证教材质量上发挥了把关人的重要作用。他曾专门写文章指出那时的中学物理教材存在着用生活化的、不科学的语言代替科学语言，部分教材甚至存在逻辑性的错误等科学性问题，这些错误容易导致学生不但学不会如何正确使用科学语言，还会伤害学生的学习兴趣，并使学生习惯于不求甚解地记忆而不习惯思考和分析，对学生能力的培养将产生负面效果。

从 1994 年开始，沈克琦接受北京市教育局的任务，组织几位大中学教师，为办学条件较好的学校里学有余力的学生编写一套适合的高中物理教材。这套教材突破了“依纲靠本”的框框，力图把教学内容的基础性与前瞻性和谐统一，从而最大限度地开发学生的智力、拓展学生的思维。教材除了运用各种方法深入浅出而又系统严谨地阐述了物理学的基本原理与基础知识外，还适当地补充了一些现代科学知识与科技发展史的相关内容，同时加大了实验教学的比重，将实验总学时数由 30 改为 60，每次实验课增加为 2 学时，以便充分发挥学生的主观能动作用，帮助学生正确掌握物理原理，培养学生理论联系实际的能力。沈克琦希望通过这套教材，能“让学生在学懂所教内容时知道还有需要进一步学习的东西，激发他的求知欲”，使学生在高中阶段不仅能学到比较扎实、系统的基础知识，而且培养出“钻研思考的习惯、逻辑思维的能力、科学方法的掌握、进行实验的能力和科学态度、作风”，为今后进一步的学习和工作打下良好的基础。这套教材第一版共 5 册 100 多万字，历时五年并于 1999 年上半年全部完成，由北京出版社出版。它的发行量虽然不大但影响深远，是摆脱应试教育思想的干扰，探索因材施教的一次有益尝试。

此外，沈克琦还修订出版了很多其他教材，如 1992 年他主持修订了高等教育自学考试试用教材《自然科学基础》(第 2 版)，分为物理学、化学、生物学、地球科学、系统科学 5 个分册，由高等教育出版社出版。1993 年又主持修订了《自然科学基础（第二版）自学指导》，由高等教育出版社出版。沈克琦以扎实的物理学功底、丰富的教学经验和勇于探索的改革精神主持编写或修订的这一系列优秀教材从不同角度、不同层次，通过深入浅出的语言和润物于无声的方法阐释了物理学的魅力，广受学生与教师的好评，很多都成为学校的指定教材。

这里还要特别提及的是，沈克琦对中学物理教学的了解不仅来自自己年轻时在中学执教的经历，也来自和中学老师在一起开会座谈，参与中学物理教学大纲的制定等多种渠道。除此而外，他还常从大女儿那里了解一些鲜活的教学实例。1974 年，在东北建设兵团干了六年的大女儿被召回北京，充实到中学老师的队伍中。有父亲这座靠山，她选择了担任物理老师。除了在教师进修学院定期接受培训外，沈克琦还建议她要到北大物理系旁听一些课，以自己的经历，他深知只有高中学历的人教初中，知识储备肯定是不够的。在开始教学的最初的几年中，大女儿一直坚持在职学习，通过自考和在职学习相结合，最终拿到了大学本科文凭。在学校她是老师，在家里她是学生，因为父亲就是她最好的老师。凡是有物理概念不清楚，或是学生的问题不知该如何解答，她都会向父亲请教。

修史立传　呕心沥血

作为一位始终心怀报效国家的信念，为中国物理学事业的发展勤勤恳恳奉献一生、孜孜以求、矢志不渝的老一辈科学家与教育家，沈克琦的身上有太多值得磨墨著书的故事与经历。然而，离休后的沈克琦并没有选择把时间花在撰写自己的回忆录或传记上，而是投身到了中国科学教育各类史料的收集、整理与编纂中。

主编《中国科学技术专家传略·物理学卷》

1991年，中国科学技术协会开始编写《中国科学技术专家传略》，沈克琦任理学编纂委员会委员，物理学卷主编，并为中国物理学界的一些著名专家撰写了词条。编写过程中，沈克琦十分注意发掘史实，力求用文字引领世人，追溯老一辈科学家身上卓越的科学贡献、超群的学术智慧与高尚的道德操守，对于我国高等教育史和物理学史的发展提供了十分宝贵的参考资料，更为青年学子指引了前进的方向。对入传的每位物理学家都要按照一定的模式介绍其学术生涯，突出其学术贡献，并从专业的角度给予客观的评价，同时还要将其主要著述详细列出。作为主编，更是要具备十分广博的物理学知识，并对物理学前沿领域有充分的了解。

编写科学家传略与文学创作不同，下笔时不能随意挥洒、凭空想象，而是要像从事科研工作一样严谨，涉及科学内容部分一个公式、一个符号都不能搞错，可说是字字珠玑。沈克琦为此所付出的辛苦可想而知。该书第一卷出版后，被评为《中国科学技术专家传略》一期工程第二批优秀图书（第二批的优秀图书只有三卷），他亲自撰写的“叶企孙”篇还获得了优秀篇目奖。

主持西南联大北京校友会的工作

沈克琦本科就读的西南联大可以说是中国教育史上的一个伟大奇迹，西南联大存在的时间不满九年，就读学生不过8000名，而且条件简陋，生活艰苦，但却培养出了一大批人才，其中包括两位诺贝尔奖获得者——杨振宁、李政道，四位国家最高科技奖获得者——黄昆、刘东生、叶笃正、吴征镒，六位“两弹一星”功勋奖章获得者——郭永怀、陈芳允、屠守锷、朱光亚、邓稼先、王希季，近百位中国科学院和中国工程院院士。在科学、教育、新闻、出版、工程技术、文学艺术等各个领域都有不少西南联大校友成为业务和政治骨干。在台湾和海外，有重大成就的联大校友也不乏其人。

为什么在艰苦简陋的条件下，西南联大能做出如此突出的贡献？美国弗吉尼亚大学历史学教授易社强（John Isarael）曾对这个问题进行了多年的研究，并为此多次到我国大陆和台湾访问。他说：“西南联大是中国历史上最有意思的一所大学，在最艰苦的条件下，保存了最完好的教育方式，培养出了最优秀的人才，最值得人们研究。”国内研究西南联大的学者也很多，对西南联大成功经验也有很多思考，总结起来主要有以下几点：①离不开当时中国大学管理者尊重教育、追求学术独立的基础；②大学保持独立，西南联大的教授对行政当局的指令敢于抵制，敢于拒绝。那时西南联大从梅贻琦到众多教授，对上面的各种指令，也有惹不起的时候，但除了抵制外，多数情况下是应付了事。③做到了教授治校，西南联大的教授，特别是负责的教授，比如各院院长、系主任等，对自己的要求都很严格。在西南联大，教授的权力之大是我们今天难以想象的。对于来自上边的命令，如果感觉不合理，要么据理力争，要么就公开抗议。教授们反

图 11-8　20 世纪 60 年代，西南联大 43 级同学合影［左起：物理系陆以信、沈克琦、物理系胡日恒（中科院化学所研究员，1951 年获美国俄亥俄州立大学化学博士学位）、经济系孙世铮（中国社会科学院经济研究所研究员，1949 年毕业于美国芝加哥大学）图片来源：沈克琦家人提供］

图 11-9　1963 年，西南联大 43 级同学（包括部分家眷）毕业 20 周年聚会合影（前排右二为沈克琦。图片来源：沈克琦家人提供）

对行政当局的事是常有的，因为那时的大学教授是自由流动的，在校内他们不必害怕校长，更不必害怕教育当局，不合适就走人，此处不留自有留处，整个心态是从容而平静的，因为教授都知道自己的价值，管教育的人也都知道是因为有了教授才有大学，而不是有了大学才有教授。④校长的合作精神。如果没有三校校长的合作，在那样的情况下，要把大批教授团结起来，延续中国教育的命脉，是一件不可能的事。

1980 年沈克琦参与创建了西南联大北京校友会，历任副会长、常务副会长，2003—2012 年，任会长，2013 年起任顾问。这份“自带干粮”的工作，沈克琦一干就是 30 多年，为此奉献了许多时间与心血。沈克琦一直关注着校友会主编的《国立西南联合大学校史》的编写工作，他还积极参与讨论、审阅和定稿等工作。为了落实书中提及的一些史实，沈克琦曾先后多次亲自到清华、北大档案馆查阅资料、纠错并最终定稿。该书编写历时 13 年，终于在 1996 年出版，它在收集大量原始资料文献和宝贵历史图片的基础上，集中、紧凑地呈现了这所战时名校的漂泊历程与一代

图 11-10　2011 年 4 月 3 日，沈克琦（右二）在清华园工字厅前代表西南联大北京校友会为清华百年校庆赠送中堂（图片来源：沈克琦家人提供）

大师们的讲学风采。沈克琦一直希望将西南联大的传统发扬光大，并为世人所熟知。在他看来，西南联大所倡导的大师治校、独立思考、民主自由、求实创新和兼容并包等精神，是这所大学成功的重要原因，也是它吸引众多优秀学子的魅力所在。

图 11-11　2011 年 12 月 20 日，沈克琦（右一）在清华大学甲所，为“两弹一星”功勋郭永怀先生的夫人、西南联大校友李佩（左二）庆贺生日（图片来源：漆丹丹提供）

担任《西南联大启示录》的史料顾问

为了弘扬西南联大的精神，沈克琦曾通过各种媒体介绍西南联大的历史，宣传西南联大成功的办学经验和宝贵的精神遗产。2003 年，沈克琦为五集大型历史文献片《西南联大启示录》担任史料顾问，他不仅接受采访并多次和主编——北大中文系校友张曼菱女士交流、为她一遍遍审稿，还花费了大量精力帮助她确定采访名单、联系部分老校友。成果问世后，沈克琦将光盘寄赠给李政道先生，李先生复信感谢说：“西南联大是中国历史上十分杰出的大学。这部纪录片弘扬母校在抗战如此艰苦的条件下奋发向上的精神，有着极度深刻的意义。”2007 年，得知张曼菱女士准备去台湾采访联大校友，沈克琦以西南联大北京校友会会长的身份给远在台湾的联大校友会会长写信，拜托他组织台湾校友的见面会。由于事先周到的安排，张曼菱女士在台湾各地受到联大校友的热烈欢迎，采访也十分顺利。时隔 60 多年，这些耄耋老人没有忘记母校，他们看了《西南联大启示录》的光盘后十分感动，思绪万千。张曼菱在 2013 年由三联出版社出版的《西南联大行思录》一书的“后记”中写道：“在我做此事的漫长时光里，北大的导师、师兄师弟们给予我援手。西南联大北京校友会会长沈克琦先生一直在支持我……”，在众多的感谢名单中将沈克琦列在首位，充分说明他在这十多年中的倾情投入，鼎力相助。

张曼菱女士在2014年的新作《北大回忆》中，分别记载了她本人与多位北大知名的文科学者的相知与交往，其中只有一名理科教授——沈克琦，他们长达10多年的交往只是围绕一个中心——西南联大。张曼菱在书中写道：“依靠任何人，都会带来局限性，而沈先生是一个能够‘将局限化为最小’的人选。他久居领导位置，处事具有‘老北大’的兼容作风，加之他编写过联大校史，心中有历史分量，也就有人物分量。最突出的例子，就是与杨振宁、李政道的联系。这二位都极其信任他。……是沈老使这对‘不相见’的诺贝尔奖‘巨子’在这部《西南联大启示录》的片里相逢，相逢于培育他们的西南联大校园。”

主编《创造物理教育奇迹的大师》

2011年由云南教育出版社出版的《西南联大名师》丛书，也凝聚了沈克琦众多的心血。该书经过较长时间的酝酿，因为联大校友均年事已高，几乎无人能牵头组织此事。出版社有意让沈克琦担任丛书主编，但他年事已高、有病在身，实在无力担此重任。即便如此，他还是多方联络逐一落实了各个分册的主编，不仅为该套丛书撰写了总序，本人还编著了物理学科的分册《创造物理教育奇迹的大师》，该书以图文并茂的方式介绍了西南联大物理系的13位教授。该套丛书的编撰历时两年多的时间，共出版了8个分册。基本是按照西南联大当时所设的院系划分的，以学科为单位扼要介绍联大教授的生平、学术成就、育人贡献及道德风范。

在总序中，沈克琦对西南联大的办学特点进行了总结：“一所好的大学应该拥有一批学术造诣深厚、富于创新和奉献精神的大师，通过他们的言传身教，形成学校优良的学术传统与学风。这种传统与学风的形成不但需要经过几代人的努力，同时还需要一个良好的外部环境。这些外部环境包括：一套有利于学校自主发展的规章制度，一个宽松的学术环境。除此而外，学校主管领导要服膺教育和科学发展的规律，按规律办事，不搞瞎指挥、追政绩、胡批判。只有如此，才能产生活跃的思想，才能聚拢一批敬业求真、严谨求实、相互尊重、和谐共事的同仁，为着一个共同的目标努力工作。由此可见，办好一所大学，外部环境与内部因素缺一不可。”“国立西南联合大学是我国高等教育史上一颗璀璨的明珠。她的成就为我国学术界所公认，国际学术界也不乏赞誉之声。”他还提到：“传承和发扬三校优良传统和学风的主体是教授。曾在西南联大各系担任过教授职务的有269人。三校教授汇聚一堂，加上抗战时期从国外学成归来的青年学者，形成了一个老中青三结合、人才济济的群体。在他们之中有学富五车的国学大师，有在海外留学多年、学术造诣深厚的学者，有我国近代科学和高等教育的奠基人及各学科的带头人，有掌握国外科学前沿知识、学成归国的青年教授。这样一批人登上西南联大的讲坛，联大学子在他们的言传身教下耳濡目染，加上本人的勤奋努力，人才辈出是顺理成章之事。”这是一位90岁的老人对联大精髓的提炼，认识可谓深刻，总结可谓到位，它来自历史的沉淀、认真的探索和理性的思考。

主编《北大物理九十年》及《北大物理百年》

北京大学物理系是沈克琦工作了40多年的地方（1947—1991年），也是他把最好的年华及最旺盛的精力都无私奉献的工作岗位。他是物理系（现在的物理学院）中最年长的人，也是物理系几十年发展史最好的见证人。退休后，他把自己的关系从校办转到物理学院，他说：这里的熟人多，聚在一起和同志们更有话说。

20世纪初，为庆祝北大物理学科成立90周年，学院领导希望他和赵凯华能牵头编写一部系史。自从接受了这项任务，两位受命者就在和时间赛跑。如此厚重的九十年的学科发展史，时间跨越晚清、民国、新中国成立后，其中经历的历史事件、政治运动都对物理系教学与科研的发展造成了不同程度的影响。这段历史究竟该如何书写？一些目前还处于禁区的问题是否要涉及，又该如何评价？这些问题摆在两位曾经的物理系领导者身上，实际也摆在了现任领导班子的面前。为写物理系的系史，学院曾召开数次座谈会，时任领导给予了大力支持，让两位主编心中踏实了不少。写史必须真实、客观，要经得住后人的检验；科学的发展本身就是一个追求真理的过程，搞了一辈子物理自然不能违背这个原则。

沈克琦的记忆力十分好，但面对几十年的历史，上万名毕业生，要查找核对的资料实在是太多了。仅以学生名单这个技术性问题为例，其中的艰难复杂程度就可见一斑。首先，物理系曾是全校最大的系，学生人数众多，生源多样，既有统招、也有代培，还有调干生；既有本科生，还有研究生；在学制上则经历了四年制（部分专业三年制，如气象）、五年制和六年制的转变和回归；在建制上也经历了西南联大时期的三校物理系合并和复原之后北大物理系的独立，以及 1952 年院系调整时北大、清华、燕京三校物理系的合并；1958 年后还经历了一拆为三的调整，先后从物理系分出了无线电电子学系和地球物理系，这些历史的沿革均伴随着人员的调整。此外，每年还有学生的留级、休学、甚至退学，有时学生还有提前毕

图 11–12　2003 年 9 月 16 日，庆祝北大物理学科 90 周年活动暨物理学前辈铜像揭幕仪式［前排左起：沈克琦、李爱扶（黄昆夫人）、黄昆、朱光亚、李政道、校长许智宏、马大猷。图片来源：沈克琦家人提供］

业或肄业等不同的学籍情况发生。其次，可以参考的资料本身不完整也不确切。有些年级的入学名单，就是手写的几张纸。学生姓名、性别的登记都有错误；有些学生入学时使用一个名字，毕业时又改成另一个名字；还有本来该毕业的学生，在毕业生名单中却找不到了，是退学、转学还是休学档案中均没有交代。这时，首先要从之后各届学生的名单中逐一查找，如果没有发现，则只能找同班或同级的学生询问。面对各类错综复杂的情况，两位主编花费了大量的心血和精力逐一核准、最终落实。即便如此，该书在首次印刷发布后，根据校友的反馈，又重印了两次，每次都是为了纠正前一印次中的错误，其中较多的就是名单的勘误。时隔 10 年，两位主编再次对该书进行全面修订，并由他人补写最后十年的发展历史。推出了《北大物理百年》。李政道先生于 2013 年 9 月特为该书题词:“百年成林皆大师　物理细推须行乐——恭贺克琦、凯华老师主编百年物理”。时任北京大学校长王恩哥为该书作序，结合自己的经历谈了对北大物理人的期望。他说“1990年，我从北大物理系毕业。2009年，也就是时隔19年之后，我又来到北大物理学院工作。当时我心中一个最大的目标，就是要通过与大家的共同努力，使北大物理百年再现辉煌。这里曾汇集了中国最优秀的一批学者，他们的学识修养、学术追求、教育理念和名师风范深刻地影响了中国物理学的发展。正是在一代代前辈先贤的引领下，北大物理铸就了百年来的传统和荣光。……”他还说:“在北大物理九十周年时，李政道先生曾挥毫作画，‘物理大树已成林’，寓意十分深刻。一个学科的发展，不仅是从合抱之木长成参天大树，更应成为新老相继、根系相连的森林。科学探索永无止境，培养人才更需推陈出新。”

北大这些年来不少院系为庆祝百年华诞都编纂了系史，但在所有同类作品中，物理学院的这本篇幅最长，内容最丰富，修订印刷的次数最多，发行量也最大，在校内外产生了一定的影响。这其中凝聚了沈克琦、赵凯华两位主编和其他参编人员的大量心血。两位主编虽然住在同一个小区的同一座楼内，但几乎每天都要通话多次，交谈内容都离不开系史的撰写，有时一个电话就超过一小时。在补充修订《北大物理百年》一书时，沈克琦已经身患绝症，健康状况和工作效率大不如前，但他仍抱病伏案工作。

图 11-13 2013 年 10 月 19 日，在北大物理百年庆典会场沈克琦（中）与“沈克琦物理教育基金”的捐助者王蓌祥（右）合影（图片来源：沈克琦家人提供）

为了完成手边未竟的工作，在生命进入倒计时阶段他一直在与时间赛跑，甚至断然放弃了手术的机会。2013 年 10 月，北大物理百年庆典活动在邱德拔体育馆隆重举行，与会嘉宾和海内外归来的校友人手一册散发着墨香的《北大物理百年》，厚重的历史以图文并茂的形式展现在他们面前。4000 册书悉数下发，尚未满足校友的需求。院领导马上拍板再补印一批，补印前还要对业已发现的错误继续修订。

2014 年 2 月下旬，因结肠癌造成肠梗阻，沈克琦此时已无法进食进水，必须接受手术才能挽救生命。就在他住医院准备手术时，还将最后未审完的稿子带进医院，赶在手术前完成最后的审核，之后让家属把稿件交给赵凯华老师。2014 年，时隔不到一年，《北大物理百年》又出了第二版。可以说，沈克琦已经把自己的生命融入这项工作中，自始至终他没有一句豪言壮语，只有默默无闻的实际行动。这也是病榻上的老人交出的最后一份答卷。

前面提到系史一书的附录，整理学生名单有很大难度，且花费了大量的时间。但若和系史内容的撰写相比，这还只是技术性问题，可以通过发动群众逐步完善。更棘手的工作是对学科发展详略得当的描述，对所涉人物恰如其分的评价。很多事情的认知不能脱离当时的历史背景，在回望历史的同时，既要客观、忠实于史实，又要能根据现在的认识给予恰当的评价。这个“度”的把握和拿捏十分重要，否则就无法被过来人及后人所认可。

“反右”问题至今仍是官方媒体的禁区，物理系在这场运动中成为重灾区，共有 140 位师生被定为“右派分子”，其中包括教师 9 人，研究生 2 人，本科生 129 人。人数居北大之首，也居全国物理系之首。学院领导支持主编如实反映这段历史，首先是将学生的名字按入学及毕业年份列出，同时对这一历史事件给出一个客观、公正的描述。在《北大物理百年》一书中有这样一个小标题“动荡的一年半（1957年6月—1958年12月）”，其中写道“131名学生中，有11人免于处分，有1人被逮捕并开除学籍。其余分别受到留校察看、保留学籍、劳动察看和开除学籍、劳动教养的处分。……1978年冬中央颁发55号文件，要求复查右派工作。北大党委据此对北大右派一案进行了复查，原物理系的右派分子都属错划，全部予以改正。”对于他们的学籍，根据教育部1984年6月20日发出（84）教学字031号文按的精神，按照“文化大革命”前部分大学生落实政策补发毕业证书。

书中还写道：

> 这些被划右派的师生许多是关心政治要求入党的积极分子，有些是党团干部。他们在大鸣大放时期响应党的号召，帮助党整风，经过深入的思考，发表了有助于整风的改进工作的铮言，许多意见即使按二十年后官方的观点看也是正确的。……反右运动对全国知识分子起到了钳制思想自由和言论自由的巨大作用，对北大物理系学生的伤害尤大。一大批品质优秀并具独立思考精神的青年师生受到了重大打击，许多人因此坎坷一生。①

两位主编、两位为中国物理学教育奉献了一生的老人，以自己的良知和勇气完成了这项工作，给历史交上了一份完满的答卷。

设立基金　奖掖后学

2011年10月16日，北京大学物理学院在北京大学中关新园二层科

① 沈克琦、赵凯华：《北大物理百年》（第二版）。北京：北京大学出版社，第65–66页。

学报告厅举行举办了“沈克琦先生九十寿辰庆祝会暨‘沈克琦物理教育基金’成立仪式”。“两弹”元勋于敏先生以及中科院院士杨国桢、刘光鼎、甘子钊、王阳元、杨应昌、陈难先、王恩哥等到会祝贺，北大老领导王学珍、王义遒、迟惠生、陈守良、王希祜、潘永祥、研究生院院长陈十一教授等来到庆祝会现场共贺先生寿辰。会议由物理学院党委书记陈晓林主持。会上，北京大学副校长王恩哥院士作开场致辞，他首先向沈克琦先生送上自己最诚挚的祝福和最衷心的祝愿，并向来宾全面介绍了沈克琦先生既往的求学从教经历，表达了对沈先生为人师表、高洁品格的敬仰之情。王恩哥表示，沈克琦先生几十年如一日，不计个人名利，服从大局利益，勇于创新，敢于担当，不仅为国家培养了大批杰出人才，同时也将北大的办学理念推广到全国。

中国物理学会常务理事会原理事长杨国桢院士在致辞中深情回忆了他与沈克琦先生曾经一同共事的难忘经历，他特别谈到了当年沈先生任主编时带领编写的《中国科学技术专家传略·物理卷》一书，全书共计 1500 万字，该书收录了物理学领域众多知名学者，成为物理工作者和高校师生了解我国物理学科发展史的重要参考资料。

作为沈克琦先生的学生，北京大学原物理系主任赵凯华教授表达了自己对于先生师恩的感激之情。他深有感触地谈及先生任教时的人格魅力和学术素养，严谨求实的工作态度等都给人留下深刻印象，尤其在自己赴苏归国后，沈先生用心良苦地将相关学术笔记慷慨赠予，更是让他受益良多。

图 11–14 北京大学教育基金会秘书长邓娅（右）代表学校接收捐赠（图片来源：沈克琦家人提供）

先生的另一位学生、中国物理学会教学委员会主任、北京大学物理学院叶沿林教授也出席了本次庆祝会。他向来宾分享了沈先生为师从教的点滴细节，从中可以看到沈克琦一丝不苟、事事认真的严谨态度。他最后代表教学委员会全体成员祝沈先生健康长寿。

庆祝会现场还举行了“沈克琦物理教育基金”成立仪式，基金捐赠方代表、北京大学物理学院 1988 级校友王荄祥捐赠 100 万元，用于成立“沈克琦物理教育基金”。他在讲话中表达了对沈克琦先生的感激，正是沈先生对他的精神激励和大力支持才让他梦圆北大，并最终创出一番事业。他希望该基金的创立能够传承沈先生以及北大师长们的精神和风骨。北京大学教育基金会秘书长邓娅博士代表学校接收捐赠并向王多祥校友表示感谢。

沈克琦先生认真准备了讲话稿，他对诸位学生、同仁、亲朋好友莅临庆祝会深表谢意。他深情回忆了当年饶毓泰等前辈师长对自己的关怀和指导，回顾了曾经一度的艰苦岁月，谈到“文化大革命”中众多师友给予的亲切关怀和无私帮助，让他终生难忘。他同时表示，现在环境与过去大不相同，上纲上线的批判已成往事，因此，要进一步传承独立之思想、自由之人格的北大精神，要努力培养更多创新型人

图 11-15　沈克琦在捐赠会上发言（图片来源：沈克琦家人提供）

图 11-16　沈克琦（左）与“两弹”元勋于敏（右）亲切交谈（图片来源：沈克琦家人提供）

才，引领社会进步，助力国家发展。他还强调，刚成立的物理教育基金很有意义，一定要将其作用发挥好，促进物理人才的培养。

最后，全体人员参加了由赵凯华教授、甘子钊教授共同主持的沈克琦先生生日宴会，并分享了象征长寿与健康的寿桃蛋糕。

中国科学院、中国物理学会、全国中学生物理竞赛委员会、教育部考试中心、物理杂志、高等教育出版社、清华大学、北京师范大学、首都师范大学、北大教育基金会、微电子所、遥感所、物理学院等单位，沈克琦先生的家属、学生等近 200 人参加了庆祝会。

结 语

回顾沈克琦的一生，他虽未如众多学术大家一般在科研上有较高的造诣，但他从本科毕业执起教鞭到年过九旬仍关注着物理教育，用七十年的坚守诠释了一个教育工作者对这份事业的热爱与执着。目前发展势头良好的北京大学物理学院、蒸蒸日上的烟台大学、如火如荼的中学物理竞赛，乃至广大学子使用的物理课本，无不凝聚着沈克琦的心血。可以说，沈克琦在中国物理教育的发展史上功勋卓著，且他对教育的独到而深刻的见解至今仍影响着众多教育工作者。

沈克琦一生中曾有两次机会投身科研，一次是 1947 年，当饶毓泰得知国际扶轮社有资助留美的名额时，为沈克琦安排申请事宜。沈克琦当时得到了胡适校长和郑华炽教授写的推荐信，还得到了朱光潜教授为他写的英文水平证明信。但由于面试时对美国政府表达的不满断送了他的留美之路。从这一点来看，沈克琦有着较强的民族自尊心和自豪感，也可以算作他后来尽力投身教育的一种原动力。

另一次是 1954 年 11 月苏联新西伯利亚大学副教授、金属物理专家华西列夫应中方请求到北京大学访问，随后留校工作，沈克琦负责专家接待工作。在这次访问中，沈克琦与这位著名学者进行了很多学术上的交流，这使他对金属物理产生了浓厚的兴趣。经过一番慎重考虑，他将自己的进修方向定为金属物理，并随华西列夫学习金属学、固体范性及形变、X光及固体物理。但1955年10月，沈克琦调任北京大学物理系主任助理，党总支委员，协助诸圣麟主任管理全系系务。繁重的行政工作让他与科研再一次失之交臂。从中可以看出沈克琦在重要的选择关头都能够服从组织安排，以大局为重，牺牲个人的追求。后来的历程也验证了，正是由于沈克琦主管了物理系系务，才使得北大物理系在动乱年代得以最大限度地维持正常教学和发展。从全局工作着眼，这显然更为重要，他为此所作出的牺牲也得到了应有的回报。

作为一位资深的教育家，沈克琦本人担任北京大学副校长、参与创建烟台大学、创办中学生物理竞赛等工作已经使他被称作一位功勋卓著的教育家，但采集小组认为，沈克琦本人对教育的见解，才是他留给后世教育工作者的最大财富。归纳起来有如下几点：

（1）教育必须要具有创新性；

（2）要按照教育规律办事；

（3）高校应当保持思想的独立和自由；

（4）培养的人才应该是多层次、多类别的；

（5）考核学生和教师的方式应该是综合化、多样化的。

这五点与沈克琦本人的家庭环境，小学、中学所受的教育，尤其是后来本科在西南联大的经历有着极为深刻的联系。沈克琦父亲曾担任小学校长，祖母、母亲也颇有文化，又生在江苏省——当时中国中小学教育最为发达的地区。沈克琦的家庭对教育的重视也深刻地影响着沈克琦本人的成长。同时，中学便接触了西方的教材和文学作品，让沈克琦眼界开阔，认识到了教育的形式和手段可以是丰富且创新的。在西南联大期间，当时独立自由的校风——特别是西南联大对国民政府教育部“抗命不遵”的事件更是体现了其独立自主的勇气——深深感染着包括沈克琦在内的学子。至今，中国仍无一所大学能够达到西南联大的高度，所取得的成就也无法与西南联大相比。这更说明了高校保持思想独立和自由的重要性。

沈克琦本人回顾，他对教育的看法的一次较大的更新是出现在20世纪70年代的美国之行后。沈克琦随代表团详细参观了美国的小学、中学、大学、职校、企业、工厂等单位，全方位了解了美国的教育体系，才第一次认识到教育所培养的人才应该是多层次、多类别的，并非一味追求学术型人才，专科职校是教育体系中重要的一环，人才应该是金字塔型的。这种观点在当时的中国还非常新潮。但今天中国的人才现状已经说明，包括高级技工、高级技师在内的技术型人才严重缺乏，同时每年大量的本科生毕业却难以找到工作，人才结构严重畸形，制约了我国许多产业的发展。

“按照教育规律办事”和“考核学生和教师的方式应该是综合化、多样化的”是沈克琦多年从事教育工作的深刻总结。人的多样性决定了人才的多样性，因此，按教育规律办事，首先就是要因材施教。长久以来，中国的教育模式较为僵化，甚至可以被比喻为模具，不论什么样的学生进去，出来都是一个样子。而沈克琦认为，学生如同一块璞玉原石，教育工作应该是雕琢，让材质本身的光泽闪耀出来。沈克琦创办中学物理竞赛，正是给了一部分有创造力的学生另一种发展道路，去展示他们本身的智慧。同时，沈克琦晚年编纂的物理教材也是为学有余力的学生提供了更多的学习与思考的空间。

如果继续深入挖掘，我们可以将沈克琦这一系列的教育思想归纳为：创造更多的机会。“教育必须要具有创新性”，是通过创新来完善教育的目的和方式，从而为提供更有针对性的教育创造机会；“要按照教育规律办事”，是因材施教，深刻把握“教”与“材”的关系，更好地挖掘学生的潜力，从而为学生提供更多的施展才华的机会；“高校应当保持思想的独立和自由”是要让高校能成为一个敢思想、敢说话、敢尝试的圣地，从而为更多思想的迸发创造机会；“培养的人才应该是多层次、多类别的”，不仅让学术型人才，也要让技术型人才、业务型人才都有学习和发展的机会；“考核学生和教师的方式应该是综合化、多样化的”是要给更多的教育方式以机会，给更多的人才类型以上升的空间。

新中国成立60多年来，我国的物理学教育事业收获了令人鼓舞的巨大成就，培养出了一批又一批执着探索、努力创新、敢当民族重任的高素质物理学人才。成绩的背后，离不开许多像沈克琦一样的教育家们几十年如一日的无私奉献。他们始终怀着炙热的爱国情与事业心，以提高教育质量、培育英才为己任，孜孜以求，不断探索，谱写了我国物理学教育史的辉煌诗篇，奏响了人才铸就民族崛起的动人乐章。在这些为中国教育事业奋斗毕生的大师身上，凝聚了报国爱民的博爱情怀，凝聚了矢志不渝的执着与坚守，凝聚了献身科学的甘之如饴，这些精神正是这个时代迫切需要而难能可贵的财富。

沈克琦一生从事教育事业，他始终怀着一腔热血，实干苦干、坚韧不拔。他有一颗无私坦然的心，勤勤恳恳，孜孜以求，付出不讲回报，奉献不求索取，从不追求名利。他的目光始终关注着青年人的成长，关注着新中国物理教育事业的发展。他见证了国家的发展与民族的崛起，也将自己的一生无私地献给了教育事业。在沈克琦的眼中：教育，就是造福人类的千秋功业，是自己一生的美好追求。

附录一 沈克琦年表

1921 年

10 月 17 日，出生于江苏省武进县（常州）。

1927 年

就读于江苏省武进县立新坊桥小学，曾任副班长。

1931 年

“九一八”事变发生，年级任课老师率领学校五年级学生上街宣传抗日。

1933 年

毕业于武进县立新坊桥小学。考入江苏省立常州中学初中部。初中时读了四大名著中的《水浒传》《三国演义》《西游记》，以及《东周列国志》和武侠小说《七侠五义》《江湖奇侠传》《镜花缘》等等。

1936 年

升入江苏省立常州中学高中部。

1937 年

4—7 月，学校组织高一学生异地军训，在镇江住了 3 个月。

7 月，七七事变爆发，学生们撤回学校。

11 月，日寇进逼常州，常州中学被迫停办。

1938 年

6 月，由婺源继续向西流亡。

7 月，到达长沙，考入江苏省立临时中学高中三年级。

10 月，高三开学。

1939 年

6 月，于江苏省立湖南桃园中学毕业。

7 月，在贵阳参加全国统一高考，考试科目为国文、英文、数学、公民、物理、化学、史地等七门。所报三个志愿都是工科：第一志愿西南联大航空系、第二志愿中央大学航空系和第三志愿浙江大学机械系。同时，报考了单独招生的兵工专门学校。

7 月，一友人告知其因英文零分落榜，后经该友人追查，在已送入防空洞的英文白卷中找到其试卷（非白卷），经补阅并用电报向重庆补报成绩。最终成绩为 417 分，在贵阳 800 多名考生中名列前茅。被西南联大航空工程系及兵工专门学校同时录取。

9—10 月，到西南联大报到时，因同时考取兵工专门学校而被取消统考学籍。在昆明城内基督教青年会宿舍暂时住下，每天在西南联大旁听相关课程。

10 月，在“各地来昆学生就学指导处”主任、西南联大训导长查良钊帮助下，终经教务长批准得以注册，进入西南联大学习。

入学后，依靠沦陷区学生每月 9 元的救济金度日。

1940 年

日军侵占安南（今越南），原为大后方的昆明遭日机频繁来袭，西南联大校舍多处被毁。

9 月，在大二选择专业的时候。因家庭经济问题，无法负担在航空系学习所需的价值约 30 元的计算尺、绘图仪器等昂贵的学习用具，最终放弃航空系选择在物理系继续学习。

1941 年

8 月，陈纳德率领的“美国志愿航空队”进驻云南，日军空袭因此大大减少，学习与作息时间恢复正常。

年底，为生活所迫，开始做各种兼职。政府发放的救济金或贷金虽然可以支付其每天两餐的费用，但维持日常生活还得到外边找兼职工作。

12 月，从兼管物理学会工作的系秘书虞福春先生处得到刻写蜡版的工作，每月获 2 元（法币）生活津贴（当时每月伙食费为 9 元，以后涨到十几元每月）。

同年获“檀香侨胞奖学金”，共计 10 美金，约 40 法币。

1943 年

7 月，从西南联大毕业，获理学士学位，被学校评为优秀毕业生。毕业论文为《行星的大气及其光谱》，为文献综述型论文，由吴大猷教授指导，获 95 分。毕业后被物理系主任饶毓泰拟定留校任教，同时还获得了吴有训先生推荐去广西大学及国立科学仪器馆工作的介绍信；但因思乡心切，且无法负担昂贵的旅费，请求先与家人团聚，与饶毓泰约定回家一年后挣够旅费再回联大任教。

9 月，辗转回到桂林，由父亲介绍，在桂林国立汉民中学任物理教师一年。在学校担任全校初、高中物理课教学工作，并代授部分三角函数课程，授课负担极重；工作所得薪水用以贴补家用并帮助三个弟妹读书。

1944 年

原拟 1944 年夏回昆明履约，但日军南进，湘桂吃紧，不能弃家离桂，全家随汉民中学向贵州疏散，经永福到百寿（桂林附近），短期上课。接着又由百寿经融县，再沿江上溯，徒步 300 千米辗转迁至贵州榕江，借贵州师范学校继续授课。

1945 年

8 月 15 日，日军无条件投降。翌日，榕江山洪暴发，县城被淹。随身物品中除两本英文教科书外其他物品全部丢失。

9 月，随汉民中学师生搬回桂林，继续在国立汉民中学任教约一年。

1946 年

年初，与物理系代主任郑华炽联系，接到直接到北平报到的通知。

5 月 4 日，西南联大解散，三校复员北返。

7 月，由桂林经榕州、广州、香港、上海回到家乡常州省亲，稍事休息后即到上海乘船北上。

10 月下旬，乘货船经秦皇岛到北平，与钱伟长、季羡林等同船。到北平后居住在北大红楼单身教工宿舍，任北京大学物理系助教，在系主任郑华炽的安排下负责三年级光学实验教学，负责安排实验、准备实验仪器、写实验讲义和指导学生等工作。在承担全时教学任务的同时，为进一步学习，开始选修研究生课程。

1947 年

受系主任饶毓泰教授推荐，申请国际扶轮社的资助留美奖学金，并获得胡适校长和郑华炽教授写的推荐信，以及朱光潜教授写的英文水平证明信，前往贝满女中参加面试。面试时，因率直表达出反对“美国协助蒋介石打内战的对华政策”的想法而最终未获得留美资格。

被批准为在职研究生，并和王树芬一起在赵广增教授指导下进行“慢电子与氢分子碰撞时的能量损失”的实验研究。这一研究持续至 1949 年。

1948 年

与协和医科大学医预料学生张星结为夫妻。

1949 年

夏，以积极分子身份参加北京市委组织的党员训练班。10 月，大女儿出生。

1950 年

5 月，经郭沂曾、梁思睿介绍加入中国共产党。

北京大学物理系工会成立，任副小组长，负责政治学习。朱光亚为小组长。

修读完研究生课程，被聘为北京大学物理系讲员（当时北大在助教与讲师之间还有一级称讲员或研究助教，后者用较多时间做研究工作），继续从事教学工作。12 月二女儿出生。

1951 年

9 月，被聘为北京大学物理系讲师。负责光学实验实的工作，编学实验讲义并上实验课。

1952 年

高等教育开始全面学习苏联。

8 月，京津高等院校进行人事调整。

8 月，作为三校（北京大学、清华大学、燕京大学）建设委员会的分房负责人，与胡祖炽（清华）、于效谦（燕大）一起为三校教师分配家属房。

秋，经过院系调整，北京大学物理系规模急剧扩大。参与并主持了物理系新教学计划的制定及修订工作。

9 月 16 日，院系调整的迁校（从沙滩搬至燕园）工作正式开始。

10 月，搬入中关园沟东 234 号居住。

10 月，任北京大学工会副主席、党组书记，参与在全国范围进行的教育改革。与张志超、孙佶一起讨论确定物理系的专业设置、制定四年制教学计划及师资安排。

1953 年

上半年兼管普通物理实验。3 月儿子出生。

夏天，任北京大学物理系普通物理教研室副主任，协助虞福春主任领导新开设的两年半制普通物理课的建设工作，并承担数学力学系和地质地理系的普通物理课程讲授任务。

9 月，参与北京大学的学制改革，在中文、物理两系率先实行五年制教学计划。

11 月 8—9 日，学校召开第六届委员代表大会，代表上届基委会做了工作报告。

担任物理系教师党支部委员。

1954 年

9 月，北京大学全校实行五年制教学，物理系教学计划得到推广。

11 月，金属物理学家华西列夫到北京大学访问，负责接待工作。进修方向定为金属物理，同时继续讲授普通物理课。1954—1956 年随华西列夫学习金属学、固体范性及形变、X 光及固体物理。

1955 年

年初，参加在天津召开的教学大纲会议，参加领导小组会议。

夏天，随以高教部李云杨司长为首的工作组到复旦大学调研。

10 月，任北京大学物理系主任助理，党总支委员，协助褚圣麟主任管理全系系务，放弃了一直热爱的科研工作。在完成 40 学时的固体物理课教学任务的同时，全力投入系务工作。

1956 年

北京大学物理系响应中央“向科学进军”号召，准备狠抓教学与科研。后因政治运动未果。

6 月 2 日，被选为北大党委会候补委员。

参与在北京大学物理系建立中国第一个地球物理专业。

9 月，协助拟定物理系六年制教学方案并首先通过校党委常委审查供各系参考。但因后续政治运动并未实施。业余时间自学俄文，很快能够借助字典阅读专业书籍。

1957 年

2 月 6 日，市委高校党组通知：“经高校党委常委讨论决定：同意你校党委候补委员沈克琦递补为正式委员”。

5 月，北京大学开始进行“反右”运动，物理系成为“重灾区”。曾任物理系教师“反右”运动负责人，但很快被调离物理系“反右”工作领导小组，仍继续负责物理系的行政工作。“反右”工作改为他人负责后，大批教师学生被错划为右派。

11 月，新物理大楼开始施工。

1958 年

6 月，全国开展“大跃进”运动，物理系教学计划被完全打乱。

夏，搬入中关园沟西 78 号居住。

9 月 18 日，被选为北大第三届党委委员。

12 月，北大物理系分为物理、无线电和地球物理三个系。担任物理系副系主任。

随校党委副书记、副教务长张群玉去第二机械工业部（二机部）调查毕业生需求情况，并由此确定打好基础、部分实行五年制的政治运动时期的教学方案。

1959 年

上半年，参与学校整顿教学秩序，主要补授因“大跃进”缺失的课程。

1 月，代任物理系党总支书记。

任物理系副系主任。

夏，由平秉权接任物理系党总支书记。

下半年，为物理专业学生讲授“光学”课，后由他人接替；并在北京钢铁学院兼职讲授“光学”（每周 8 学时），同时承担较重行政工作和党的工作。北京大学开展“反右倾”运动，因顶风整顿教学秩序而被迫做出检讨。

1960 年

迁入新物理大楼。

被北京大学评为副教授。

参加在和平宾馆召开的“三年规划，八年设想”会议，任物理组秘书。

2 月，向教育部申请在物理系实行六年制教学，以保证教学质量并解决学生负担过重的问题。提出根据教育实际情况增设英语为第二外语的建议得以采纳并实施。

12 月，经历了三年饥荒的最困难时期，大批师生患浮肿病，学校采取紧急措施减少劳动。

1961 年

1 月，在中央提出的“调整巩固充实提高”的八字方针下再次纠偏，并为学生补课。

市委大学部吴子牧工作组深入物理系了解“大跃进”对学校教学的影响，纠正了一些偏差。

1962 年

5 月 7 日，被选为出席北京市党代会正式代表。

参加在新侨饭店召开的理科教学物理组工作会议，负责草拟上报的文件，该会议确定了全国物理专业的教学计划。

参加在民族饭店举行的全国科学规划会议，任物理组秘书。

1963 年

2 月 3 日，被选为北大第五届党委委员。

8 月，任中国物理学会副秘书长（至 1987 年 3 月）。

参加在北京饭店举行的全国科学规划会议，任物理组秘书。

1964 年

北京大学开展社会主义教育运动，校系两级领导均遭批判。

1965 年

上半年，开始纠正北京大学物理系在社会主义教育运动中出现的左的偏差。

10 月底，与物理系三年级学生赴延庆县参加农村“四清”。

1966 年

“文化大革命”爆发。

2 月 23 日，校党委常委决定任命沈克琦代理自然科学处处长，参加汉中分校领导小组。

5 月，作为援助磅湛大学建设实验室的专家组成员前往柬埔寨。

6 月 5 日，从柬埔寨返回北京大学后即作为“走资派”遭到批判。

1967 年

5–12 月被关进北大监改大院。

1968 年

9 月下旬，全校清理阶级队伍运动开始，因他人诬陷，被扣上“美蒋双料特务”的帽子，从劳改大院移至物理大楼后的平房，由物理系监改小组关押。工宣队进校后，被安排住在学生宿舍，周六晚可回家，周日晚返回。

1969 年

10 月，下放到江西鲤鱼洲“五七”干校“劳动改造”，先在红二连粪班挑粪，后转到菜班种菜。

1971 年

8 月，江西鲤鱼洲“五七”干校撤销。到南昌车站做搬运工，每日肩扛大米送入仓库。

9 月下旬，到武汉与从中科院湖北潜江“五七”干校赶来的妻子张星团聚一周。之后到常州探望母亲，10 月回到北京。回京后被编入战备二连继续参加劳动，随汽车进城运渣土，在北大三角地修简易商业用房。

1972 年

3 月，学校开始“解放干部”，要求本人先做检查，通过后恢复工作，重新回到教学岗位，任物理系“教改组”副组长。

8 月，任物理系革命委员会副主任，主抓全系教学工作。面对“开门办学”、“边劳动边学习”的混乱的教学秩序，将学生按程度分班并帮助学生补课。主张加强基础课学习，“反右倾”时遭到批判。

1973 年

6 月 9 日，美籍华人段三孚教授来校开办基本粒子理议座谈会，与胡宁教授共同主持座谈。

12 月 30 日，国务院科教组和北京市革委会科教组采取突然袭击的办法对教授、副教授进行数理化考试，考试成绩名列前茅。

1975 年

8 月，被任命为革委会副主任。

1977 年

8 月 4—8 日，作为 17 名高校代表之一，与周培源先生作为北大代表，一起参加邓小平组织召开的“科学与教育工作座谈会”。在会上重点反映了北大因学生文化基础差而使教学陷入困境的情况，并坚决支持武汉大学查全性教授关于恢复重点院校高考统一招生的发言。会议对“文化大革命”期间的科教战线进行了拨乱反正，产生了重大影响。

11 月，作为中国首次派出的高等教育代表团秘书长访美。在一个月的时间里，走访了 13 所各种类型的高等院校、美国科学院、国家科学基金会、教育部、研究所、工厂以及中小学等共46个单位，全面考察了美国的教育状况。回国后代表团撰写了详尽的总结报告。

1978年

被北京大学评为教授。

1月，从物理系革命委员会副主任转任物理系副系主任。

6月27日，被中共中央任命为北京大学副校长，具体分管教学、招生、体育、图书馆、世行贷款、北大分校等工作。

8月，中国物理学会教学委员会成立，任主任委员。

1979年

任中国物理学会教学委员会主任。

任教育部高等学校理科物理教材编审委员会委员（1979—1984）

4月5日，任校党委常委。

4月13日，任校学术委员会副主任。

6月23日，校学术委员会图书委员会举行第一次会议，选举沈克琦为主任委员。

10月27日，市委通知同意增补沈克琦等人为中共北京大学委员会委员，常委。

1980年

1月5日，全国教育工作会议开幕，北大四人作为特邀代表出席会议，包括沈克琦。

1月6日，校办公会成立毕业生工作领导小组，任组长。

1月14日，经常委研究，免去沈克琦物理系副系主任职务。

3月，为《中学物理竞赛题解》撰写前言。

3月21日，任1980年招生委员会主任委员。

4月8日，高等教育研究会成立，被选为副理事长。

4月，中科院研究生院、北京大学等单位成立中美联合招考赴美研究生项目（CUSPEA）委员会和办公室。同中国科技大学研究生院吴塘副院长共同负责国内具体组织工作，并主持物理考试的阅卷。

6 月，出席北京市科协第二次代表大会，当选为北京市科协第 2 届委员会副主席（至 1986 年）。

8 月 20 日，北大成立世行贷款中心实验室领导小组，张龙翔校长任主任，沈克琦任副主任。

11 月 28 日，被选为北大第 7 届党委委员。

11 月，担任全国高等教育自学考试指导委员会副主任（1980–1996 年）和北京市高等教育自学考试委员会副主任（1980—1997 年），主持编写自考课程“自然科学基础”的考试大纲、教材和自学指导书，共计 140 多万字，并主持命题工作多年。参与创建西南联大北京校友会，历任副会长、常务副会长、会长。担任中国物理学会教学研究委员会主任委员（至 1991 年 3 月），北京市科协副主席。

12 月 4 日，出席 1979—1980 年度三好学生、优秀学生干部、先进集体表彰大会，宣读名单。

1981 年

国家遥感中心技术培训部成立，任培训部主任。

8 月 26 日—9 月 9 日，北京大学代表团一行五人应邀访问南斯拉夫贝尔格莱德大学，沈克琦任副团长，代表北大在第 26 届“今日大学”国际讨论会上发言，介绍我国高等教育情况。

9 月 17 日，出席全校迎新大会。

12 月 16 日，出席 81 届（77 级）毕业生大会。

11 月 27 日，应邀出席中国科技大学当年的毕业典礼。

1982 年

1 月 9 日，出席欢送 77 级毕业典礼，并代表学校宣读表彰优秀毕业生决定。

1 月 18 日，学校成立学位评定委员会，分文理两个分委员会，沈克琦任理科学位评定委员。4 月 1 日获教育部批复。

1 月，为《大学物理》撰写第 1 期发刊词。

2 月 20 日—3 月 1 日，参加中国科学院工作讨论会议。

5 月 8 日，出席北大图书馆建馆 80 周年庆祝会。

6 月 21 日，学校举行授予吴健雄博士名誉教授仪式，出席并主持。

7 月，出席第一次全国中学物理特级教师会议，致开幕词，全文刊登于当年《物理教学》第 5 期。

8 月，与李赞良、宋增福合作发表《深切怀念我国物理学界的老前辈饶毓泰教授》，刊登于当年《物理》第 8 期。到上海验收由北大校物系承担的国家重大科研项目—— 4.5 兆静电加速器主体机械结构。

9 月，发表《中学物理教学中几个需要研究和改进的问题》，刊登于当年《人民教育》第 9 期。

12 月 6—8 日，出席联合国教科文组织在法国巴黎召开的“负责拟定《亚洲和太平洋地区承认高等教育学历、文凭与学位的地区公约草案》政府专家特别委员会”会议，并行使表决权，任中国代表团团长。

1983 年

3 月 16 日，在党委常委会上汇报教育部意见，北大、清华办分校，学生走读。

4 月 8 日，校办公会通过“图书资料人员职称评定委员会”调整名单，沈克琦为九人之一。

4 月，与中国科技大学钱临照教授共同主持两校有关同志共同编写的高等学校教学参考书《物理学习题集（第三册）》，由高等教育出版社出版。

5 月，任全国高等教育自学考试指导委员会副主任。

6 月 28 日，党委常委会决定沈克琦任遥感技术研究所所长。

9 月 12—16 日，受联合国教科文组织委托，北大举办亚洲地区实验物理教学会议，任会议组织委员会主任，并出席开幕式和闭幕式。

9 月 17 日，出席北京市教工委就北大分校的发展方向、发展规划、领导体制等问题召集的讨论会。11 月 17 日校党委和校行政做出《关于北京大学分校若干问题的会议纪要》。

10 月，受教育部聘请，担任编制十五年（1986—2000）科技发展规划“教育部遥感规划组”组长。

11 月 13 日，中国物理学会科普工作委员会在北京举行中学生物理竞赛预备会议，讨论了指导思想、报名方式、命题原则、竞赛程序、组织领导、奖励办法、日程安排以及时间、地点、经费等一列问题。

卸任北京市物理学会秘书长。

西南联大北京校友会开始编纂《国立西南联合大学校史》。

1984 年

1 月，发表《进一步办好〈物理教学〉为培养物理人才做贡献》，全文刊登于当年《物理教学》第 1 期。

1 月 8 日，中国物理学会三届三次会议通过全国中学生物理竞赛委员会名单，任主任。

3 月，出席全国中学生物理实验教学经验交流会并发表讲话，全文刊登于当年《物理教学》第 3 期。

3 月，北京大学领导班子换届，不再担任副校长，但仍负责世行贷款和对台宣传小组的工作。改任校务委员会副主任。

4 月 19—20 日，召开竞赛委员会第一次会议，通过《第一届中学生物理竞赛计划（修改稿）》。

5 月 18 日，校长办公会决定成立北大教师职称整顿领导小组，为小组成员之一。5 月中旬，北京大学党委书记王学珍向沈克琦交代了中央要求北大支援烟台大学建设、拟请沈克琦出任烟台大学校长的任务。

6 月 27 日，在万里要求下，受教育部委派，与清华大学杜建寰教授一同赴烟台参加烟台大学筹建工作会议，就烟台大学的性质和任务等一系列问题进行讨论，确定了办学规模、系科设置、基建计划、以及经费来源，并决定按省属重点大学的要求进行建设，明确学校实行校长负责制。

7 月 1 日，参加烟台大学奠基剪彩仪式。

7 月 14 日，教育部党组批复，同意北大设校务委员会，任副主任。

7 月 28 日—8 月 2 日，参加国家科委率领的代表团出访加拿大温哥华、渥太华、多伦多、滑铁卢等城市。

12 月 27 日，主持北京大学授予杨振宁名誉教授仪式。

12 月 31 日，教育部批复同意在原五校组成的“高等学校遥感应用研究协作组”的基础上，建立“高校联合遥感应用研究中心”。“中心”工作委托北京大学领导，由沈克琦主持。

12 月，获北京市高教局、北京市教育工会颁发的“为人民教育事业辛勤工作三十年”证书。

1985 年

1 月 23 日，教育部和中科院联合组团赴美看望 CUSPEA 学生，任团长。其间曾到李政道博士家中拜访。

3 月，任校务委员会副主任，兼任烟台大学校长。

3 月 1 日，山东省委下发《关于烟台大学领导班子配备的通知》（鲁任[1985]13 号），任烟台大学校务委员会副主任、烟台大学校长、烟台大学党委委员。

3 月 2 日，出席第一届全国中学生物理竞赛授奖大会，发表总结讲话，全文刊登于当年《物理教学》第 6 期。

4 月 11—15 日，出席在昆明举行的中国物理学会教学研究委员会第三次全体会议，并做工作报告，总结过去两年的工作，对今后两年的工作提出建议。

4 月 25 日，受聘“国家科学技术委员会国家遥感中心”，担任《遥感信息》科学顾问。

6 月 4 日，校党委常委会决定沈克琦任遥感所所长，兼遥感联合中心主任。

7 月 3 日，主持授予李政道北京大学名誉教授仪式。

7 月，任全国博士后科研流动站管理协调委员会委员，参与建立博士后制度。

8 月 10 日，主持制定的《全国中学生物理竞赛暂行方法》，经由中国物理学会常务理事会通过。

8 月 28 日，出席“国际粒子物理和核物理讨论会”开幕式，9 月 2 日主席闭幕式。

9 月，被聘为全国中小学教材审定委员会委员。

10 月 5 日，出席加拿大国际发展研究中心（IDRC）举办的“遥感人员培训班”开学仪式并讲话。

10 月，主持召开第二届全国中学生物理竞赛委员会全体会议。

12 月，出席全国“微机在物理教学中的应用”学术交流会，致开幕词。

任中国青少年科技辅导员协会第一届理事会副理事长（1985−1990 年）。

1986 年

5 月，受北京市科协聘请，担任北京市青年科技奖第一届评审委员会委员。

6 月，出席优秀教学仪器奖励大会。

6 月，出席第二届全国中学生物理竞赛授奖大会，发表总结，全文刊登于当年《物理教学》第 6 期。

8 月 31 日—9 月 5 日，担任南京国际物理教育学术讨论会主席，并以“中国的物理教育”为题做大会发言。

9 月，任国家教委全国中小学教材审定委员会副主任，参与有关中小学课程计划、教学大纲的制定修订和教材审查工作。

10 月 20 日，经国务院批准，担任全国高等教育自学考试委员会副主任。

10 月，国家教委颁发纪念证书，内容如下：“沈克琦同志自 1979 年 10 月—1984 年 5 月，受原教育部聘请担任高等学校理科物理教材编审委员会委员，为高等学校的教材建设做出了贡献。特发此证，以作纪念，并资表彰。”

11 月 12 日，赴美参加哥伦比亚大学庆祝李政道博士 60 寿辰和“宇称不守恒”发表 30 周年学术报告会。同时向纽约州立大学石溪分校杨振宁教授祝贺“宇称不守恒”发表 30 周年。

12 月 26—30 日，第二次全国中学物理特级教师会议在上海华东师范大学举行，在会上致开幕词并作发言。

任北京市青少年科技辅导员协会理事长，北京市科协荣誉会员。

我国开始参加国际物理奥林匹克（IPhO）竞赛活动。主管国家集训队选手的选拔和集训等工作。

卸任北京市科协副主席，改任荣誉委员。

11 月 12 日—12 月 5 日，赴美，先后访问了东西海岸加州的萨克拉门托州立大学和圣弗朗西斯科州立大学、哥伦比亚大学和马里兰大学，探讨建立这几所美国大学与新建烟台大学的学术、师资交流合作关系。

1987 年

3 月 2 日，任中国物理学会第 4 届理事会副理事长（至 1991 年 3 月）。

6 月 30 日，烟台大学与美国马里兰大学学术交流与合作协议书签字仪式在烟台大学举行。和马里兰大学约翰・托尔校长分别在协议书上签字。

7 月 29 日，参加张承先在清华大学召开的北大、清华两校负责人会议。会议针对烟大创办过程中出现的一些问题，研究在新形势下两校如何继续更好地支援烟台大学。

8 月 7—9 日，与烟大学校领导人杜建寰等在威海参加由山东省委书记梁步庭、全国人大常委、烟大名誉校长张承先召开的烟台大学建设工作会议。会议研究了今后烟大建设和投资筹措问题。

9 月，出席全国中学物理实验教学经验交流会，致开幕词，全文刊登于当年《物理通报》第 9 期。

10 月 1 日，任中国物理学会胡刚复、饶毓泰、叶企孙、吴有训物理奖第一届基金委员会委员。

10 月 14—17 日，出席在合肥中国科技大学举行的中国物理学会教学研究委员会第四次全体会议，并做工作报告。

11 月 1 日，参加在北大举行的庆祝西南联大建校 50 周年大会。

1988 年

1 月，为《烟台大学学报〈哲学社会科学版〉》撰写第一期发刊词《为促进我国的四化建设和烟台大学的发展做出贡献》。

1 月，出席《九年制义务教育教学大纲》审查会议。

2 月 1 日，被人民教育出版社聘为“编制人教社《九年制义务教育初中物理》教材”顾问。

4 月 12 日，任遥感与地理信息系统研究所所长。

5 月，任北京市青少年科学基金会委员。

5 月 9 日上午，主持召开烟台大学校长工作会，针对四年支援到期后，两校支持烟大的方式、期限、条件等问题进行了研究讨论。

7 月，受聘国家教委，任《全国各类成人高等学校统一招生考试大纲》审定委员会副主任委员。

8 月，发表《祝贺〈物理教学〉创刊十周年》，刊登于当年《物理教学》第 8 期。

担任北京市青少年科学基金会委员。

参加中国国际交协会率领的访菲友好代表团赴菲律宾访问。

1989 年

1 月 26 日，出席全国高等教育自学考试指导委员会在京委员会议。会议就继续抓好自学考试质量，不断加强充实稳定自学考试机构和队伍，加强自学考试的宣传报道，表彰优秀考生，完善自学考试制度，适应社会经济发展的需求等议题继续讨论。

2 月，主编的《自然科学基础》（上、下册）由高等教育出版社出版。

3 月 1 日，受聘于国家教委高教司，担任高等学校工科大学物理试题库系统（第一阶段）鉴定委员会主任委员

5 月 4 日，主持北京大学国立西南联合大学纪念碑揭幕仪式。

5 月 10 日，受聘全国高等教育自学考试指导委员会，参加 1989 年全国高等教学自学考试“自然科学基础”统一命题。

11 月 18 日，受聘学术书刊出版社，任《中国科技专家传略》理科编委会编委。

12 月，主持第 6 届全国中学生物理竞赛授奖大会。

12 月 20 日，参加西南联大北京校友会第四届理事会，选举会长、副会长；任免总干事、副总干事。

北大图书馆与日本横滨有邻堂书店联合举办“孙文与横滨”展览，派团参加展览活动，任团长。

1990 年

1 月 22 日，出席全国高等教育自学考试指导委员会在京委员座谈会。会议强调，自学考试一切工作的中心是要坚持标准，保证质量，要坚持命题与辅导分开。

2 月 15 日，致信山东省教委主任吕可英并转省长赵志浩，汇报了烟台大学六年来的建设情况，称自己年纪大、身体欠佳，要求辞去校长职务。2 月 26 日，与杜建寰赴济南，向分管教育的副省长宋法棠、省委常委宣传部长苗枫林、省教委主任吕英汇报建校以来工作，请省里对两校撤离后的干部等问题做出安排。简要汇报了召开建校六周年工作汇报会的内容。

4 月，出席高教物理教学仪器优秀研究成果发奖大会并发言。

5 月，中国青少年科技辅导员协会授予荣誉会员称号。

5 月 7 日，受聘国家教委，任全国高校招生统一考试物理学科命题委员会委员（顾问）。

5 月 13 日，中国博士后科学基金会成立，任理事长。

6 月 10—11 日，中国青少年科技辅导员协会召开第三次全国代表大会第 3 届理事会第一次会议，通过了第一批荣誉会员名单，其中包括沈克琦。

7 月，以中国物理学会副理事长身份，致函 IPhO 秘书长戈茨考斯基（Gorzkowski）博士，申请举办 1994 年第 25 届 IPhO，得到 IPhO 国际委员会批准。

8 月 12 日，圆满完成援建烟台大学任务，离开烟台回京。

9 月，从烟台大学校长职位上正式卸任。获山东省人民政府授予的“记大功”奖励。

9 月 5 日，校党委书记和校长组织座谈会，欢迎支援烟台大学的干部和教师圆满完成任务回到北京大学。

10月12日，致函吴大猷，邀请他为饶毓泰诞辰一百周年纪念文集撰写文章。

12月，获国家教委颁发的从事高校科技工作40年荣誉证书。

1991年

1月，与赵凯华合作发表《国际物理奥林匹克竞赛和中国全国中学生物理竞赛》，刊登在当年《物理教学》第1期。

2月，主持制定《全国中学生物理竞赛章程》（12日通过）、《全国中学生物理竞赛内容提要》（20日通过）。

3月，中国物理学会理事会改选，卸任副理事长和教学委员会主任的职务，但继续担任全国竞赛委员会主任，协助赵凯华副理事长筹划第25届IPhO，任组织委员会副主席兼学术委员会主任，负责竞赛命题工作。

3月1日，受聘国家教委，任全国中小学教材审定委员会委员。

4月，受聘中国物理学会，任中国物理学会《物理教学》杂志顾问。

4月19日，经国务院批准，任全国高等教育自学考试指导委员会副主任。

5月10日，中华炎黄文化研究会成立，任理事。

6月1日，以中国博士后科学基金会理事长的身份在中国博士后科学基金捐赠仪式上发表讲话。

7月起，获国务院颁发的政府特殊津贴。

7月15日，被聘为《物理教育研究》编委会顾问。

11月，办理离休手续。

卸任北京大学校务委员会副主任。

卸任北京大学遥感技术及应用研究所所长。

卸任高校联合遥感技术应用研究中心主任。

中国科学技术协会组织编纂《中国科学技术专家传略》。但任“理学编”编纂委员会委员、《物理学》卷主编。

1992年

5月18日，受聘国家教委考试中心，任1992—1994年度教育考试研究委员会委员。

6 月 15 日，受聘北京市科学技术史志办公室，任《北京科学技术志·物理》特邀编辑。

7 月，与张树霖共同发表《中国拉曼光谱研究的先驱者——吴大猷先生》，刊登在当年《光散射学报》第 4 卷第 1 期。

10 月，全国物理特级教师会议在上海召开，在会上发表题为《国际物理奥林匹克竞赛与中学物理教学》的报告，刊登于次年《物理教学》第 2 期。

11 月，受聘科学出版社，任《博士丛书》专家指导委员会委员。

11 月，与吴自勤共同发表《早期的北京大学物理系》，刊登在《物理》第 11 期。

修订出版高等教育自学考试试用教材《自然科学基础》(第 2 版)，分为《物理学》《化学》《生物学》《地球科学》《系统科学》5 个分册，由高等教育出版社出版。

12 月中旬，为 1994 年将在北京举行的《国际物理奥林匹克竞赛》主持命题会议。

1993 年

10 月，主编的《自然科学基础 (第二版) 自学指导》一书由高等教育出版社出版。

10 月中旬，出席在湖南举办的第 10 届全国中学生物理竞赛。

1994 年

2 月，发表《有关物理教材建设的几点看法》，刊登在当年《物理通报》第 2 期。

与丛树桐、祁有龙共同发表《全国中学生物理竞赛十年总结》，由开明出版社出版。

受北京市教育局的委托，主持编写一套北京市高级中学物理教材，历时五年完成，共计 5 册 100 多万字，由北京出版社出版。

11 月 24 日，参加周培源逝世一周年纪念会。

11 月 29 日，出席庆祝褚圣麟先生 90 寿辰庆典活动并致辞。

1995 年

3 月，发表《国立西南联合大学物理系——抗战时期中国物理学界的一支奇葩》，刊登在当年《物理》第 3 期和第 4 期。

7 月，受聘国家教委，任第三届“国家教委中小学教材审定委员会”副主任。

8 月，卸任全国高等教育自学指导委员会副主任。

11 月，与许祖华合作发表《燕园青松长翠绿——祝贺实验物理学家、教育家褚圣麟教授九十大寿》，刊登在当年《物理通报》第 11 期。

为《任中敏与汉民中学》一书作序。

为上海教育出版社出版、中国物理学会教学委员会中学分会编辑的《名师授课录（高中物理）》一书撰写前言。

1996 年

7 月 10 日，获全国高等自学考试指导委员会颁发的荣誉证书。

10 月，卸任中国博士后科学基金会理事长。

11 月，主编的《中国科学技术专家传略·理学编物理学（卷 1）》由河北教育出版社出版。

11 月 3 日，卸任全国博士后科研流动站管理协调委员会委员。

西南联大北京校友会主编《国立西南联合大学校史》，由北京大学出版社出版。在其中参与讨论、审阅和定稿等工作。

1997 年

1 月，发表《对高考与中学教育的关系的一些看法》，刊登于当年《中国考试（高考版）》第 1 期。

4 月 27 日，以西南联大北京校友会副会长的身份主持在清华大学举行的西南联合大学成立 60 周年纪念会，并为朱光亚会长撰写纪念大会发言稿。

卸任北京市高等教育自学考试指导委员会副主任。

1998年

6月25—26日，出席由教育部学生司、基础教育司、考试中心共同召开高考内容与形式改革研讨会。

10月，卸任全国中学生物理竞赛委员会主任，改任名誉主任。中国物理学会为沈克琦发来表彰信。

任中华炎黄文化研究会名誉理事。

1999年

2月，发表《对素质教育、应试教育和高考改革的一些看法》，刊登在当年《人民教育》第2期。

卸任国家教委全国中小学教材审定委员会副主任。

10月，受聘于山东省人民政府任北京大学、清华大学支援烟台大学建设委员会顾问。

10月16—20日，出席在南京举办的第16届全国中学生物理竞赛决赛及竞赛委员会第18次会议。

2000年

5月26日，出席在全国政协礼堂举办的炎黄文化研究会成立10周年大会。

2001年

5月21日，华人物理学会主席致函沈克琦，邀请他和周光召、陈佳洱出席2001年11月24日在美国哥伦比亚大学举行的李政道教授75岁生日庆祝活动，并请沈克琦就CUSPEA项目的历史及自己在这方面所做的工作做个发言。

8月8日，出席《中国科学技术专家传略·物理学（卷III）》编委会第四次会议。

10 月 17 日，北大物理学院在英杰交流中心为沈克琦 80 华诞举行生日庆典活动。

10 月 18—19 日，参加在海口市海南大学举行的全国中学生物理竞赛委员会第 20 次全体会议。

2002 年

开始与北大物理系教授赵凯华合作主编《北大物理九十年》。

5 月 4 日，出席北京大学校史展开展典礼并发表讲话。

6 月 5—7 日，参加《二十一世纪的物理学和中国的发展—CUSPEA学者研讨会》，并在开幕式上做了题为《CUSPEA 的由来与发展》的报告。

6 月 26 日，给杨振宁写信，邀请他为《西南联大建校 65 周年纪念特刊》撰写文章。

8 月 27 日，出席北京大学为纪念周培源先生诞生 100 周年组织的《周培源文集》首发式。

2003 年

为五集大型历史文献片《西南联大启示录》担任史料顾问，并接受采访。参与前期确定采访名单，联系部分老校友，后期的文稿审定、校对。成果问世后，将光盘寄赠著名物理学家李政道，李政道复信感谢。

与北大物理系教授赵凯华合作主编的《北大物理九十年》由北京大学出版社正式出版。

3 月 15 日，出席西南联大北京校友会正副会长会议，讨论换届选举问题。

4 月 19 日，参加《西南联大启示录》研讨会。

5 月，联大校友开会，举行换届选举，当选为西南联大北京校友会会长。

10 月 25 日，出席北京大学物理学科 90 周年庆典大会。

2005 年

西南联大北京校友会主编的《国立西南联合大学校史（修订版）》出版。

2006年

12月24日，参加在北京大学举行的北京大学、清华大学支援烟台大学建设委员会第八次会议，并在大会上做重点发言。

2007年

8月3日，参加在烟台市东山宾馆举行的北京大学、清华大学支援烟台大学建设委员会第九次会议，并在大会上做重点发言。

2008年

10月2—8日，在南京参加国家教委召开的有关自学考试的国际会议。

10月23日—28日，出席在上海举办的第三届全国中学生物理特级教师会议，并发表题为《继续为提高中学物理教育质量努力奋斗——祝贺〈物理教学〉三十周年》的讲话。

10月28—31日，应湖州市教委邀请考察职业教育情况。

12月12日，在民盟北京大学委员会主办的第三届“民盟高教论坛——大学精神”上，做题为《让西南联大的传统发扬光大》的主旨发言。

2009年

6月7日，到市委党校参加联大校友会理事会。

8月30日，北京大学、清华大学支援烟台大学建设委员会第10次会议对建设委员会组成人员进行了个别调整，沈克琦继续担任顾问。

10月28日，参加西南联大校友会正副会长会议，讨论基金问题。

11月6日，到电教中心接受关于教学理念的访谈。

2010年

数次接受内外媒体采访，谈教育问题及西南联大的传统。

2011年

1月6—8日，1月11—13日，1月17—19日；2月14—16日，2月

22—25 日，3 月 1—4 日；3 月 8—10 日，多次接受中国传媒大学崔永元口述史小组采访并录像，分多个专题讲述个人经历及心路历程，留下了珍贵的史料。

10 月 16 日，出席物理学院举办的沈克琦先生 90 寿辰庆祝会暨“沈克琦物理教育基金”成立仪式。

《西南联大名师》丛书正式出版。

2012 年

5 月，查出罹患结肠癌。给各科会诊，手术风险评估，决定采取保守治疗（服中药）。

5 月 22 日，西南联大北京校友会第 11 届理事会第一次会议决定继续聘任校友会顾问。

11 月 3 日，出席在清华大学举行的西南联大建校 75 周年大会。会后接受《解放周末》记者的采访，谈如何借鉴西南联大的经验与智慧为当下的高等教育扬帆导航。

卸任西南联大校友会会长。

2013 年

任西南联大北京校友会顾问。

11 月 23—24 日，北京大学校友会召开第八届会员代表大会，在第一次会员大会上聘请了 14 位德高望重、为校友会发展做出重大贡献的老校友担任顾问委员会委员，沈克琦名列其中。

2014 年

2 月 27 日，因继发性肠梗阻到北医三院就医，急诊留观。

3 月 5 日，收住院。

3 月 10 日，做腹腔镜下右半结肠癌根治手术。

3 月 31 日，在北医三院办理出院手续后，直接转到校医院继续术后康复。

4 月 15 日，从校医院出院回家。

11 月 5 日，因上腹部不适到三院就诊，腹部 CT 显示不完全性肠梗阻。服用通便药物后便血，次日被急诊留观。

11 月 9 日，收住院，医嘱禁食禁水，靠点滴和输血维持生命。

2015 年

2 月 17 日，晚 10 点 45 分因多脏器衰竭在北医三院去世。

2 月 21 日，上午 9 点 50 分在北医三院举行遗体告别仪式后家属护送遗体火化。

附录二　沈克琦在烟台大学工作活动年表

1984 年

5 月 15 日，在烟台大学筹备组《关于赴京汇报“烟台大学筹建情况”的简报》[①] 中提到，“教育部同意派一名有名望的学者担任烟台大学校长。这是何部长定的，拟从北大退居二线的副校长中找一名老教授，名单已初定”。此时已确认由沈担任烟大校长。

5 月中旬，北京大学党委书记王学珍向沈克琦交代了中央要求北大支援烟台大学建设、拟请沈克琦出任烟台大学校长的任务 [②] 。

6 月 19 日，教育部原副部长、党组书记、全国人大教科文卫委员会副主任委员张承先去北大燕南园 52 号北京大学顾问王路宾家中，与沈克琦见面，向他传达中央和山东省决定筹建烟台大学、拟请他担任校长的意见。3 人共同讨论了烟台大学建设的若干问题 [③] 。

6 月 22 日，与杜建寰等随全国人大常委、全国人大教科文卫委员会副主任委员、中国教育学会会长张承先乘火车赴济南，准备与省领导讨论烟

① 关于赴京汇报“烟台大学筹建情况”的简报。烟台大学档案第 2 盒，1984 卷永 001，第 94 页。

② 沈克琦：关于烟台大学初创时期的回忆 // 姚新喜，等:《传承历史呼唤未来：纪念烟台大学建校二十周年》。济南：山东人民出版社，2004 年，第 27 页。

③ 同②。

台大学建设问题。先去曲阜参观，24 日返回 ①。

6 月 25 日，参加由山东省委书记苏毅然、省委书记省长梁步庭、全国人大常委教科文卫委员会副主任委员张承先在济南南郊宾馆召开的讨论烟大问题的专门会议 ②。

6 月 27—30 日，参加由梁步庭、张承先在烟台东山宾馆召开的烟台大学筹建工作会议，讨论烟台大学建设的若干重大问题 ③。

7 月 1 日上午 8 时，烟台市在市政府礼堂隆重举行烟台大学奠基仪式大会，在大会上就教学和思想政治教育改革等问题发表讲话。大会结束后，赴东郊烟台大学建设工地参加奠基仪式 ④。

7 月 2 日上午，参加由张承先主持召开的烟台大学第一次校长 ⑤ 工作会议。会议讨论领导分工与筹备会纪要、上报正式批准烟台大学建立文件、干部任命等建校重大事项。

7 月 17 日下午，与杜建寰通电话，讨论烟大生物系建设、教工宿舍建设、系内机构设置等问题 ⑥。

7 月 21 日上午，与杜建寰、钱振为等听取张承先传达关于向万里汇报烟台大学筹备工作进展情况时万里对办好烟台大学的意见。万里指出：烟台大学应当是正规军“下蛋”，而不是游击队“升级”。要求烟大办学起点高一些，发展快一些 ⑦。

下午，在北大办公楼 107 号办公室，与张承先、杜建寰、钱振为等研

---

① 杜建寰：关于参加烟台大学筹建工作会议的报告。1984.7.04/ 烟台大学档案《沈克琦早年送交档案室保存的部分文献》专卷。

② 烟台大学校史编写委员会:《烟台大学：1984–1994》。济南：山东教育出版社，1994 年第 3 页。

③ 烟台大学校史编写委员会:《烟台大学：1984–1994》。济南：山东教育出版社，1994 年第 3–5 页。

④ 同②，见正文前奠基仪式照片；讲话稿原文存烟台市档案馆（2014 年 5 月 19 日从该馆复印出来，并于次日由赵海峰扫描成电子文档）。

⑤ 同②，第 6 页。严格说应当叫做筹备组部分成员工作会议，因为此时还未经省任命。

⑥ 杜建寰：与沈克琦通电话。杜建寰工作日记，84.6–84.8 专业规划会本，第 68 页，烟大档案专卷。

⑦ 杜建寰：张承先同志找沈、杜、钱谈万里同志意见。杜建寰工作日记，84.6–84.8 专业规划会本，第 69–78 页，烟大档案专卷。

究烟大物理系系主任人选、生物专业发展方向和生物科学技术系干部配备等问题[①]。

7月23日，与杜建寰、钱振为等研究请两校给各系布置长期支援烟大任务、两校支援烟大图书等问题[②]。

8月16日，与杜建寰、王义端、钱振为研究组织两校教师去烟台，深入政府各部门和基层用人单位调研，召开专业设置会议相关事项[③]。

8月28—9月3日，与杜建寰、杨春洗、钱振为等北大、清华24名系负责人和教师赴烟台，在烟台奇山宾馆参加第一次"烟大专业设置规划会议"[④]。期间与会人员深入政府部门、企业，了解本地经济发展与人才需求情况，探讨专业设置怎样满足服务地方需要。

9月6日上午，主持由杜建寰、钱振为、杨春洗、王义端、邱殿辅等领导参加的校长办公会议，研究如何根据地方需要设置专业、专业服务面向与办出特色等问题。

9月14日上午，举行校长办公会，与杜建寰、钱振为、杨春洗、邱殿辅、王义端参加会议。会议研究了各系与专业服务面向问题。

10月14日，与杜建寰、杨春洗、钱振为等校领导研究大一教材、实验设备订货、人事等工作[⑤]。

10月18日，与杜建寰、杨春洗3位校领导在京研究图书订购、教师招聘等事宜[⑥]。

10月27日，与杜建寰、钱振为等参加由张承先、王路宾在北京召开的研究烟大筹建工作的会议。会议研究了基本建设加快速度、两校提前招

---

① 杜建寰：张承先同志找沈、杜、钱谈万里同志意见。杜建寰工作日记，84.6-84.8专业规划会本，第69-78页，烟大档案专卷。

② 杜建寰：与沈克琦、钱振为研究工作。杜建寰工作日记，84.6-84.8专业规划会本，第79-80页，烟大档案专卷。

③ 杜建寰：与沈克琦、王义端、钱振为研究工作。杜建寰工作日记，84.6-84.8专业规划会本，第87-88页，烟大档案专卷。

④ 杜建寰：去烟台人员行前会议。杜建寰工作日记，84.6-84.8专业规划会本，第92-129页，烟大档案专卷。

⑤ 杜建寰：工作日记，1984.9-1984.11专业规划会本，第109-113页。

⑥ 杜建寰：工作日记，1984.9-1984.11专业规划会本，第115-121页。

收研究生、学校领导班子安排与组织架构、争取世界银行贷款等问题①。

11 月 9 日，与杜建寰、杨春洗、钱振为研究学校工作（11 月 20 和 22 日召开系主任会议内容、21 日教学会内容、部分人员调入讨论审核等）②

11 月（推测待考），与杜建寰共同起草《烟台大学委托北京大学、清华大学代培硕士研究生招生广告》③。

11 月 20 日下午，与杜建寰、杨春洗、邱殿辅、钱振为等领导开会，研究拟于26 日召开的系主任会议的内容④、学校归属、经费、干部、机构设置与定编、教学工作等。

11 月 21 日上午，几位领导继续开会⑤，就培养目标与教学改革问题在会上发言。会议讨论了科研方向、学期教学周安排、学制、实习实践等内容。

11 月 26 日（据 11 月 20 日条推测，待考），与杜建寰、杨春洗、钱振为、王义端、邱殿辅等领导与各系主任共同研究各系的课程设置与学分安排等事项⑥。

11 月 29 日下午、30 日上午，校长会讨论人事⑦。

12 月 4 日，与杨春洗两人亲笔起草并以烟台大学名义，给何东昌、张健和张承先递交《关于建设烟台大学食品科学技术中心和计算机中心并申请世界银行贷款的报告》，申述了烟大建立食品科学技术中心和计算机中心的必要与可能性，要求教育部将其建设经费列入世界银行教育贷款项目予以支持⑧。

12 月 10 日，与杨春洗、王义端、钱振为、杜建寰等领导研究系机构设置、人事调动、世界银行贷款等问题⑨。

---

① 杜建寰：工作日记，1984.9–1984.11 专业规划会本，第 131 页，烟大档案。
② 杜建寰：工作日记，1984.9–1984.11 专业规划会本，第 151 页，烟大档案。
③ 详见烟台大学档案《沈克琦早年送交档案室保存的部分文献》专卷。
④ 杜建寰：工作日记，84.4–85.5 本，第 63 页，烟大档案。
⑤ 同④。
⑥ 杜建寰：工作日记，84.4–85.5 本，第 70–77 页，烟大档案。
⑦ 杜建寰：工作日记，84.4–85.5 本，第 77–80 页，烟大档案。
⑧ 沈克琦：早年送交档案室保存的部分文献专卷。烟大档案。
⑨ 杜建寰：工作日记，84.4–85.5 本，第 85 页。

12 月 13 日，与杨春洗、钱振为、杜建寰等领导（当在京）召集拟任烟大各系系主任的两校老师讨论教学计划 ① 。

12 月 16 日，在北京大学副校长张学书召集北大几个部门负责人召开关于当前支援烟台大学工作几个问题的专门会议上汇报了当前烟大筹建工作进展情况，与会人员就当前有关支援烟大的人事工作、代培研究生、住房等问题进行了研究 ② 。

12 月 25 日，与杜建寰、杨春洗、钱振为等领导（当在京）研究烟大工作（报教育部两校调烟大人员调级、教务处人员安排、订四库全书等图书馆事务等）③ 。

1985 年

1 月 4 日，与杜建寰、杨春洗、钱振为等领导们（当时在京）研究进人、与美国萨克拉门托大学合作、聘请英语教师等问题 ④ 。

3 月 1 日，山东省委下发《关于烟台大学领导班子配备的通知》（鲁任[1985]13 号），任烟台大学校务委员会副主任、烟台大学校长、烟台大学党委委员。

3 月 14 日，与杜建寰、王义端在京研究校务委员会条例、校党委组成、招生等问题 ⑤ 。

3 月 15 日，与杜建寰、王义端在京研究烟大接受毕业生、机构设置及干部配备等问题 ⑥ 。

3 月 28 日，山东省人民政府下发《关于任命张承先等工作人员职务的通知》（鲁政任［1985］7 号），被任命为烟台大学校长。

5 月 5 日，在烟台虹口宾馆一号楼主持召开校长工作会议，研究学校

① 杜建寰：工作日记，84.4–85.5 本，第 85 页。
② 沈克琦：早年送交档案室保存的部分文献专卷。烟大档案。
③ 杜建寰：工作日记，84.4–85.5 本，第 89–90 页。
④ 杜建寰：工作日记，84.4–85.5 本，第 92–93 页。
⑤ 杜建寰：工作日记，84.4–85.5 本，第 127 页，烟大档案。
⑥ 同⑤。

行政架构、校务委员会职责和组成人员、处级干部配备安排等问题[①]。

5月6日，烟大校务委员会王济夫主任在市委会议室主持召开烟台大学校务委员会第一次会议[②]，出席会议并汇报学校筹备情况。

5月6日，校办下达《关于校长、副校长分工的通知》，明确沈克琦“负责全面工作”[③]。

5月8日，在虹口宾馆一号楼主持召开校长工作会议[④]，研究省里任命文件下发后待开展的一些工作。

5月24日，在北大遥感楼404会议室主持召开在京的校、处级干部会，向与会人员通报第一次校务委员会会议情况，讨论下一阶段工作[⑤]。

5月30日，与杜建寰、杨春洗、钱振为、贺崇铃研究研究生班经费等问题[⑥]。

6月7日，与杜建寰、杨春洗等在京与北大、清华图书馆负责人研究两校图书馆向烟台大学捐赠图书、代购图书及编目工作。

6月20日，与杜建寰、杨春洗、钱振为在京审查研究14名教师调入问题[⑦]。

6月21日，与杜建寰去家中看望名誉校长张承先，并向他汇报一年来的烟大筹建工作进展情况[⑧]。

6月27日，与杜建寰、杨春洗、钱振为、贺崇铃等校领导研究教师调入问题[⑨]。

7月31日，乘火车自京抵烟；

8月4日，离烟赴济；

---

① 韩文生做记录的六次校长会议记录本，第3页，烟大档案收藏。

② 韩文生做记录的六次校长会议记录本，第13–19页。烟台大学档案第一盒“一九八五卷永03”本，第69–71页。

③ 详见烟台大学档案第一盒“一九八五卷永07”本，第15页。

④ 韩文生做记录的六次校长会议记录本，第20–22页，烟大档案存。

⑤ 韩文生做记录的六次校长会议记录本，第34–38页，烟大档案存。

⑥ 杜建寰：工作日记，85.5–85.10本，第22–24页，烟大档案存。

⑦ 杜建寰：工作日记，85.5–85.10本，第35–38页，烟大档案存。

⑧ 杜建寰：工作日记，85.5–85.10本，第39–40页，烟大档案存。

⑨ 杜建寰：工作日记，85.5–85.10本，第44–49页，烟大档案存。

8 月 6 日，自济回京。

8 月 17 日，自京抵烟[①]。

8 月 18 日上午，王济夫在烟台大学教学楼南段会议室主持召开烟台大学校务委员会第二次会议[②]，通报开学前准备情况：招生情况、开学典礼安排等。参加会议。

8 月 19 日，杜建寰在沈克琦办公室主持召开第四次校长办公会议，研究科技开发部干部任命、迎新工作等。参加会议[③]。

8 月 22 日，在烟台主持召开第五次校长办公会议（全天），研究校徽等若干问题[④]。

9 月 23 日，修改《烟台大学简介》，认为“著名物理学家的提法十分不妥，绝不能用”[⑤]。

10 月 20 日，参加烟台大学首届开学典礼，并在大会上发表题为《艰苦创业开拓前进》的讲话[⑥]。

10 月 29 日，自京抵烟；

10 月 30 日，与其他校领导等与省、市领导一起，在烟台大学参与迎接万里代总理考察，并于当日下午与杜建寰等其他校领导向万里汇报烟大工作[⑦]。

11 月 23 日上午 9:30，自京抵烟，旋即参加了当天上午由杜建寰主持召开的第十五次校长工作会议。会议主要讨论了给困难学生提供无息贷款的管理办法等问题[⑧]。

秋，与名誉校长张承先在北京会见美国马里兰大学教授孔宪铎先生，

---

① 以上四条均由张忠慈从学校财务档案中的报账凭证中查得。

② 详见烟台大学档案第一盒“一九八五卷永 03”本，第 78-79 页；大红本会议记录第 18-20 页；杜建寰工作日记，85.5-85.10 本，第 65-70 页。烟大档案存。

③ 大红本会议记录，第 18-20 页。杜建寰工作日记 85.5-85.10 本 P70-73. 烟大档案存。

④ 大红本会议记录，第 22 页；烟大档案存。

⑤ 详见烟台大学档案第一盒“一九八五卷永 03”本，第 61-62 页。

⑥ 讲话摘要刊载在《烟台大学》（报）1985 年 11 月 15 创刊号第一、二版和 1985 年 10 月 21 日《烟台日报》第一版。

⑦ 应参阅杜工作日记看沈是何时来烟的。此前沈可能参加完 10 月 20 日开学典礼大会后回京。

⑧ 第十五次校长工作会议记录。大红本会议记录，第 43 页，烟大档案存；杜建寰工作日记，1985.10.7-1986.3.17 本，第 53 页。

商讨烟台大学与马里兰大学合作事宜①。

1986 年

3 月 11 日下午，参加由杜建寰主持的烟大党委第一次会议②，讨论整党、思想政治工作等党委工作。

3 月 12 日，与杜建寰、钱振为、王义端等校领导听取计算机系规划汇报③，教务处长翁樟、计算机系副主任谢树煜参加会议。

3 月 15 日，参加由王济夫主任在烟台大学主持召开的烟台大学校务委员会第三次会议④。会议汇报了上学期工作，研究了毕业生分配与招生计划、基建等工作。赞成杜建寰的意见，建议加强图书馆、实验室的建设。

6 月 22 日，致信国家教委主任何东昌，谈烟台大学招生与毕业生生分配纳入国家计划问题⑤。

7 月 15 日，与王学珍赴烟大。

7 月 31 日，全国人大常委会副委员长周谷城视察烟台大学。陪同视察⑥。

8 月 5 日上午，参加由杜建寰主持的烟大党委第八次扩大会议⑦，研究生化与化工两系合并及食品研究所问题。

10 月 23 日，与杨春洗联名致信张承先，向他汇报关于烟台大学与司法部合作，在法律系基础上共同创办烟台（或山东）法学院的设想⑧。

11 月 12 日至 12 月 5 日，赴美，先后访问了东西海岸加州的萨克拉门

---

① 姚新喜：刘平：《张承先与烟台大学》。济南：山东人民出版社，2012 年，照片页，第 227 页。

② 烟台大学党委会议记录。烟台大学档案第六盒 19 卷 064 号，第 001 页。

③ 杜建寰：工作日记，1985.10.7–1986.3.17 本，第 130 页。

④ 烟台大学第三次校务委员会会议纪要。烟台大学档案第三盒 86 卷 12 号，第 18 页；大红会议记录本〈一〉第 57–59 页。

⑤ 详见烟台大学档案《沈克琦早年送交档案室保存的部分文献》专卷。

⑥ 姚新喜，等：传承历史呼唤未来：纪念烟台大学建校二十周年。卷首照片页。

⑦ 烟台大学党委会议记录。烟台大学档案第六盒 19 卷 064 号，第 079 页；杜建寰工作日记，1986.7.24–12.23 本，第 7–10 页。

⑧ 详见烟台大学档案《沈克琦早年送交档案室保存的部分文献》专卷。

托州立大学和圣弗朗西斯科州立大学、哥伦比亚大学和马里兰大学，探讨建立这几所美国大学与新建烟台大学的学术、师资交流合作关系 ① 。

12月16日，在烟台大学办公室主持召开校长工作会议 ② ，研究周俊业回京、外语系领导变动、成立学术委员会、体育教研室领导等问题。在下午的会上报告了此前访问美国马里兰等几所大学的情况。

12 月 17 日，主持召开校长工作会，研究合同工招工、行政处级职责范围、教学研讨会等问题 ③ 。

1987 年

3 月 18 日，学校以为党委名义向教育厅党组和省委宣传部申请创办《烟台大学学报》。任编委会主任 ④ 。

5 月 18 日，参加由杜建寰主持召开的烟台大学党委第 11 次会议 ⑤ 。

5 月 25 日，烟台大学举行授予加拿大里贾那大学历史系教授谢培智博士名誉教授证书仪式。向谢培智颁发聘书并讲话。

6 月 1 日，在校长办公室接待赵浩生先生。

6 月 30 日，烟台大学与美国马里兰大学学术交流与合作协议书签字仪式在烟台大学举行。和马里兰大学约翰·托尔校长分别在协议书上签字 ⑥ 。

7 月 29 日，参加张承先在清华大学召开的北大、清华两校负责人会议 ⑦ 。会议针对烟大创办过程中出现的一些问题，研究在新形势下两校如

---

① 详见烟台大学档案《沈克琦早年送交档案室保存的部分文献》专卷；校长会议记录（1986.12.16），大红本会议记录本〈一〉，第83–84页（此处有王德华的记录，可与杜的记录相参照）。

② 校长工作会（86.12.16）记录。杜建寰工作日记，1986.7.24–12.23 本，第 89–90 页；杜建寰工作日记，1986.12.23–1987.10.6，第 84 页；烟大档案：杜建寰日记专卷。学校第 14 周工作安排（表），烟大档案（详细地址待查）；1986 年 12 月 16 日校长工作会记录，大红本会议记录本〈一〉，第 83–84 页，烟大档案专卷。

③ 1986 年 12 月 17 日校长工作会记录。大红本会议记录本〈一〉，第 84–85 页，烟大档案专卷。

④ 关于创办《烟台大学学报》的报告（烟大党字 [87]2 号）。烟大档案第 10 盒，第 22 页。

⑤ 烟大党委第 11 次会议记录。烟大档案第 9 盒 87–36–1 号，第 119 页。

⑥ 1987 年 7 月 10 日《烟台大学》（报）总第 6 期第 1 版。

⑦ 沈克琦：张承先召开的两校负责人会议记录。沈 2011 年 6 月 17 日从日记中抄录，请清华校办寄姚新喜存。

何继续更好地支援烟台大学。

8 月 7 日至 9 日，与烟大学校领导人杜建寰等在威海参加由山东省委书记梁步庭、全国人大常委、烟大名誉校长张承先召开的烟台大学建设工作会议。会议研究了今后烟大建设和投资筹措问题[①]。

8 月 11 日上午，校务委员会主任董传周在烟大主持召开了烟台大学校务委员会第四次扩大会议。会议听取了关于三年来基建情况和开学两年来教学科研和教学改革等各方面情况的报告，传达了在威海召开的烟台大学建设工作会议精神。

1988 年

2 月 12 日，与杜建寰、杨春洗、钱振为、贺崇铃等在京校领导前往张承先处汇报工作[②]。

5 月 9 日上午，主持召开校长工作会，针对四年支援到期后，两校支持烟大的方式、期限、条件等问题进行了研究讨论[③]。

5 月 10 日上午，主持召开校长会，研究化学生物系实行学分制问题[④]。

5 月 10 日下午，主持召开校长会，讨论图书馆工作[⑤]。

1989 年

暑期赴烟[⑥]

1990 年

2 月 15 日，致信山东省教委主任吕可英并转省长赵志浩，汇报了烟台大学六年来的建设情况，称自己年纪大、身体欠佳，要求辞去校长职务[⑦]。

---

① 烟台大学建设工作会议纪要（草稿）。烟台大学档案第 9 盒 35 号，第 29 页。

② 杜建寰：校长工作会记录。杜建寰工作日记 1987.10–1988.9 本，第 98 页，烟大档案专卷。

③ 杜建寰：校长工作会记录。杜建寰工作日记 1987.10–1988.9 本，第 153–154 页，烟大档案专卷。

④ 杜建寰：校长工作会记录。杜建寰工作日记 1987.10–1988.9 本，第 155 页，烟大档案专卷。

⑤ 杜建寰：校长工作会记录。杜建寰工作日记 1987.10–1988.9 本，第 156 页，烟大档案专卷。

⑥ 杜建寰：给沈克琦的信（1990.3.9）。沈克琦与烟台大学有关书信集，烟大档案专卷。

⑦ 详见烟台大学档案《沈克琦早年送交档案室保存的部分文献》专卷。

2月26日，与杜建寰赴济南，向分管教育的副省长宋法棠、省委常委宣传部长苗枫林、省教委主任吕英汇报建校以来工作，请省里对两校撤离后的干部等问题做出安排[①]。简要汇报了召开建校六周年工作汇报会的内容。

5月26—28日，在北京参加由山东省副省长宋法棠、省教委主任吕可英等组织的向国家教委汇报两校支援情况，到北大清华感谢两校支援，以及与两校签署继续支持烟台大学协议书等活动[②]。

8月6日下午，在烟台参加由山东省教委主任吕可英主持、副省长宋法棠参加的《烟台大学1991—2000年发展规划纲要》讨论会，并在会上发言[③]。

8月7日上午，万里委员长在省市领导陪同下视察烟台大学。陪同视察，并汇报工作[④]。

8月7日下午，烟台大学隆重举行建校6周年庆祝大会。在大会上做《烟台大学建校六周年工作报告》[⑤]。

8月7日下午，北京大学、清华大学支援烟台大学建设指导委员会在烟台大学正式成立，山东省副省长宋法棠主持召开第一次全体会议。参加会议[⑥]。

8月12日，圆满完成援建烟台大学任务，离开烟台回京[⑦]。

8月18日，山东省委下发《关于李庆臻等同志任免职的通知》（鲁任［1990］69号）。不再担任烟台大学校长、校务委员会副主任职务[⑧]。

9月29日，山东省人民政府下发《关于任免李有道等工作人员职务的通知》（鲁政任[1990]31号文），免去沈克琦的烟台大学校长职务[⑨]。

---

① 杜建寰：校长工作会记录。杜建寰工作日记1990.1.3-8.10本，第74-78页，烟大档案专卷。

② 1990年6月5日烟大党委、校长联席会议记录。烟台大学档案第18盒74A卷，第76-77页。

③ 烟台大学报，1990年8月15日，第36期报道；发言在讨论《烟台大学1991-2000年发展规划纲要》记录中详记，见于烟台大学档案第19盒77卷附录，已录出。

④ 烟台大学报，1990年9月1日，第37期第一、三、四版刊载报告全文。

⑤ 沈克琦：烟台大学六年工作报告（手稿）。烟大档案，第19盒77卷，第8-32页，已录出。

⑥ 烟台大学报，1990年9月1日，第37期。

⑦ 1990年8月11日烟台大学党委会记录。烟台大学档案第18盒74A卷，第183页。

⑧ 烟台大学档案。

⑨ 烟台大学档案。

1991 年

3 月 29 日，请烟台大学校长李庆臻捎去一封给烟台大学原保卫处长刘玉德的信和一支人参，嘱刘保重身体，早日康复[①]。

7 月 22 日，参加在烟台举行的北京大学、清华大学支援烟台大学建设指导委员会第二次会议，并在会上发表讲话[②]。

1997 年

7 月 25—26 日，参加在烟台大学举行的北京大学、清华大学支援烟台大学建设指导委员会第四次会议，并在会议上讲话[③]。

1999 年

10 月 19 日，赴烟台参加北京大学、清华大学支援烟台大学建设委员会第五次会议，并在会上发表讲话[④]。

2001 年

7 月 11 日，赴烟台参加北京大学、清华大学支援烟台大学建设委员会第六次会议，并在大会上发表讲话[⑤]。

2006 年

12 月 24 日，参加在北京大学举行的北京大学、清华大学支援烟台大学建设委员会第八次会议，并在大会上做重点发言[⑥]。

---

① 沈克琦在烟大工作期间往来信件及其他收存资料专卷，烟台大学档案。

② 北京大学、清华大学支援烟台大学建设指导委员会第二次会议记录。烟台大学档案第 19 盒 77 卷，第 105-106 页。

③ 烟台大学档案。

④ 北京大学、清华大学支援烟台大学建设委员会第五次会议暨烟台大学建校十五周年庆祝大会材料汇编，第 27-33 页。姚新喜个人收藏。

⑤ 北京大学、清华大学支援烟台大学建设委员会第六次会议材料汇编，第 14 页。姚新喜个人收藏。

⑥ 北京大学、清华大学支援烟台大学建设委员会第八次会议材料汇编，第 42-45 页。姚新喜个人收藏。

2007 年

8 月 3 日，参加在烟台市东山宾馆举行的北京大学、清华大学支援烟台大学建设委员会第 9 次会议，并在大会上做重点发言[①]。

2009 年

8 月 30 日，北京大学、清华大学支援烟台大学建设委员会第 10 次会议对“建设委员会”组成人员进行了个别调整，沈克琦继续担任顾问。

2011 年

11 月 25 日，参加在清华大学举行的北京大学、清华大学支援烟台大学建设委员会第 11 次会议。

11 月 26 日上午，与杜建寰和与会的烟台大学部分校、系、部门负责人座谈，探讨提高教育教学质量、抓好人才队伍建设问题[②]。

① 北京大学、清华大学支援烟台大学建设委员会第九次会议材料汇编，第 32–36 页。姚新喜个人收藏。

② 北京大学、清华大学支援烟台大学建设委员会第十一次会议材料汇编，第 69–78 页。姚新喜个人收藏。

附录三　沈克琦主要论著目录

论文

[1] K T　Chao（赵广增），S F Wang（王树芬），K C　Shen（沈克琦）. Energy Loss of Slow Electrons in Hydrogen（电子与氢分子碰撞的能量损失的实验研究），Sci. Rec.（科学记录）.

[2] 沈克琦. 中央人民广播电台丛书　电学常识［M］. 北京：生活·读书·新知三联书店，1951.

[3] 沈克琦. CUSPEA 代表团访美总结汇报（初稿）［R］.

[4] 沈克琦. 发刊词［J］. 大学物理，1982，1（1）：I–II.

[5] 沈克琦. 开幕词［J］. 物理教学，1982（5）：3–5.

[6] 李赞良，宋增福，沈克琦. 深切怀念我国物理学界的老前辈饶毓泰教授［J］. 物理，1982，11（8）：471–473.

[7] 沈克琦. 中学物理教学中几个需要研究和改进的问题［J］. 人民教育，1982（9）：54–56.

[8] 沈克琦. 进一步办好物理教学为培养人才作贡献［J］. 物理教学，1984（1）：3–14.

[9] 沈克琦. 沈克琦在全国中学学生物理实验教学经验交流会上的讲话

[J]. 物理教学，1984（4）：4-8.

[10] 沈克琦. 在第一届全国中学生物理竞赛发奖大会上的总结[J]. 物理教学，1985（6）：1，13.

[11] 沈克琦. 在第二届全国中学生物理竞赛授奖大会上的总结[J]. 物理教学，1986（6）：1-2，29.

[12] Shen Keqi，Zhao Kaihua. Physics Education in China. Proceedings of the International Conference on Physics Education[C]. Nanjing: China，1985.

[13] 沈克琦，孙佶，汪永铨. 深切怀念叶企孙教授[N]. 人民日报，1987-02-26.

[14] 沈克琦. 第二次全国中学物理特级教师会议开幕词[J]. 物理教学，1987（3）：3-4.

[15] 沈克琦. 有关改进教学方法的几点建议——在全国中学物理特级教师（部分）会议上的发言[J]. 物理教学，1987（4）.

[16] 沈克琦. 努力提高物理实验教学质量，为提高全民族科学文化素质、培育出更好的四化建设人才作出应有的贡献：一九八七年全国中学物理实验检验交流会开幕词[J]. 物理通报，1987（9）：1-4.

[17] 沈克琦. 为促进我国的四化建设和烟台大学的发展做出贡献（代发刊词）[J]. 烟台大学学报（哲学社会科学版），1988（1）:3-4.

[18] 沈克琦. 祝贺物理教学创刊十周年[J]. 物理教学，1988（8）.

[19] 沈克琦. 在各省市初中物理教材实验成果展览会上的讲话[J]. 物理通报，1989（1）：1-2.

[20] 沈克琦. 在第五届全国中学生物理竞赛闭幕式上讲话[J]. 物理通报，1989（6）：1-3.

[21] 沈克琦. 沈克琦教授在国家教委 1990 年高教物理教学仪器优秀研究成果发奖大会上的发言（摘要）. 物理实验，1990（3）：封 2，99.

[22] 沈克琦，赵凯华. 国际物理奥林匹克竞赛和全国中学生物理竞赛[J]. 物理，1991，20（1）：61-63.

[23] Shen Keqi，Zhao Kaihua. International Physics Olympiad Middle

School Physics Competition in China [G]. Waldemar Gorzkoroski, Intenational Physics Olympiads. Vol 1. World Scientific Publishing Co. , 1990: 191−202.

[24] 沈克琦，赵凯华. 国际物理奥林匹克竞赛和中国全国中学生物理竞赛 [J]. 物理教学，1991 (4)：3−4.

[25] 沈克琦. 国际物理奥林匹克竞赛章程附件 [J]. 物理教学，1991−06−18，4 (6).

[26] 沈克琦，张树霖. 中国拉曼光谱研究的先驱者：吴大猷先生 [J]. 光散射学报，1992，4 (1)：1−2.

[27] 沈克琦，吴自勤. 早期的北京大学物理系 [J]. 物理，1992. 21(11)：693−703.

[28] 序言经典物理与现代物理尤广建著，陕西人民教育出版社，1995.

[29] 沈克琦. 按教育规律办学着重培养学生的能力 [J]. 中国考试，1993, (2).

[30] 方春耕. 让千百万中学生在竞争中成才—全国中学生物理竞赛委员会主任沈克琦教授谈物理奥赛 [N]. 湖南教育报，1993−10−30，3 版.

[31] 沈克琦. 有关物理教材建设的几点看法 [J]. 物理通报，1994 (2)：1−5.

[32] 沈克琦. 国立西南联合大学物理系：抗日战争时期中国物理学界的一支奇葩 (I) [J]. 物理，1995，24 (3)：179−187.

[33] 沈克琦. 国立西南联合大学物理系：抗战时期中国物理学界的一支奇葩 (II) [J]. 物理，1995，24 (4)：247−253，242.

[34] 沈克琦，许祖华. 燕园青松长翠绿：祝贺实验物理学家、教育家褚圣麟教授九十大寿 [J]. 物理通报，1995 (11)：39−40.

[35] 沈克琦，孙佶，汪永铨. 深切怀念叶企孙教授 // 钱伟长主编，一代师表叶企孙，上海科学技术出版社，1995.

[36] 沈克琦，丛树桐，祁有龙. 对全国中学生物理竞赛的研讨 [J]. 物理通报，1996 (增刊).

[37] 沈克琦，主编. 中国科学技术专家传略—理学编物理学（卷1）[M]. 北京：中国科学技术出版社，1996.

[38] 沈克琦. 对高考与中学教育的关系的一些看法 [J]. 中国考试（高考版），1997（1）.

[39] 沈克琦. 自考的特点、作用及发展 [N]. 北京自学考试报，1998-11-15.

[40] 沈克琦. 高等教育自学考试的特点、作用及发展 [J]. 北京高教研究，1998（5）：13-15.

[41] 沈克琦. 对素质教育、应试教育和高考改革的一些看法 [J]. 人民教育，1999（2）：24-25.

[42] 沈克琦. 乐育英才、风范永存的吴大猷教授 [J]. 物理，2001，30（4）：230-237.

[43] 沈克琦. 我们深深地怀念周老 // 宗师巨匠 表率楷模：纪念周培源文集. 北京：学苑出版社，2002.

[44] 沈克琦，赵凯华，主编. 北大物理九十年（1913-2003）[M]. 北京：北京大学出版社. 2003.

[45] 沈克琦，赵凯华. 北京大学物理系 90 年 [J]. 物理，2003，32（10）：638-644.

[46] 沈克琦. 深切怀念虞福春先生 [J]. 物理实验，2004，24（2）：3-4.

[47] 沈克琦. 谈谈西南联大（上）[N]. 学习时报，2005-08-08，6 版.

[48] 沈克琦. 谈谈西南联大（下）[N]. 学习时报，2005-08-22，6 版.

[49] 沈克琦，主编. 高中物理学（第三版）[M]. 合肥：中国科学技术大学出版社，2006.

[50] 沈克琦. 西南联大何以成绩斐然 [N]. 北京大学校报，2007-11-14，校史钩沉栏目.

[51] 沈克琦. 继续为提高中学物理教学质量努力奋斗：祝贺物理教学三十周年 [J]. 物理教学，2008（9）.

[52] 沈克琦. 让西南联大的传统发扬光大 [J]. 群言，2009（3），10-11.

[53] 沈克琦. 由凯华联想到的一些事情 [J]. 物理，2010，39（5）：340-343.

[54] 沈克琦. “西南联大”告诉我们[N]. 解放周末记者曹静采访沈克琦. 2013-01-11，第1版.
[55] 沈克琦，虞丽生，陈辰嘉. 为我国高等教育事业无私奉献的黄昆先生[C]// 北京大学物理学院、北京大学物理百年纪念文集. 2013：84-91.

著作

[56] 全国中学数理化竞赛委员会编. 中学物理竞赛题解[M]. 北京：科学普及出版社，1980.
[57] 沈克琦，主编. 自然科学基础（第2版）化学第2册：[M]. 北京：高等教育出版社，1988.
[58] 沈克琦，主编. 自然科学基础（第2版）第1册：物理[M]. 北京：高等教育出版社，1993年.
[59] 沈克琦，主编. 自然科学基础（第2版）第2册：化学[M]. 北京：高等教育出版社，1992年.
[60] 沈克琦. 自然科学基础（上、下册）[M]，北京：高等教育出版社，1988.
[61] 沈克琦，主编. 自然科学基础（第2版）第4册：地球科学[M]. 北京：高等教育出版社，1992年.
[62] 沈克琦，主编. 自然科学基础（第2版）第5册：系统科学[M]. 北京：高等教育出版社，1993年.
[63] 沈克琦，主编. 自然科学基础（第2版）第3册：化学[M]. 高等教育出版社，1993年.
[64] 中国科学技术协会编. 中国科学技术专家传略 理学编 物理学（卷2）[M]. 北京：中国科学技术出版社，2001.
[65] 沈克琦，赵凯华，主编. 北大物理百年（1913-2013）[M]. 北京：北京大学出版社，2013.
[66] 沈克琦. 物理学[M]. 北京：高等教育出版社，2014.

参考文献

[1] 沈克琦. 电学常识 [M]. 北京：生活. 读书. 新知三联书店，1951.

[2] 全国中学数理化竞赛委员会编. 中学物理竞赛题解 [M]. 北京：科学普及出版社，1980.

[3] 沈克琦. 大学物理发刊词 [J]. 大学物理，1982（1）：1−2.

[4] 沈克琦. 深切怀念我国物理学界的老前辈饶毓泰教授 [J]. 物理，1982（8）.

[5] 沈克琦. 中学物理教学中几个需要研究和改进的问题 [J]. 人民教育，1982（9）：54−56.

[6] 沈克琦. 进一步办好 < 物理教学 > 为培养物理人才做贡献 [J]. 物理教学，1984（1）.

[7] 沈克琦. 在全国中学生物理实验教学经验交流会上的讲话 [J]. 物理教学 1984（3）.

[8] 沈克琦. 在第一届全国中学生物理实验竞赛授奖大会上的总结 [J]. 物理教学，1985（6）.

[9] 沈克琦. 在第二届全国中学生物理竞赛授奖大会上的总结 [J]. 物理教学，1986（6）.

[10] 程义慧. 勤奋教学 为人师表：著名物理学教授沈克琦 [J]. 物理教学，1986（7）：27，21.

[11] 沈克琦. 深切怀念叶企孙教授 [N]，人民日报，1987−02−26.

[12] 沈克琦. 第二次全国中学物理特级教师会议开幕词[J]. 物理教学, 1987(3).
[13] 沈克琦. 有关改进教学方法的几点建议：在全国中学物理特级教师（部分）会议上的发言[J]. 物理教学，1987(4).
[14] 沈克琦. 努力提高物理实验教学质量，为提高全民族科学文化素质、培育出更好的四化建设人才作出应有的贡献：一九八七年全国中学生物理实验教学经验交流会开幕词[J]. 物理通报，1987(9).
[15] 沈克琦. 自然科学基础（上）[M]. 北京：高等教育出版社，1988.
[16] 沈克琦. 自然科学基础（下）[M]. 北京：高等教育出版社，1989.
[17] 沈克琦. 祝贺物理教学创刊十周年[J]. 物理教学，1988(8).
[18] 国际物理奥林匹克竞赛和全国中学生物理竞赛[J]. 物理，1991(1).
[19] 国际物理奥林匹克竞赛章程[J]. 物理教学，1991(6)：23–24，39.
[20] 沈克琦. 国际物理奥林匹克竞赛章程附件[J]. 物理教学，1991(6).
[21] 沈克琦. 中国拉曼光谱研究的先驱者——吴大猷先生[J]. 光散射学报，1992(9).
[22] 沈克琦. 早期的北京大学物理系[J]. 物理，1992(11).
[23] 沈克琦. 国际物理奥林匹克竞赛与中学物理教学[J]. 物理教学，1993(2).
[24] 沈克琦. 自然科学基础（第2版）（共5册）[M]. 北京：高等教育出版社，1993.
[25] 沈克琦. 自然科学基础（第2版）自学指导[M]. 北京：高等教育出版社，1993.
[26] 沈克琦. 有关物理教材建设的几点看法[J]. 物理通报，1994
[27] 沈克琦. 西南联合大学物理系：抗日战争时期中国物理学界的一枝奇葩（上、下）[J]. 物理，1995(3)，1995(4).
[28] 沈克琦. 燕园青松长翠绿：祝贺实验物理学家、教育家褚圣麟教授九十大寿. 物理通报，1995(11).
[29] 中国科学技术协会编. 中国科学技术专家传略力学编 物理学（卷2）. 北京：中国科学技术出版社，2000.
[30] 中国科学技术协会编. 中国科学技术专家传略力学编 物理学（卷3）. 北京：中国科学技术出版社，2006.
[31] 沈克琦. 北大物理学科的重要奠基人：饶毓泰[J] // 萧超然，主编，巍巍

上庠 百年星辰 名人与北大. 北京：北京大学出版社. 1998.
[32] 沈克琦. 对素质教育、应试教育和高考改革的一些看法 [J]，人民教育. 1999（2）：24–25.
[33] 沈克琦. 乐育英才、风范永存的吴大猷教授 [J]. 物理，2001（4）.
[34] 王燕. 老骥伏枥志在千里：访问北京大学沈克琦教授 [J]. 中国考试，2001,（5）：10–11.
[35] 沈克琦. 我们深深地怀念周老 [C] // 纪念周培源 100 周年诞辰活动办公室编. 宗师巨匠 表率楷模：纪念周培源文集. 北京：学苑出版社，2002:161–165.
[36] 沈克琦. CUSPEA 由来与发展 [N]，北京大学校报，2002–06–05.
[37] 沈克琦. 北京大学物理系 90 年 [J]. 物理，2003（10）.
[38] 沈克琦. 深切怀念虞福春先生 [J]. 物理实验，2004（2）.
[39] 沈克琦. 谈谈西南联大（上、下）[N]. 学习时报，2005–8–8，2005–8–22.
[40] 王进萍. 一位平凡物理老人的不平凡一生：沈克琦教授记忆中的西南联大（上）[J]. 物理，2007，36（9）：728–732.
[41] 王进萍. 一位平凡物理老人的不平凡一生：沈克琦教授记忆中的西南联大（下）[J]. 物理，2007，36（10）：801–805.
[42] 沈克琦：大学之道 [OL]，http://v.youku.com/v_show/id_XNTU0NDkxNTc2.html.
[43] 沈克琦. 继续为提高中学物理教学质量努力奋斗：祝贺物理教学三十周年. 物理教学，2008（9）.
[44] 沈克琦. 让西南联大的传统发扬光大 [J]. 群言，2009（3）.
[45] 沈克琦. 由凯华联想到的一些事情 [J]. 物理，2010（5）.
[46] 郭九苓，徐月. 以史为鉴：北大教育理念百年轮回：访物理学院沈克琦先生（上）[J/OL]. 北京大学教学促进通讯,[2010–6–21]. http://llt.pku.edu. cn/?p=346.
[47] 郭九苓，徐月. 现实忧思：优良学风乃大学之魂：访物理学院沈克琦先生（下）[J/OL]. 北京大学教学促进通讯,[2010–6–21]. http://llt. pku.edu. cn/?p=345.
[48] 沈克琦. 忆张老 [C] // 张承先与烟台大学. 济南：山东大学出版社. 2012.

[49] 沈克琦，编著. 创造物理教育奇迹的大师 [M]. 昆明：云南教育出版社，2012.
[50] 马学婵（精编）. 以史为鉴和大学之魂：访物理学院沈克琦先生 [J/OL]. 北京大学教学促进通讯，[2012−02−21]. http://page. renren. com/601019470/note/806959397?op= next&curTime=1329805162000.
[51] 沈向阳. 教育，是活生生的美好：访我国著名物理教育家、原北大副校长沈克琦教授 [N]. 常州日报，2012−05−10.
[52] 曹静. 关注教育系列访谈之十四：“西南联大”告诉我们（专访西南联大1943 届毕业生、原北大副校长、91 岁高龄的沈克琦）[N]. 解放周末，2013−01−11，13 版.
[53] 沈克琦，主编. 北大物理百年 [M]. 北京：北京大学出版社，2014.
[54] 孙云茂，姚新喜，赵海峰，主编. 沈克琦与烟台大学 [M]. 北京：北京大学出版社，2015.

后记一

“老科学家学术成长资料采集工程”是根据国务院领导同志的指示精神，由国务院责成中国科协牵头，国务院科教办协助、联合中组部等 11 部委共同组织实施的一项重要工程，每年采集 100 位老科学家的学术成长资料，旨在抢救性地保护并收集整理新中国科技发展的历史资料。从接触采集工程的伊始，我便深知老科学家学术成长资料采集工作是一项系统工程，意义重大，影响深远：不仅可以丰富我国的科技发展历史，抢救性保护历史资料，向老科学家表达敬意，更能很好地激励当代科技工作者，引导青年学生投身科技工作。由于长期在北京大学和教育岗位第一线工作，我更加深切地感受到青年是祖国的未来，是科技发展的新生力量，通过采集工程将老科学家们投身科学研究的经历深入挖掘并广泛宣传，将会引导更多的青年学生把自己的青春奉献给祖国的科技事业，带领他们感受到学术攻关带来的喜悦与成就，激励他们为了国家和社会的进步，勇敢地接过前辈的接力棒。因此，在得知此次采集工程筹备的消息后，我便萌生了希望能够承担其中一个项目的想法。

2013 年 6 月，中国科学技术史学会立项了“沈克琦学术成长资料采集工程”。在得知这一消息后我兴奋不已，因为从 1946—1991 年，沈克琦先生在北京大学工作长达 45 年，并曾于 1978—1984 年担任北京大学副校长，现居所距北京大学也仅数百米之遥。北京大学工学院可以说拥有“天时、地利、人和”。于是我很快提交了项目申请书，并“当仁不让”地承担起了“沈克琦学术成长资料采集工程”。

立项初期，我和几位主要负责人参与了中国科协举办的为期三天的培训，详细了解了此次采集工程的背景、要求和进展情况。在培训过程中，我深感此次采集工程意义重大，对采集成果的质量要求甚高，因此，一支高素质的团队是保证圆满完成采集任务的关键。令我充满信心的是，我曾于 2013 年带领工学院学生团队完成对北大多名院士的采访和传记写作工作。通过搜集资料、采访院士，完成《燕园骄子：13 位北大院士的学术人生路》一书。还曾带领工学院学生团队对北大工学院多位校友进行了深入的采访，把校友们在职业规划、职业定位、求职历程、职场感悟方面的心得体会整理成为《解密工之道：30 位北大校友为你解读职场》一书。通过这两次活动，我们已经积累了开展人物访谈和资料采集所需要的建设团队、采访写作、过程管理以及编辑出版的相关工作经验，工学院已经培养出了一支善沟通、能采访、会拍摄、长写作的优秀学生团队。更为可喜的是，我们团队成员还包括沈克琦先生的女儿沈正华老师。沈老师不仅掌握沈克琦先生的许多珍贵资料，更长期在北京大学图书馆工作，是资料收集、文献编目领域的专家，她的加入大大提升了课题组的整体实力。

团队组建完成后，相关工作便紧锣密鼓地展开。为确保课题顺利进行，我将课题团队分为了资料组、访谈组和影音组。先后搜集了北京大学档案馆、清华大学档案馆、烟台大学档案馆等多家档案馆中的资料，并从沈克琦先生家中获取了大量珍贵资料；对沈克琦先生本人及其子女、同事进行了多次深入访谈，并结合已掌握的资料撰写了约 15 万字的研究报告（沈克琦传记）；在访谈过程中，影音组随行拍摄录制了大量珍贵的音视频文件。在整个过程中团队成员辛勤付出，各方通力合作，至 2014 年 11 月下旬，采集工作基本完成。

在此过程中，我首先要深深感谢采集工程专家组成员——北京大学前校长、中国科学院院士陈佳洱教授对本课题的大力支持！特别感谢的是，陈佳洱院士百忙之中亲自为本书作序，极大地提升了本书的思想层次和价值水平。感谢采集工程首席专家、项目办公室主任、中国科学技术史学会常务理事张藜研究员对本课题的悉心指导与大力支持！感谢吕瑞花、王春法、罗兴波、樊洪业、熊卫民等多位专家在项目中期答辩和结题验收时对课题的指导与支持！感谢项目联系人张佳静老师多次与我们沟通情况，联络信息。

我要特别感谢沈克琦先生的女儿沈正华老师，她带病坚持参与稿件审校、资料整理等工作，为此次采集工程付出了大量心血。同时，我要深深感谢参加采集工作的北京大学的学生（以姓氏笔画为序）：王之凡、王在存、王绍鑫、王瑛琪、刘璐、李佳智、李程、李慧宁、杨德晗、吴斌、沈丹妮、沈心宜、张磊、张力天、张越、张歆哲、陈星如、陈雅桐、陈婷菲、罗建阳、周子桓、赵磊、姚梦碧、骆丹媚、徐致远、翁逸帆、唐鹏飞、梁子彧、樊丽彤等，由他们组成的学生团队在此次活动中投入了极大的精力，付出了艰苦的努力，圆满完成了各项任务，正是他们的辛勤付出保证了采集工作得以圆满完成！我要特别感谢访谈组负责人周子桓同学和资料组负责人王绍鑫同学，他们在工作中表现出了极高的专业素养和良好的团队合作能力，对圆满完成采集工作作出了突出贡献。此外，烟台大学档案馆姚新喜老师不仅接受了课题组的访谈，还亲自整理并提供了沈克琦先生在烟台大学期间的大量珍贵资料，在此一并表示感谢！

最后，我要再次代表课题组的全体成员向为我国物理教育事业奉献毕生精力的沈克琦先生致以我们最崇高的敬意！我也希望广大青年学子们能够树立崇高的理想，沿着沈克琦先生的光辉足迹去践行自己对祖国的担当！

李军凯

河北大学副校长

北京大学工学院党委副书记、教授

2017 年 1 月

后记二

2015年2月17日（甲午年农历腊月29）晚10:45，在医院病床上与疾病抗争了整整100天的父亲终于摆脱了病魔的折磨，安详地闭上了眼睛，他的生命之旅定格在93岁零五个月的节点上。他生命中最后的100天显得如此漫长，在这100天中，父亲被疾病折磨得太疲劳了，他需要平静而不受任何干扰地休息；在这100天中，父亲承受了太多的痛苦，他需要彻底摆脱癌症的各种折磨。在他住院期间，各级领导和同事、学生、亲友曾前往医院探望，有些还是特意从外地赶来，带着他们对父亲深深的关爱和衷心的祝福。北京大学朱善璐书记曾数次到医院探望，嘱托医生照顾好父亲，尽量减轻他的痛苦；北大党办校办的同志们在家属提出要求时总是第一时间出面协调，为父亲的就医铺平道路；学校离退休工作部的马春英部长和其他工作人员是最早到医院看望父亲的；烟台大学房绍坤校长及校领导班子其他成员曾不止一次前往医院探望；和父亲一同参与援建烟台大学建设的原书记、常务副校长杜建寰先生因病行走不便，还在老伴的陪伴下多次到医院看望；物理学院谢心澄院长、郑涛书记、甘子钊院士，北京物理学会理事长、北京大学物理学院陈晓林教授，以及全国中学生物理竞赛委员会的几位老同志也曾分批到医院看望；西南联大北京校友会会长潘际銮院士代表校友会到医院看望；前来看望的还有沈克琦物理教育基金的捐助者、北大工学院王荄祥副院长；物理学院的一些老同事在年终团拜活动中没有见到父亲的身影，才得知他已入院多日，于是纷纷来到医院探望。在诊疗、护理过程中，三院的医护人员给予父亲极大的人文关怀。父亲是带着大家的厚爱去往天堂的，在那里，有众多的亲朋老友在等着他、欢迎他；在那里他不会寂寞，再也不必忍受病痛的折磨。

父亲住院期间，此书进入后期修改阶段，我曾几次带着笔记本电脑到他的病房，就文稿中的一些记述与父亲核实。1 月 23 日，父亲的身体已十分虚弱，项目负责人李军凯老师和课题组主要成员周子桓同学带着打印的初稿到北医三院探望父亲，并给他翻看书中的插图。在陈佳洱院士撰写的序言完成后，我到病房逐字逐句念给父亲听，那时他的脸上露出了欣慰的表情。父亲去世后，陈佳洱院士看到校园网上登出的讣告，第一时间就请孩子开车到我家来看望母亲，并表示悼念。他说父亲对中国物理教育事业（包括中学和大学）所产生的影响和做出的贡献是无人可及的。

父亲住进医院得知自己的肠道不完全梗阻后，希望大夫能再次为他做手术，宁可下不来手术台，也要冒死一搏。但外科大夫会诊后给出的结论是“没有手术指证”，因为疯狂的癌细胞已在腹腔中广泛转移。接下来的姑息治疗就是通过静脉点滴输入各种药物和营养液，当血色素降到过低时辅以输血；对付癌症引发的疼痛采用外敷的止痛剂，随着疼痛的加剧，止痛剂剂量也随之升级。疼痛感是减轻了，人的意识也随之降低了。目睹父亲的生命之火一天天衰微下去，现代医疗技术也无法挽救他的生命，我的心在淌血。

父亲生前曾叮嘱我们：丧事从简，不要麻烦大家，特别是年事已高的老同志。在他离世后，遵循他的遗愿只举行了一个小规模的告别仪式。

2 月 21 日，农历乙未年正月初三上午 9:50，父亲的告别仪式在北医三院的告别厅举行。尽管是在过年期间，而且距讣告的发布不足 24 小时，仍有从四面八方闻讯赶来的同事、朋友及亲友共 100 余人冒着冬日的严寒，与父亲告别，送他最后一程。

告别厅两侧摆满了花圈，送花圈的单位及个人有：中共北京大学委员会，北京大学，北京大学党办校办，北京大学校友会，北京大学人事部、

图后记－1　2015 年 2 月 21 日，沈克琦遗体告别式上摆放的遗像

离退休工作部，中国物理学会教学委员会，北京市物理学会，《物理》编辑部，西南联大北京校友会，清华大学物理系；北京大学物理学院，北京大学遥感技术及应用研究所，北大物理学院普通物理教学中心，北京大学物理系物理专业 63 级全体同学，北京大学地球物理系固体地球物理专业 77 级全体同学；北京大学校领导书记朱善璐、校长林建华以及新老领导班子其他成员王学珍、陈佳洱、闵维方、王恩哥、吴志攀、柯杨、刘伟、王杰、于鸿君、叶静怡、李岩松、高松、王仰麟、王丽梅、郝斌、李安模等。物理系原系主任赵凯华老师敬献了花篮，上书“恩师沈克琦先生千古”，他的学生吴思成和秦克诚也敬献了花篮。此外，敬献花圈的个人还有西南联大北京校友会会长潘际銮院士，烟台大学原党委书记、常务副校长杜建寰，副校长钱振为，以及物理学院的同事陈怀琳夫妇，梁静国夫妇，张树霖夫妇等；远在美国的北大人，通过电子邮件表达了自己的哀思，并嘱托敬献花圈，上题“北大精神的守护神，敬爱的沈克琦恩师千古——李淑娴含泪敬挽”；当年被错划为“右派”的学生在花圈上写道“坚持真理，修正错误——王书瑶，燕遁符敬挽”；烟台大学发展规划处原

处长姚新喜老师敬献的花圈上写着“先生风范垂千古，育人恩泽被后人”。一些单位敬献了挽联，计有：烟台大学全体师生员工：“创校实践筚路蓝缕功勋垂千古，办学思想春风化雨营养育后人”；北京大学物理学院：“一生有成学者风范 千古长青后学楷模”；北大物理系77级同学：“七十载秉联大学风，燕园播春雨；一百年书北大物理，青史照人心”。北大物理系留美同学：“大象无形谦谦君子讲台七尺演宇宙奥秘；大德无言悠悠仁心燕园六旬育天下英才”；湖北省物理学会：“著作等身八方学子常受益，德名传世一生风骨总萦怀”。母亲所献的花圈上写着：“亲爱的克琦：你太累了，好好休息吧！”，辛劳一生的父亲此时此刻总算可以安息。我们姐弟三人率配偶子女所书的挽联是：“亲爱的爸爸：您的爱永在我们心里，您的精神照耀我们前行”。父亲联大的老同学许少鸿前几年已经去世，他的女儿朱方文从上海赶来参加了告别式，敬献了两个花圈，一个代表许少鸿伯伯的弟妹，上书：“沉痛悼念沈克琦兄长——许敬行，许瑜璁，许璇玑，许琳琅，林向明敬挽”，另一个则代表自己和远在美国的姐姐，上书：“亲爱的沈伯伯安息——许又文，朱方文”。

父亲去世后，通过电子邮件、手机短信、微信、头头网以及电话等多种途径，我们家人还收到了来自朋友、同事以及民主党派成员的很多吊唁信息，他们的问候在特殊的时刻带给我们许多温暖，他们对父亲人品的高度赞扬更让我们感动。父亲虽然离我们而去，但他会永远活在我们心中。

父亲一生没有给我们留下什么物质遗产，住院期间他曾嘱我将他的藏书整理后捐赠给自己曾经任职的学校。他还说起一些老同志的名字，回忆起他们之间的真挚友谊，让我有机会代他问好。他甚至说再给我一个月的时间，我可以写出一篇文章，他是想通过这篇文章阐述对某个物理概念的理解。在生命旅途的最后一刻，他想到的依旧是奉献，他关心的仍然是他人，他思考的依然是物理。

在过去的一年多时间里，通过参与“老科学家学术成长采集工程”项目，让我有机会更多地了解父亲，不仅通过他本人的叙述，而且通过同事及学生的评价。和同时代的许多老知识分子一样，父亲一生追求真理、维护正义、为人正直、办事公道，他们热爱自己的国家，把“教书育人、恩泽几代人”落实到自己的一言一行；他们热爱自己的事业，以“辛勤耕耘、桃李满天下”奉献出自己的全部智慧。他们此生的执着追求尽管经历了风雨和曲折，但历史的车轮毕竟是前行的，他们未竟的事业一定会有人接续下去。

父亲离开我们后不久，为了更好地充实研究结题报告，我继续投入对父亲手稿和资料的整理。重读他的手稿和书信，重温他参与过的各项活动，我感觉自己又在和父亲对话，仿佛看到他仍在不停地忙碌，做自己喜欢的事情。以这种方式寄托自己的哀思，我的心里是充实的。

沈正华

北京大学图书馆研究馆员

2015.3.4